U0505359

上海社会科学院重要学术成果丛书·专著

数字化转型、价值链重构与服务化创新

以5G+汽车产业为例

Digital Transformation, Value Chain Reconstruction, and Servitization Innovation

A Case Study of "5G + Automotive Industry"

郭家堂 / 著

上海人民出版社

本书出版受到上海社会科学院重要学术成果出版资助项目的资助

编审委员会

主　编　权　衡　王德忠

副主编　姚建龙　干春晖　吴雪明

委　员（按姓氏笔画顺序）

丁波涛　王　健　叶　斌　成素梅　刘　杰

杜文俊　李宏利　李　骏　李　健　佘　凌

沈开艳　沈桂龙　张雪魁　周冯琦　周海旺

郑崇选　赵蓓文　黄凯锋

总　序

当今世界，百年变局和世纪疫情交织叠加，新一轮科技革命和产业变革正以前所未有的速度、强度和深度重塑全球格局，更新人类的思想观念和知识系统。当下，我们正经历着中国历史上最为广泛而深刻的社会变革，也正在进行着人类历史上最为宏大而独特的实践创新。历史表明，社会大变革时代一定是哲学社会科学大发展的时代。

上海社会科学院作为首批国家高端智库建设试点单位，始终坚持以习近平新时代中国特色社会主义思想为指导，围绕服务国家和上海发展、服务构建中国特色哲学社会科学，顺应大势，守正创新，大力推进学科发展与智库建设深度融合。在庆祝中国共产党百年华诞之际，上海社科院实施重要学术成果出版资助计划，推出"上海社会科学院重要学术成果丛书"，旨在促进成果转化，提升研究质量，扩大学术影响，更好回馈社会、服务社会。

"上海社会科学院重要学术成果丛书"包括学术专著、译著、研究报告、论文集等多个系列，涉及哲学社会科学的经典学科、新兴学科和"冷门绝学"。著作中既有基础理论的深化探索，也有应用实践的系统探究；既有全球发展的战略研判，也有中国改革开放的经验总结，还有地方创新的深度解析。作者中有成果颇丰的学术带头人，也不乏崭露头角的后起之秀。寄望丛书能从一个侧面反映上海社科院的学术追求，体现中国特色、时代特征、上海特点，坚持人民性、科学性、实践性，致力于出思想、出成果、出人才。

　　学术无止境，创新不停息。上海社科院要成为哲学社会科学创新的重要基地、具有国内外重要影响力的高端智库，必须深入学习、深刻领会习近平总书记关于哲学社会科学的重要论述，树立正确的政治方向、价值取向和学术导向，聚焦重大问题，不断加强前瞻性、战略性、储备性研究，为全面建设社会主义现代化国家，为把上海建设成为具有世界影响力的社会主义现代化国际大都市，提供更高质量、更大力度的智力支持。建好"理论库"、当好"智囊团"任重道远，惟有持续努力，不懈奋斗。

上海社科院院长、国家高端智库首席专家

序　言

数字化浪潮正在重构现代产业组织,推动商业模式创新。汽车产业"首当其冲",正经历"硬件→硬件＋服务→硬件＋服务＋应用服务"的商业模式变革,进入"软件定义"的新发展阶段。汽车产业的数字化和服务化转型成为社会焦点问题。本书立足于5G时代汽车产业的数字化转型现实,研究汽车企业如何通过价值链重构来实现服务化创新,对于数字经济时代汽车产业的创新发展无疑具有积极的作用。

本书作者郭家堂于2013年9月成为复旦大学管理学院产业经济学博士研究生。在我的指导下,他以智能家居、智能手机、智能汽车等为应用场景,选择了"基于智能产品的应用服务平台"作为博士学位论文的研究对象,对产品应用服务平台的运营模式及其定价策略展开了系统深入的研究。读博期间,他作为技术骨干参与了我负责的2015年上海汽车工业教育基金研究课题《互联网时代汽车产业链中金融服务的作用与定位》的研究工作。课题组总结分析了汽车产业链的演变规律,研判了互联网时代汽车产业链"研发社会化、制造智能化、渠道平台化、应用服务生态化"的发展趋势,并分析了金融服务对汽车产业链演变的作用机理,进而给出汽车金融的定位与发展对策。参与项目研究后,郭家堂对汽车产业有了一定的了解,在我的指导下他进一步思考互联网应用对经济发展的作用,从技术效率、平台效应、商业模式及跨界合作等方面检验了互联网对中国全要素生产率的促进作用，并以学术论文《互联网对中国全要素生产率有促进作用吗?》的形式发表于《管理世界》2016 年第 10 期。此后，郭家堂坚持将博弈论模型分析与计量经济模型研究相结合，对数字经济时代制造型企业的产品应用服务平台的运营策略进行深入的专题研究，为本书的写作打下了坚实的基础。

以新一代通信技术为核心的数字技术正在驱动产业的大转型。在 Porter 和 Heppelmann(2014)看来，不同于 20 世纪六七十年代的自动化技术显著提高生产力，也区别于 20 世纪 90 年代的 PC 互联网引发的渠道变革帮助小企业服务全球用户，这次席卷全球的数字化革命将导致产业价值链产生剧变，把我们带到"第三次转型的边缘"。实际上，此种重构不仅体现在企业内部价值链上，也在企业外部价值链上有明显表现。一方面，企业的各个价值活动环节实现数据共享，突破边界约束，形成数据驱动的企业内部价值网。另一方面，企业和供应商及客户等上下游形成价值共创网络，并在条件成熟时介入产业链相关环节，实现产业链延伸，特别是对价值链高端环节的掌控。与此同时，向关联产业跨界发展，打造产业生态圈，特别是在应用领域的跨界合作。本书第五章通过用户价值链重构而第六章通过内部价值链重构来实现服务化创新，实际上就体现了数字化技术冲击下汽车产业的上述两种价值链重构思路。

写作风格上，本书并未用复杂的数理分析模型和计量经济学模型，而是采用通俗易懂的叙述方式，结合直观的图表分析，阐述作者关于数字经济时代"5G＋汽车产业"服务化创新的见解，相信可读性更强。

骆品亮

复旦大学管理学院教授、博士生导师

2024 年 7 月 18 日

未来已来,将至已至
献给我的孩子郭景明和郭景悦

前　言

　　尽管数字化转型驱动着制造企业朝着服务化方向发展已经是大势所趋,但在这一进程中,路径的选择依然需要谨慎考虑。在新一轮的转型中,产品更新的速度前所未有,组织变革规模宏大,产业的边界日趋模糊,价值链重构意味着游戏规则的改变。因此,理论研究的指导对产业的发展变得至关重要,重点则是选择有潜力的产业进行深入研究,并在关键核心领域实现突破,形成系统性理论。

　　汽车产业是众多国家(包括中国)国民经济的重要支柱产业,产业链长、关联度高、带动性强。汽车制造业在历史上多次引领制造业发展的潮流,推动了技术和管理实践的创新,影响了全球制造业的发展方向。如今这一传统又富有历史的产业正随着技术的不断进步和数字化转型的浪潮,面临前所未有的机遇和挑战。我们坚信,在数字化转型过程中,汽车产业将会像以往的每一次变革一样,为其他制造业提供宝贵的经验和参考,使整个制造业部门能够不断升级和进步。本书以5G+汽车产业为例,基于竞争战略理论的价值链分析工具,对数字化转型驱动下的服务化模式创新问题展开研究。

　　本书由八大章组成,每章的内容安排如下。

　　第一章系统回顾了与本书关系最为密切的数字化转型理论、竞争战略与价值链理论和制造业服务化理论,阐述了这些理论的思想与核心概念。

　　第二章梳理了移动通信技术的历史演变,归纳出了移动通信技术发展的演变规律,该章重点是剖析移动通信技术发展带来的社会经济的影响。

第三章深入探讨了汽车产业链的演变和影响因素,强调了数字技术对汽车产业影响的重要性,并提出服务化将是汽车产业发展未来的最主要趋势。

第四章论述了5G的多样性和对不同领域的深远影响,特别是对汽车产业链的变革和服务化模式的推动,这将为汽车产业在整个数字经济时代带来许多机遇和挑战。在本章中,我们提出了5G驱动下的汽车服务化模式创新的近期、中期与远期方向选择,即车联网导向的产品服务化、工业互联网导向的生产服务化和产业生态圈导向的产业服务化。

第五章分析了竞争优势中差异化的重要性,以及数字化转型和5G在重构用户价值链和实施服务化创新中的作用。这些因素将为汽车制造商带来新的机遇,并满足不断变化的消费者需求,据此本章总结出了基于5G驱动的用户价值链重构的汽车产品服务化创新的主要模式。

第六章分析了另一种竞争优势——成本优势——的重要性,以及数字化转型和5G在推动重构内部价值链和实施服务化创新中的作用。这些变化将有助于汽车制造商提高竞争力,帮助他们在竞争激烈的市场中脱颖而出。据此本章继续总结出了基于5G驱动的内部价值链重构的汽车生产服务化创新的主要模式。

第七章基于国家宏观视角论述产业创新,分析了数字化转型对汽车产业的深远影响,特别是5G技术的应用将带来重大变革,从产业价值链重构到新的服务创新模式,都将塑造未来汽车产业的格局。这些变革为汽车产业带来了新的机遇和挑战,需要产业各方积极应对和适应。据此本章总结了基于5G驱动的产业价值链重构的汽车产业服务化创新的主要模式。

第八章凝练本书研究的主要结论,同时还对6G背景下的汽车服务化模式创新做了展望。

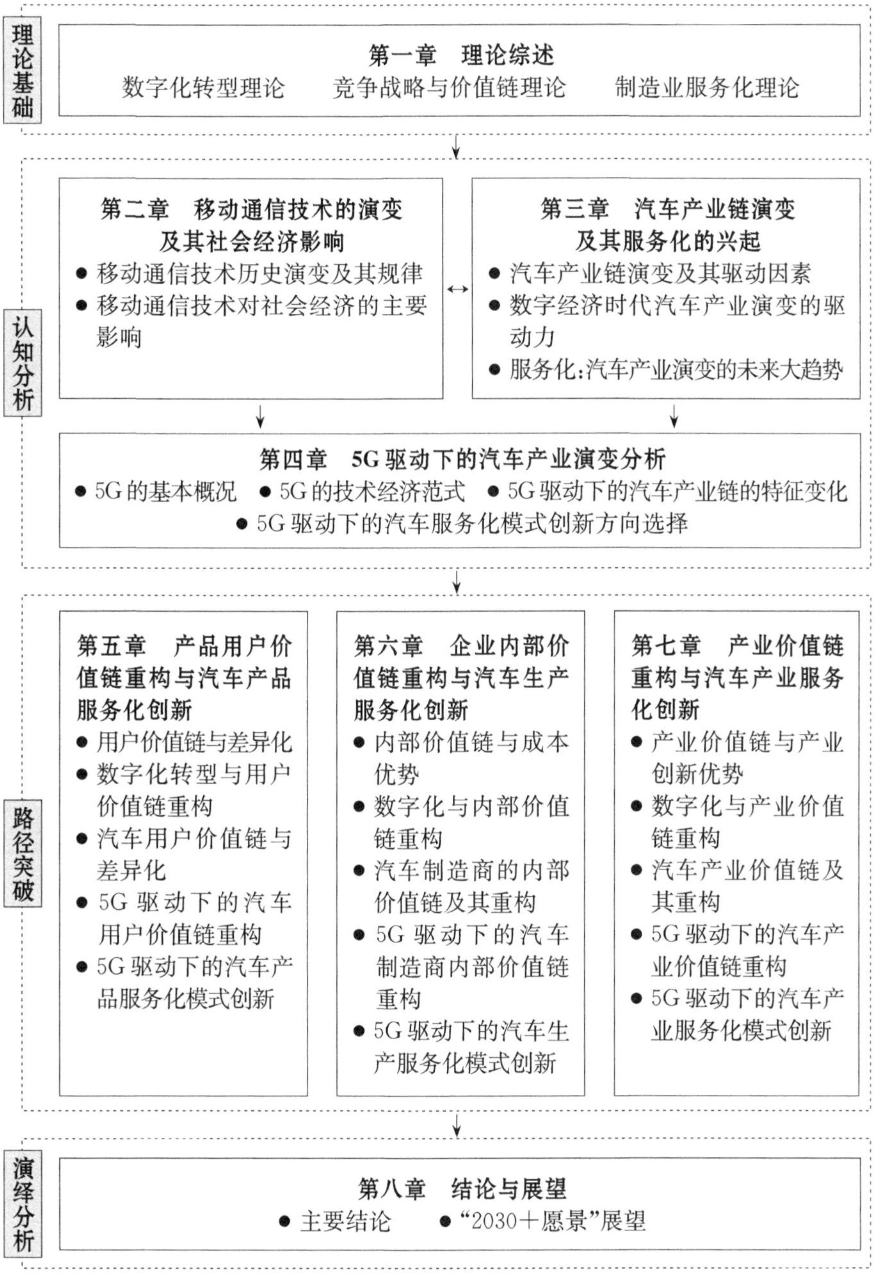

理论基础

第一章 理论综述

数字化转型理论　竞争战略与价值链理论　制造业服务化理论

认知分析

第二章 移动通信技术的演变及其社会经济影响

- 移动通信技术历史演变及其规律
- 移动通信技术对社会经济的主要影响

第三章 汽车产业链演变及其服务化的兴起

- 汽车产业链演变及其驱动因素
- 数字经济时代汽车产业演变的驱动力
- 服务化:汽车产业演变的未来大趋势

第四章 5G 驱动下的汽车产业演变分析

- 5G 的基本概况
- 5G 的技术经济范式
- 5G 驱动下的汽车产业链的特征变化
- 5G 驱动下的汽车服务化模式创新方向选择

路径突破

第五章 产品用户价值链重构与汽车产品服务化创新

- 用户价值链与差异化
- 数字化转型与用户价值链重构
- 汽车用户价值链与差异化
- 5G 驱动下的汽车用户价值链重构
- 5G 驱动下的汽车产品服务化模式创新

第六章 企业内部价值链重构与汽车生产服务化创新

- 内部价值链与成本优势
- 数字化与内部价值链重构
- 汽车制造商的内部价值链及其重构
- 5G 驱动下的汽车制造商内部价值链重构
- 5G 驱动下的汽车生产服务化模式创新

第七章 产业价值链重构与汽车产业服务化创新

- 产业价值链与产业创新优势
- 数字化与产业价值链重构
- 汽车产业价值链及其重构
- 5G 驱动下的汽车产业价值链重构
- 5G 驱动下的汽车产业服务化模式创新

演绎分析

第八章 结论与展望

- 主要结论
- "2030＋愿景"展望

图 0.1　本书内容框架

目　录

第一章
理论综述

本书的研究主要基于数字化转型、竞争战略与价值链、制造业服务化三大理论基石展开，为了便于对专业性概念术语的理解与论述，本章将对三大理论的研究成果做综合性论述。

第一节　数字化转型理论

关于数字化的研究，从索洛提出索洛悖论开始便成为学界研究的持续热点。早期的索洛悖论研究文献集中在计算机技术的影响，许多研究认为存在索洛悖论，即计算机技术的大规模应用未能显著提高生产率。但是随着互联网技术的兴起，索洛悖论的研究重点逐渐转向互联网技术的影响，互联网技术对资源配置、交易成本和技术创新等方面产生了积极作用，研究发现互联网大致上否定了索洛悖论的现象。

与此同时，以研究平台商业模式为核心的双边市场理论逐渐兴起，该理论成功地解释了数字经济中的平台商业模式和竞争策略问题，加深了人们对数字化平台的认识，越来越多的企业利用平台商业模式获得了竞争成功，对产业发展形成了破坏性创新的影响,促进了不少新的管理理念(大数据思维、开放性创新思维等)的诞生,形成了数字化思维。数字化思维和企业管理理论的交汇点成为数字化时代企业如何利用新的技术和数据驱动以实现更高的生产力和竞争力的研究重点。

一、数字技术与索洛悖论相关研究

与数字化技术研究紧密相关的一个学术话题是"索洛悖论"。20世纪70年代,信息技术开始在生产和生活中得到广泛应用,尤其在美国甚至成了一个主要的产业。针对这种现象,部分学者开始关注信息技术的投资与收益关系,如Strassman(1985)基于38家美国服务业公司样本的数据研究发现,信息技术投资与回报率之间没有明显的相关性。Roach和Stanley(1987)分析了1977年至1984年间计算机应用与经济绩效增长之间的关系,结果显示计算机数量的增长与经济绩效提高之间关联不大。针对这种现象,Solow(1987)也展开了广泛的调研,最后不得不由衷感叹"计算机无处不在,但是在生产率上却是例外"(You can see the computer age everywhere but in the productivity statistics),言外之意是计算机对生产率提升没有效果。该感叹一经提出,便引起了学界的广泛关注,将此现象称为"索洛计算机生产率悖论",简称"索洛悖论"。学界开始长期跟踪该问题的研究。

此后,以计算机为基础的互联网、大数据、云计算以及人工智能等技术层出不穷,面对一批批不断成熟和丰富的数字技术,学者们都会重新对索洛悖论展开思考,对悖论的存在性、原因和解决进行广泛的研究,以探讨新的数字技术的投资问题,同时也为政策制定者提供参考。总体而言,学界有关索洛悖论的研究经历了基于信息与通信技术(简称ICT技术)、基于互联网技术和基于数字技术三个主要阶段。

（一）基于 ICT 技术的索洛悖论研究

这一阶段的研究聚焦两个问题讨论。一是索洛悖论存在性讨论。此阶段较多学者的研究认为确实存在"索洛悖论"。美国劳工部劳动统计局的数据显示 1973—1999 年期间美国的全要素生产率（TFP）增长率下降到了 1.1％和 0.2％，但是这一时期却是信息技术在美国经济领域广泛应用的阶段。Morrison(1997)研究发现信息技术资本边际产出只有投资的 0.8 倍。Roach(1991)的研究基于服务业企业对索洛悖论进行了补充。

二是索洛悖论的解释性讨论。这类研究文献认为索洛悖论是复杂性和多因素性的经济现象，复杂性使得对 ICT 技术的经济效应的评估要有长远的眼光(David，1990)，毕竟技术需要一定的积累(Oliner et al.，1994)，其效用的显现存在滞后性。多因素性则要求对悖论的看待应该有系统的眼光，如对新技术的出现，现有的财务数据和统计指标是否合理反映了技术的效用(Triplett，1999)，如传统核算方法就没有考虑 ICT 带来的质量优化、种类增加、创新性等方面的巨大收益(Brynjolfsson，1993)。

（二）基于互联网技术的索洛悖论研究

尽管学界对索洛悖论的争论不断，但是在 1993 年时任美国总统克林顿却提出了"国家信息基础设施行动计划"（NII），将"信息高速公路"建设作为其施政纲领，其他国家也纷纷效仿美国的做法，互联网开始遍地开花，蓬勃发展。到了 2000 年，世界主要国家都接入了互联网。基于互联网的索洛悖论开始成为学界关注的研究重点，该领域的研究成果基本认为互联网技术使得索洛悖论已不复存在，Solow 本人也于 2000 年在接受媒体采访时表示"生产率悖论"已经消失。郭家堂和骆品亮(2016)研究发现，虽然互联网引发的产业的破坏性创新损害了旧技术的效率发挥，但是对技术进步有着显著的提升作用，进而主导了全要素生产率的整体提升，黄群慧等(2019)认为互联网对资源配置优化、交易成本降低和技术创新提升都有作用,因此可以促进全要素生产率增长,并运用中国企业、产业和城市数据加以了实证。郭家堂和骆品亮(2016)认为 Solow(1987)提出生产率悖论的时候,互联网还没有在民用部门应用,因此他显然没法预测到将世界各地计算机连接而成的网络对经济的提效作用,而一旦互联网发展到一定的规模,网络效应得到激发,其对全要素生产率的促进作用是巨大的。

(三)基于新兴数字技术的索洛悖论研究

2010 年之后,一系列基于互联网技术的新兴数字技术兴起,政府和产业界不断加大数字技术的研发和应用投资,基于新兴技术的索洛悖论开始成为炙手可热的研究主题。Brynjolfsson 等(2018)也以 Solow(1987)当年的口吻提出"人们到处看得见革命性新技术,唯独在生产率统计数据中不可见"(we see transformative new technologies everywhere but in the productivity statistics),表示他们对新兴数字技术效用的担忧,同时他们也提醒到注意技术影响的滞后效应以及统计科学性问题,这些会影响对新兴数字技术的作用的评价。总体而言,学界研究结论对新兴数字技术的生产率作用是乐观的。Aghion 等(2018)、江小涓和靳景(2022)的研究认为人工智能等数字技术为解决"鲍默尔病"(Baumols cost disease)(Baumol,1967)问题提供了技术方法。Acemoglu 和 Restrepo(2018)的理论模型的研究表明人工智能等自动化技术有助于提升生产效率,但是如果工人技能和技术之间不匹配势必妨碍新技术带来的生产率提高。Graetz 和 Michaels(2018)基于1993—2007 年 17 个国家行业机器人面板数据展开实证研究,发现工业机器人使用的增加对劳动生产率的年增长贡献了约 0.36 个百分点,同时提高了全要素生产率并降低了产出价格。程文(2021)的动态模型仿真研究发现人工智能对生产率在短期上表现出抑制作用,但是长期将有效提升生产率。

陈楠和蔡跃洲（2022）采用中国省级层面的人工智能专利面板数据展开研究，得到有所不同的结论，他们发现人工智能技术仅对中国经济增长规模产生了提升效应，对增长速度和效率的提升并不显著。

二、数字平台与双边市场理论

20世纪90年代中末期，美国政府建设"信息高速公路"战略有效地振兴了美国经济，日本、加拿大和欧洲发达国家也相继决定加速建设"信息高速公路"。互联网成了大部分国家的新兴产业，关于网络经济的研究开始兴起。其中对网络经济研究最为重要的理论是双边市场理论。Armstrong（2006b）、Rochet和Tirole（2003）、Rochet和Tirole（2006）是较早系统地阐述双边市场理论的学者。以他们的研究理论框架为基础，学者们就双边市场的概念、特征、价格竞争、非价格竞争策略和具体的应用展开了丰富理论和实证研究。

（一）平台定义与分类

互联网的兴起，使得经济社会一种特殊的企业形态引起了学界和产业界的高度关注：一种中间型企业通过搭建实体或虚拟空间，连接着两类需求不同的用户，其中一类用户的收益取决于另一类用户的数量，中间型企业负责吸引并维持两类用户，通过协调双方的需求获取利润。学界将这种经济现象称为双边市场，而其中的中间型企业则称为平台企业，其所搭建的实体或虚拟空间被简称为平台。

其实，平台在经济生活中已经有着很长的历史，中国古代的集市被认为是最早的平台之一。集市通过吸引商人和周边百姓于固定的时间集合，撮合双方的交易满足各自的需求。近代生活中，舞厅也是一种平台，舞厅通过会员费协调男、女会员的数量（通常是女的免费、男的收费），为双方相互认识提供交友机会而获利。然而,这些传统物理平台都受到物理时空限制,作用范围较为有限。

然而随着数字技术的发展,尤其是以互联网为代表的网络突破了时空限制,触发了平台的威力显现,关于平台商业模式及其所处的双边市场成为学界关注的前沿热点问题。

定义平台需要首先定义双边市场。关于双边市场定义,学者们(Armstrong,2006b;Rochet and Tirole,2003;Rochet and Tirole,2006;Roson,2005;Rysman,2009;傅联英和骆品亮,2013)从不同角度进行了定义。众多定义中,Rochet和Tirole(2006)从定价的视角展开的定义认可度较高,这与他们采用了数学语言进行规范描述有关。他们认为所谓双边市场是指在这个市场中,在平台对两类用户收取的总价格水平一定的条件下,平台在两类用户之间进行价格结构调整会影响市场的绩效(如交易量、利润和社会福利)。简而言之,当市场绩效仅受价格水平影响时,这个市场为单边市场,当市场绩效同时受价格水平和价格结构影响时,这个市场为双边市场。

在双边市场中至少包含了撮合交易方、买方和卖方三个主体。其中撮合交易方为交易提供了实体或虚拟的场所(如菜市场、淘宝网等),该实体或虚拟的场所被称为平台,撮合交易方被称为平台企业(如阿里巴巴集团)。平台是双边市场中的核心,买方和卖方作为平台的两类用户需要通过平台才能满足各自的需求。

平台在市场中所发挥的作用是许多学者(Evans,2003;Hagiu,2004)对双边市场或平台分类的依据,可以分为以下四大类。

(1)中介型(intermediation markets),在这类双边市场中,平台主要发挥的是中介作用,提高两类用户之间交易的便利性和成功性,双边用户之所以加入平台是因为通过平台可以增加相互匹配和彼此选择的机会,如股票交易市场、B2B 和 B2C 网站均是中介型平台。

（2）观众创造型（audience-making markets），在这类双边市场中，平台将广告商与观众建立联系，创造了消费者对广告商品的市场需求，同时也降低了观众对商品的搜寻成本。黄页、杂志、报纸和互联网门户网站基本上都属于这类平台。

（3）输入共享型（shared input markets），在这类双边市场中，平台通常连接着商家和消费者，平台和商家的商品形成了一定的互补关系，消费者往往是需要购买平台才能使用商家的产品，比如电脑的操作系统，消费者需要首先购买操作系统才能使用应用软件服务商的产品，此外视频游戏机也属于这类双边市场中的平台。在这类双边市场中平台是一个重要的瓶颈资源，但同时也离不开丰富的应用软件支持。

（4）交易基础型（transaction-based markets），在这类双边市场，平台以两类用户活跃交易作为获利的基础，因此这类平台首先将两类用户吸引到平台上，接着用各种手段鼓励双方使用平台频繁交易，信用卡便是这类双边市场平台的代表。

（二）平台的价格策略研究

定价是微观经济学、产业组织理论、规制经济学研究的核心话题之一。在双边市场中，平台同时面对两类（边）需求不同的用户，并且价格结构是非中性的，使得平台的定价问题变得更加复杂。一个典型的事实是在双边市场中，即便是市场均衡时，平台也经常会对某一边用户定价低于该边的边际成本，与单边市场中均衡时价格不能小于边际成本的传统经济学观点有偏差。因此，定价研究一直是双边市场研究的核心问题。

在双边市场中，平台可以部分解决科斯定理失效所带来的损失，降低两类用户之间互动（不局限于商业交易）的成本。平台运营的主要目标可以简单地归纳为两个：一个是如何吸引两类用户加入平台，克服"蛋鸡相生"的问题(Caillaud and Jullien，2003；Evans，2003；傅联英和骆品亮，2013)；另一个是如何有效地激励两类用户使用平台互动(Hagiu，2004)。为了实现上述目标，定价是最基本的竞争工具，第一个目标涉及了如何确定平台的会员费问题，第二个目标涉及了如何确定平台的使用费问题，Rochet 和 Tirole (2003)将其归纳为成员外部性和使用外部性对定价的影响。已有的文献围绕这两大问题展开深入的分析。

在如何确定平台的会员费问题的研究上，最有代表性的是 Armstrong (2006)模型，该模型对中介型平台和观众创造型的平台定价有很强的适用性，现实生活中这两种平台都不会从两类用户互动过程中收取费用，主要原因是在这两类平台上双边之间的互动可能并非商业行为(如交友俱乐部中的男女会员互动)或者是其商业交易行为的监控成本很高(如早期平台中没有支付功能的 B2B、B2C 网站等)。该模型的基本结论是：(1)与单边市场相同，在双边市场中平台的定价同样需要考虑边际成本和用户的需求弹性；(2)双边市场中平台对一边用户的定价还需要考虑该边用户给另一边用户所带来的交叉网络外部性，简而言之，用户的(正)交叉网络外部性越强，平台对其定价折扣越大。上述结论对企业的商业模式具有很大的启示意义，即对于外部性很强的用户，平台对其定价完全可以低于边际成本，即使这样平台依然有利可图。交友俱乐部对女会员免费、报纸对读者收费很低、大部分互联网服务免费便是典型的案例。

在如何确定平台的使用费问题的研究上，最有代表性的是 Rochet 和 Tirole(2003)模型，简称 RT(2003)模型。该模型对交易基础型的平台有很强的适用性，交易基础型平台通常能够以较低的成本监控平台双方的交易行为，双方用户交易的体量决定了平台的利润，信用卡便是这类平台的典型例子。RT(2003)模型分析了两类用户通过平台交易,平台对每笔交易的定价问题,具体而言,包括平台对每笔交易收取的平台使用费是如何决定的(价格水平问题),该使用费如何在两类用户之间进行分配(价格结构问题)。该模型的结论是,(1)平台每笔交易收取的平台总费用 p 与边际成本的关系满足 Lerner 公式,即 $\frac{p-c}{p}=\frac{1}{\eta}$(其中 η 为两边用户对价格的弹性之和);(2)平台的价格结构满足 $\frac{p^A}{\eta^A}=\frac{p^B}{\eta^B}$(其中 A 和 B 表示两边的用户)。上述结论为双边市场与单边市场区别提供了一个理论基础,即在双边市场中追求利润最大化的平台不仅要考虑价格水平问题,同时还要考虑价格结构问题。

(三) 平台非价格竞争策略研究

在双边市场中,平台作为双边用户交互基础,市场势力较强,但是不代表平台之间竞争是不活跃的,正是由于交叉网络效应的存在,使得双边市场中的平台竞争的结局几乎是"赢者通吃"。因此,各大平台除了价格竞争之外,还采用开放、承诺、业务重叠、搭售等方式展开激烈的竞争。

开放策略是双边市场中平台最为常见的竞争策略。在双边市场中关于开放与封闭是一个相对的问题,以手机操作系统为例,相比于诺基亚的塞班(Symbian)①,苹果的 iOS 系统是开放的,但是相比于安卓系统,苹果的 iOS 系统又显得封闭,苹果的 Mac OS 系统和微软的 Windows 系统对应用软件开发商都开放,但是对硬件制造商前者是封闭的后者却是开放的。这不禁让学界思考平台多大程度的开放才叫开放(How open is open enough)(West,2003)。因此关于开放的研究也存在着多种视角(Rysman,2009;郭兰平,2014),归纳起来主要有以下三大类。(1)对其他边用户的开放研

---

① 塞班(Symbian)系统为了安全,对应用软件实行签名制度,直接导致很多用户无法安装 App。

究。这类研究关注了平台对边的数量追求,因此衍生出了三边平台、多边平台的概念,一般而言,平台的多边化发展有利于互补商进入,进一步发挥外部资源的优势(Parker and Alstyne,2010),但是在竞争环境下多种类型的互补商引入也会加剧消费端的竞争程度(Tåg,2009)。因此,开放策略常被市场上的潜在进入者所采用,如在智能手机市场,谷歌(Google)的安卓(Android)作为后来者则采用了开放策略获得成功(魏如清等,2013)。(2)对双边用户的限制程度的研究,这类研究通常认为开放平台为非营利性组织所有,双边用户可以自由使用,而封闭平台通常是营利性组织所专有(Hagiu,2006b;West,2003),平台运营商(通常通过定价)有权利选择哪些用户可以加入平台。由于这类研究中的开放平台不存在利润,因此社会福利的比较是这类研究的重点。直观上看,开放平台的社会福利会更高,但是,由于开放平台没有定价权,因此无法像封闭平台一样通过定价实现内部化交叉网络外部性,因此从社会福利的角度衡量,封闭型平台会有优势(Hagiu,2006b)。(3)平台与平台之间相互的开放的研究,这类研究涉及的是平台的"互联互通"的问题。Schiff(2003)研究发现当两类用户对加入平台的效用评价差异较大时,平台通常会对效用评价低的用户降价放闸,寡头市场中两个平台相互开放可以缓解这种放闸冲动,并且有利于社会福利的提高,因此规制者应该鼓励的是平台之间互联互通,而不是平台合并垄断。

承诺(commitment)是平台的另一种竞争策略。交叉网络外部性是平台的重要特征,因此平台给定一组价格时,市场可能存在多种需求均衡,即平台双边的用户数可能存在着多种均衡。Hagiu(2006a)将卖家的预期分为乐观预期(favorable expectations)和悲观预期(unfavorable expectations)进行讨论,分析平台是否应该采取承诺策略,研究发现当卖家对平台的预期是乐观时,平台对消费者实行价格承诺是最优策略;当卖家对平台的预期是悲观时,平台对消费者不实行价格承诺为优,同时需要对卖家实行价格补贴。

广告策略。双边市场中,由于两类用户之间存在交叉网络外部性,使得广告在双边市场中的作用比单边市场更加复杂。以视频游戏平台为例,假设平台对消费者一边实施广告策略,广告降低了消费者的搜寻成本,可以扩大消费者人群,同时也提高了游戏开发商加入平台的价值,因此平台会提高对游戏开发商的收费;与此同时,广告也会改变消费者对加入平台的喜好程度,平台可以提高对消费者的定价,从而降低对游戏开发商收取的费用,前者是广告的消息性功能,后者是广告的劝导性功能(Rysman,2009)。因此,双边市场中的平台应该以自己的追求目标为基准,决定采用劝导性广告(persuasive advertising)还是消息性广告(informative advertising),张凯(2010)的研究发现,劝导性广告有助于平台市场份额的扩大,消息性广告有助于平台利润的改善;如果两个平台展开广告竞争时,应该优先选择消息性广告,但是其社会福利不如劝购性广告。

搭售策略。搭售策略在软件操作系统类平台竞争中最为常见,如微软在其 Windows 操作系统中捆绑 IE 浏览器和 Media Player 视频播放器,成功地击退了潜在竞争者,同时也引起规制者的高度重视,因此关于搭售的研究文献更多的是讨论在双边市场中平台的搭售是否会损害社会福利。在单边市场中,搭售策略通常用于对消费者的价格歧视或威胁潜在竞争者,而在双边市场中搭售通常被平台用于调整双边用户行为,因此有利于社会福利的改进(Rochet and Tirole,2006)。因此无论是垄断市场还是寡头市场,一般而言,平台通常会选择能较大提高用户基础效用的产品进行捆绑,如苹果手机 iOS 系统的 FaceTime 和邮件客户端,此时用户是搭售喜好型(张凯,2010),有利于提高双边用户数量,提高平台利润,改善社会福利(Amelio and Jullien,2007;张凯,2010)。平台的搭售也可能会增加消费者的多归属动机,因此也能提高社会福利(Choi,2010)。

三、数字思维与企业管理理论

索洛悖论同时也引起了管理学的关注,不少学者认为信息技术没有带来生产率和利润增加,主要是因为企业管理不善,新技术需要新的管理理念与之匹配。Porter 和 Heppelmann 于 2014 年和 2015 年在《哈佛商业评论》发表了两篇数字化战略相关文章(Porter and Heppelmann,2014,2015),他们在系统分析智能互联产品功能以及产品产业中五种竞争力的基础上,认为智能互联产品不仅仅改变了产品本身的性能和功能,而是重新定义了产业的竞争优势和战略选择,并且对企业运营和组织架构也产生了冲击,强调管理中数字化思维的重要性,如去中介化、产品迭代、数据资源等。

数字化思维最主要的有两支研究文献。一支文献是关于互联网思维的研究。早期的研究文献普遍将 ICT 和互联网等技术视为一种工具,即便是波特[①]在 2001 年也认为互联网只是一种工具(Porter,2001)。但是到了2006 年,平台商业模式在产业界开始盛行,双边市场理论研究的几篇重要工作论文(Armstrong,2006a;Rochet and Tirole,2006)由于成功地解释了这种产业现象相继正式发表,同时描述互联网零售数据现象的长尾理论(Anderson,2006)也得到了普遍认可,人们对互联网有了新的认识,开始理解并接受互联网服务对用户免费甚至是价格补贴的合理性,以及通过满足小众市场获利的前景性,这些观念逐渐被总结概括为互联网思维。中国学者对互联网思维的研究贡献较多,李海舰等(2014)从互联网理念、互联网精神和互联网经济三个层面定义互联网思维。李晓华(2016)认为互联网思维

[①] 波特是指哈佛大学教授迈克尔·波特(Michael Porter),在具体的文献引用中也称为 Porter,后文同。

是指(互联网时代)对整个商业世界的一种全新认识。卢彦(2015)将互联网思维概括为一系列思维的组合,如用户思维、简约思维、极致思维、迭代思维、流量思维、社会化思维、大数据思维、平台思维、跨界思维。李海舰等(2014)认为传统企业需要利用互联网思维实行组织再造,升级成为智慧组织。郭家堂和骆品亮(2016)认为互联网已经成为不少传统企业变革与产业升级的哲学思想。

另一支文献是关于大数据的研究。2003 年,大数据技术和理论(Mayer-Schönberger and Cukier,2013)的兴起,颠覆人们对数据的传统认识,如全样而非抽样、效率而非精确、相关而非因果等。关于大数据的研究已经形成了两点共识。一是数据正在驱动着管理的创新,企业利用大数据进行市场调研和经济分析,获取更为准确的信息数据,做出相对准确的判断,减少决策的失误(王永进等,2017)。二是数据是一种生产要素,早期的文献还只是将大数据作为一种资源,认为它是数字技术的深度应用催生出的一种人造资源(杨善林和周开乐,2015)。随着大数据应用和研究的深入,大家更加认可大数据作为新型生产要素,与土地、劳动力、资本、技术并列。

第二节　竞争战略与价值链理论

竞争战略理论与价值链理论均由哈佛大学教授波特(Porter,1980;1985)建立。两大理论已经成为战略管理理论研究和产业分析的基石。

一、竞争战略理论

Porter(1980)在产品生命周期理论(Vernon,1966)、结构—行为—绩效

(SCP)理论(Bain，1951；Mason，1939)等理论基础上提出的五力模型是竞争战略理论最具代表性的理论。五力模型系统地阐述了对企业有着直接影响的五种竞争作用力，它们分别是供应商的议价实力、买方的议价实力、潜在进入者的实力、替代品的实力，以及产业内现有竞争者的实力。企业的竞争战略目标便是抗击这五种竞争作用力，为企业寻找最佳的定位。据此，Porter(1980)提出企业成本领先战略、差异化战略和目标集中战略三种竞争战略来平衡和对抗五种作用力的综合影响。三种竞争战略已经被战略管理学领域学者认定为企业的基本竞争战略。

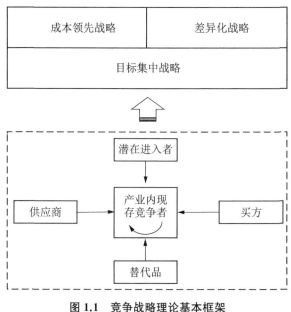

图 1.1　竞争战略理论基本框架

资料来源：根据 Porter(1980)的著作《竞争战略》(*Competitive Strategy*)论述绘制。

二、价值链理论

Porter(1985)认为企业实施各种竞争战略的目的是形成自身的竞争优

势,在五力模型的基础上,他继续提出了竞争优势理论,该理论相关思想集中体现在《竞争优势》一书中,在该书中 Porter(1985)首次提出价值链的概念。Porter(1985)认为企业的竞争优势归根结底源于企业创造的超过其成本的价值。企业的价值创造过程是由一系列互相关联的活动构成的,这些活动可以分为两个主要类别:主要活动(基本活动)和支持活动(辅助活动)。主要活动包括入厂物流、运营、出厂物流、营销与销售以及服务等,这些活动与产品或服务的创建、交付和市场推广直接相关。支持活动则包括采购、技术开发、人力资源管理以及企业基础设施等,这些活动为主要活动提供支持和资源,确保主要活动有效运行。企业的所有主要活动和支持活动在生产经营中围绕着产品的价值创造相互关联,组成了企业的价值链(如图1.2)。

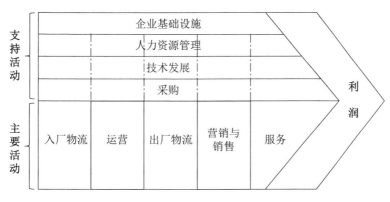

图 1.2 企业价值链

资料来源:根据《竞争优势》(*Competitive Advantage:Creating and Sustaining Superior Performance*)(Porter,1985)绘制。

每一个企业都有自己的(内部)价值链,价值链中的活动同时也与外部其他企业的价值链关联,如入厂物流直接与上游企业的价值链中的出厂物流相关联,同时它也用类似的方式与下游企业价值链关联。因此,在一个产业中有业务往来的企业,其价值链是相互紧扣的,产业内的所有企业内部价值链形成了一个体系,Porter(1985)将其称为价值体系。应用产业价值体系的概念,Porter(1990)进一步发展出了国家竞争优势理论,该理论从国家宏观视角阐释了(国家的)产业竞争优势(如集群优势)。与企业价值链相对应,后续学者研究认为在产业分工形态中,产品价值创造的各个环节分处于不同的企业中,它们之间形成了一个连续追加的价值创造过程(Shank and Govindarajan,1992),因此产业价值体系又被称为产业价值链。

基于产业价值链的概念,衍生出了各种产业价值链的分析理论,最为代表性的是虚拟价值链理论(Rayport and Sviokla,1995)、微笑曲线理论(施振荣,2014)和全球价值链理论(Gereffi,1999;Gereffi et al.,2001)。

虚拟价值链理论(Rayport and Sviokla,1995)认为在信息化背景下,企业的竞争存在于现实世界(市场场所,market place)和虚拟世界(市场空间,market space)。传统价值链理论关注的是市场场所的物质流,缺乏对市场空间的重视,但是毋庸置疑的是信息也成了产品价值的重要源泉,因而传统价值链理论将信息技术的活动视为辅助活动低估了信息的价值。所以,企业为了保持自身的核心竞争力,保持可持续的发展必须充分理解及灵活运用围绕信息创造活动所构成的虚拟价值链(virtual value chain)。

微笑曲线理论(施振荣,2014)事实上是施振荣先生早在1992年便提出的理论。他基于全球化趋势分析了自己的企业(宏碁)的战略问题,发现高科技产品的制造通常要将经历研发与设计、制造与加工、营销与服务三大环节的价值追加,其中两端的环节(研发与设计、营销与服务)创造出的产品附加价值更高,中间环节(制造与加工)创造的附加价值最低,在附加值分布上呈现出了两端朝上的微笑嘴型曲线。后来越来越多的学者认为,产品附加值这种分布特征不仅仅只存在于高科技产品,很多工业品均具有这个特征分布,该理论被学界称为"微笑曲线理论"。

全球价值链(global value chain，GVC)理论(Gereffi，1999；Gereffi et al.，2001)是基于传统价值链理论发展出来的理论中最有影响力的理论,它在国际贸易和全球经济中具有重要的地位。全球价值链理论指出,在全球生产网络中,不同国家在全球生产网络中的协同合作,由于参与了特定的生产阶段的活动而获得了增加值收入。Krugman(1995)是较早将价值链概念应用于国际贸易问题分析的学者,Gereffi(1999)将价值链概念应用于国际贸易网络的社会和组织维度,提出了全球商品链的概念,Gereffi 等(2001)在全球商品链概念基础上提出了全球价值链,获得了国际贸易学界的广泛认同,形成了全球价值链理论,基于该理论的大量研究表明全球价值链在各个环节都可以创造价值,但只有占据核心环节才能处于该产业全球价值链主导地位。

第三节 制造业服务化理论[①]

20 世纪 80 年代末期开始,部分传统制造企业发现自身的耐用性产品消费者在使用产品的过程中依然需要诸多的配套服务支持,因此瞄准这个商机,在产品售出和售后阶段,持续为消费者提供有偿服务,这种商业行为给制造企业带来了意想不到的利润。IBM、Pitney Bowes 和 GE(通用电气)等 ICT 制造业跨国公司便是这种制造与服务融合的最早实践者。这些公司的经验还表明,除了服务所带来的利润回报之外,提供产品配套服务的战略还有助于加强产品自身的竞争力。随即,这种行为从个案转变为产业

---

① 本部分主要观点发表在《上海管理科学》2021 年第 5 期。

内企业的共同战略与群体行为,并演变成制造业发展的基本特征之一,引起了诸多学者的关注,对此展开了广泛的研究,并将这种产业现象称为制造业服务化(Neu and Brown,2008),简称服务化。

目前,已有的研究关于产品服务化主要围绕是什么(What,概念的界定)、为什么(Why,微观机理的研究)和怎么做(How,模式和路径选择研究)三大问题展开(郭家堂,2021)。

一、制造业服务化概念

20世纪90年代以来,制造业与服务业的融合趋势越来越明显,表现为两方面:一是在生产阶段,服务作为中间投入要素在产品的生产中的比重不断上升,出现了投入服务化;二是在产品售出和售后阶段,制造企业继续为消费者提供与产品配套的服务,实现差异化竞争并获取利润,出现了产品(或产出)服务化。对前者的研究主要集中在宏观经济学领域,概念也较为统一,一般称其为制造业投入服务化;而后者的研究却较为分散,微观经济学、营销学、服务管理、企业管理、工程管理、产品设计学、信息系统等学科均有学者关注该现象,因此概念的名称也较为丰富。

在已有文献中,关于产品(或产出)服务化出现最多的有以下几个概念:"服务化"(Servitization)、"产品—服务系统"(Product-Service Systems,PSS)、"新制造业"(new manufacturing)、"服务增强"(service enhancement),以及"服务型制造"等。其中,"服务化"是最早被提出来描述制造业产品或产出服务化现象的概念,该概念的提出者为 Vandermerwe 和 Rada(1988),两位学者将当时越来越多的制造业企业基于产品营销的需要在产品基础上不断增加增值服务的现象称为"服务化"。"产品—服务系统"的概念来自工程管理领域的学者,该领域的学者强调制造企业的目标不应该是简单地为客户提供产品的所有权，而是将产品与服务实现一体化从而为客户创造使用价值，提供一种非物质形态的解决方案（Baines et al.，2007）。可见，产品—服务系统（PSS）将产品和服务视为一项系统工程。这种思想在"工业产品—服务系统"（Industrial Product-Service System，简称 IPS^2）的概念中体现更加突出，IPS^2 倡导产品制造者在产品整个生命周期内都应该为客户传送价值（Marceau and Martinez，2010），采纳 IPS^2 最多的是 B2B 制造企业。管理学大师德鲁克（Drucker，1990）认为制造企业的产品从工厂发出后并不意味着生产的过程因此而结束，此后相关的配送和服务亦是制造企业生产流程中重要的组成部分，为顾客提供服务使其有效使用产品的价值应该成为制造业企业的经营理念，他将这种制造称为"新制造业"（new manufacturing），Houghton 等（1999）继续丰富了"新制造业"（new manufacturing）的概念。

中国的学者使用最多的是"服务增强"和"服务型制造"两个概念（蔺雷和吴贵生，2006）认为制造企业之间的竞争已经从产品转向服务，试图通过服务增加产品的竞争力并获取持续的利润，因此提出"服务增强"。"服务型制造"由我国学者（孙林岩等，2007）提出，在对世界制造业变革的新趋势分析的基础上，提出了整合、增值和创新是新先进制造模式的新特点，并将这种模式称为"服务型制造"。

由此可见，概念的命名上学者们仁者见仁、智者见智。但是，关于制造业服务化的内涵是一致，都是在强调"产品—服务的连续统"（Wilkinson et al.，2009），即以产品和用户为中心，将产品与服务有机融合，为用户提供理想方案。值得注意的是，正是 Vandermerwe 和 Rada（1988）的研究开启了学界关于制造业服务化研究的热潮，因此在诸多概念中，沿用最多的还是"服务化"这一概念（Kastalli and Looy，2013；Parry et al.，2011），后文中我们亦使用"(制造业)服务化"概念。

二、制造业服务化的微观机理

面对越来越多的制造企业选择服务化战略的现象,学者们希望能深入微观层面,探讨其中的机理。认为提升财务绩效、增强产品竞争力、产品营销驱动是主要的驱动力(Baines et al., 2009),此外,随着工业化所带来的环境污染等社会问题日益突出,消费者环保意识不断增强,成为越来越重要的驱动力(刘继国和李江帆,2007)。

第一,关于服务化的财务绩效研究。宏碁创始人施振荣(2014)用微笑曲线(smile curve)刻画了制造业产业链中各环节的获利能力,处于曲线右端的服务往往被认为制造业企业增加盈利最佳选择。Anderson 等(1994)的研究认为服务化将制造企业从单纯的制造环节解困,无疑能够给制造企业带来更多的利润。Slack(2005)研究发现对于机床、飞机等产品生命周期比较长的产品,在消费者使用产品的过程中,提供持续的服务具有很高的潜在利润,Gebauer 等(2005)认为服务通常具有反经济周期特性,将产品和服务进行有机组合,使得制造企业抵抗经济周期的能力得到提升,为企业获得稳定的收益提供了保障。Sawhney 等(2004)通过对通用电气、IBM、西门子等企业的案例研究证明 Gebauer 等(2005)的观点。Vickery 等(2003)则通过实证分析,证明了客户服务与财务绩效之间具有显著的正相关。当然,Gebauer 和 Friedli(2005)也指出,在看到大部分制造企业通过服务化获得利润回报的同时,也有一些企业实行服务化过程中并没有获得理想的收入,出现了服务化悖论的现象。但是,总体而言,大部分研究还是证明了服务化的确有利于提高财务绩效。

第二,关于服务化的竞争优势的研究。从福特公司首创了流水线生产以来,标准化和模块化生产一方面提高了生产效率使得制造企业可以从规模经济中受益,另一方面产品的同质化也在削弱企业的竞争实力,从而陷入单纯的价格战。而在产品上增加服务有利于提高企业的竞争力,这源于两方面的优势:一方面是提高产品的差异化,让企业获得新的竞争优势(Gebauer,2007;Mathieu,2001);另一方面是创造了竞争者进入障碍,与固有的产品相比,服务往往聚集了知识等无形资产,大大降低了被模仿的风险(Gebauer and Friedli,2005;Oliva and Kallenberg,2003),且通过服务建立起长期的客户关系,起到了提高竞争者进入行业的门槛。目前这种增加服务的竞争不再是单纯为了提高产品竞争能力,而是成为企业新的利润源泉增值活动。国内学者也有类似的观点,叶勤(2002)认为产品服务正成为制造企业价值创新和新价值创造的新模式。蔺雷和吴贵生(2006)以服务增强为出发点,认为服务创新等手段可以获取差异化(竞争优势)和先行优势。郭跃进(1999)从有利于差别化经营、树立良好形象、提高员工素质三个方面对制造业服务化带来竞争优势进行了总结。清华大学技术创新研究中心研究团体和浙江大学创新与发展研究中心研究团队在这一方面做了大量的工作。

第三,基于营销战略角度研究。在营销学中,学者们普遍认为服务是影响客户购买决定的重要因素(Gebauer,2007;Mathieu,2001),消费者在购买产品时,越来越关注产品之外的服务,如金融、物流、保险等。显然,通过服务能保持与用户的长期关系,提高用户的忠诚度(Vandermerwe and Rada,1988),争取到用户第二次购买的机会,通过服务还可以洞察消费者需求上的细微变化(Mathieu,2001)。

第四,基于环境效应角度研究。随着人们对环保的愈加关注,部分学者从环境效应的角度对该问题展开讨论,认为制造业服务化转变对于环境保护和可持续发展具有重要的意义。一方面是服务化促进了企业采用耐用的原材料,延伸物品的寿命,降低材料和能源的消耗;另一方面,有些产品(如电子产品和化学产品)的合理的回收和利用对于减轻制造商的环境压力具有很大的潜力(Plepys,2004;Reiskin et al.,1999)。也有学者认为理论和数据的确证明服务化可以提高企业对资源的利用效率,但是缺乏企业开发生态效益服务的激励,生态理念听起来很诱人,企业开发这种服务却不一定有商业价值(Ryan,2000)。

三、制造业服务化的模式和路径选择研究

由于制造业服务化研究的跨学科性,各领域的学者对此都有所关注,结合各自学科的特点,学者们站在不同的角度提出了不同的制造业服务化模式与路径选择。

(一) 基于时序演变的模式与路径选择

基于时序的角度研究服务化模式与路径演变是该领域研究较为普遍的思路。其中最有代表性的是三阶段论观点。Vandermerwe 和 Rada(1988)是最早将服务化分成三阶段的学者,后续基于时序演变的模式与路径选择的研究基本上在其基础上展开。他们认为大多数制造企业在服务化道路上都会经历三个阶段。第一阶段是产品与服务完全分离阶段。该阶段制造企业只为客户提供有形的产品,未意识到服务亦会给企业带来额外利润,甚至认为服务是制造企业的一项成本负担。处于该阶段的制造企业一方面认为以制造有形产品见长的企业缺乏服务这样的无形产品的经营经验,另一方面担心客户对制造企业提供的服务缺乏认同感。因此,该阶段制造企业注重的是如何为客户生产出经久耐用的产品(如福特公司的 T 型车)。第二阶段是在产品基础上增加服务的阶段。随着制造业进一步发展,产品的知识

和技术含量越来越高，与 ICT 相关的制造企业发现第三方服务公司由于专业的限制，所提供的服务已经无法满足客户在产品使用过程中的需要，这种知识含量较高的服务由生产商直接提供更加可靠。为此，ICT 相关的制造企业开始尝试为客户提供产品使用过程中的相关服务并收取一定的费用，服务逐渐成为制造企业的利润源泉之一。此外，制造企业面对产品的同质化竞争，提供产品相关的服务亦成为产品差异化的方式之一，该阶段制造企业销售的主体依然是有形的产品，服务是一种附加商品。第三阶段是"产品＋服务包"的阶段。制造企业不断增加服务的种类，将有形的产品与无形的服务进行打包，Vandermerwe 和 Rada（1988）将其称为"服务包"，该服务包由有形产品、服务、支持、知识、（客户）自我服务等组成，处在该阶段的制造企业为客户提供的是一个整体的解决方案，其中服务、支持、知识和（客户）自我服务组成了该方案中的服务包。第三阶段的具体运行模式是：制造企业将生产出来的产品视为一种硬件，服务包则是在这个硬件上运行的各种软件。①为了满足不同用户的不同需求，产品和服务都实行模块化，既能独立运行又能自由组合，形成适用于不同客户需求的各种解决方案。可见，在 Vandermerwe 和 Rada（1988）的三阶段论中，只有后面的两个阶段才是真正意义上的服务化阶段，其中的第二个阶段是服务化的初级阶段，该阶段中的服务是附加在产品上为满足客户需求或者获得差异化优势的一种手段。第三个阶段是服务化的高级阶段，也是服务化的目标。

虽然，Vandermerwe 和 Rada（1988）提出"产品＋服务包"的制造业服务化路径选择，但是并没有对具体的模式进行阐述，Marceau 和 Martinez（2002）对此进行了补充。他们对澳大利亚新南威尔士州的制造企业进行了

---

① 这里的硬件指的是各种有形产品，软件是指各种无形的服务，有别于计算机科学中的硬件与软件。

调研,发现该州很多制造企业都在实行"产品＋服务包"的战略,即服务化战略,这些企业向用户提供的不是单独的产品或服务,而是将服务和产品进行打包,以"解决方案"的形式出售。在产品生产和销售过程中,根据服务融入产品的时间节点不同,"产品＋服务包"又分为"服务整合(在生产过程将服务融入产品中形成'包')""服务打包(在产品销售中和销售后将服务增加到产品上形成'包')"和"服务捆绑(购入他人生产的产品增加自己的服务形成'包')"三种模式(Marceau and Martinez,2002)。

"产品＋服务包"是三阶段论学者观点中制造企业服务化演变中的最终阶段,White 等(1999)则认为还存在着更高级演变阶段,即"基于产品的服务"阶段,为此提出了"产品"—"产品＋附加服务"—"产品＋服务包"—"基于产品的服务"的四阶段观点。White 等(1999)认为"产品＋服务包"阶段,用户拥有产品的所有权,服务是在产品基础上延伸出来的服务。而在"基于产品的服务"阶段,产品的所有权依然由卖方(制造企业)保留着,买方(客户)购买的是产品的功能,产品与服务的一体化程度比"产品＋服务包"阶段更高,两者成为一个联合体。

与阶段论学者的观点不同,持"产品—服务连续统"观点的学者认为在纯粹的销售产品和纯粹的销售服务之间有无数个中间状态,如销售物品及附加的服务、融资租赁、经营租赁、服务合同和销售产品功能等(Fishbein et al.,2000),这些中间状态组成了一个产品—服务连续统,服务化是制造企业在日常经营活动中服务业务比例、种类和重要性的不断增加的连续过程。在这个过程中起初服务是产品的附加,随着服务化的进程推进,产品的相对重要程度不断下降,服务的相对重要程度不断上升,产品逐渐成了服务的附加品(Neu and Brown,2005;Oliva and Kallenberg,2003)。Oliva 和Kallenberg(2003)以德国 11 家大型机械制造公司为样本,分析了在产品—

服务连续统中制造企业的服务化路径选择：首先是整合产品的相关服务，紧接着以现有客户所需的服务（如设备升级、备件、耗材、维修、退役等服务）为起点开展服务营销，然后将服务业务扩展为客户关系型的服务或者以流程为中心的服务，最后接管终端用户日常运营的所有服务业务。

（二）基于行业特征的模式与路径选择研究

基于时序演变的研究从制造业总体上论述了制造业服务化的模式与路径选择，但对不同行业产品的性能、技术以及市场竞争格局差异的考虑较少。显然，在企业所处的价值链中，每一个环节的附加值是有区别的（施振荣，2014），制造企业应该选择最能增强产品竞争力和提高产品附加值的环节作为切入点，实现服务化转型。安筱鹏（2012）对国内外11家成功服务化转型的制造企业进行了考察，提炼出了四种常见的制造业服务化模式：基于产品效能提升的增值服务、基于产品交易便捷的增值服务、基于产品整合的增值服务、从基于产品的服务到基于需求的服务。根据企业产品与所处的行业特征的差异，企业不仅要选择适合自己的服务化模式，而且要对不同模式下的实现路径进行选择。比方说，一家服装企业在采取"基于产品交易便捷的增值服务"的服务化模式时，其实现路径可以是"便捷化的电子商务"（如凡客网），也可以是"精准化供应链管理"（如 ZARA 公司）。如果企业选择的是"基于产品效能提升的增值服务"的服务化模式，其实现路径将是"个性化的产品设计"（如绯绅礼服的私人定制服务）。对于装备制造企业来说，如果与服装企业一样选择的是"基于产品效能提升的增值服务"服务化模式，但是其最佳实现路径却是"实时化的在线支持"。可见，服务化是一种目标，达到这个目标的模式和路径有多种选择。安筱鹏的研究工作将服务化的模式和路径选择根据行业的不同做了分类，为实践工作了提供了可操作性的参考。在他所提出的这四种模式中，前三种模式是将服务与有形产品进行绑定作为服务的出发点,是服务化的初级阶段。第四种模式则强调制造企业应该利用自身优势,为用户提供不依托于自身产品的专业服务,该模式下的制造企业不再是产品的提供商,而是解决方案的提供商,因此第四种模式是服务化的高级阶段。

在 IT 行业,一种基于云计算的服务正在成为 IT 企业的战略选择。传统观点认为,IT 行业的核心产品是硬件和软件,因此,IT 企业的服务化有两种模式:(硬件)产品主导模式和(软件)服务主导模式(Neu and Brown,2005;Oliva and Kallenberg,2003),每个企业根据自己的核心竞争力选择不同的服务模式,如 IBM 是典型的硬件产品主导的服务化,而微软则是软件服务主导的服务化。值得注意的是,这两种模式只是强调服务化过程中产品和服务哪个占主导地位,并没有断定谁替代了谁。云计算技术利用集群的分布式计算机(大规模的数据中心和服务器群)通过网络介质(通常是因特网)为用户提供按需服务,将硬件产品"软化"为一种服务,为 IT 企业的服务化带来了颠覆性的创新(Sultan,2014)。基于云计算有三个基本的服务模式:基础设施即服务(Infrastructure as a Service,IaaS),平台即服务(Platform as a Service,PaaS)和软件即服务(Software as a Service,SaaS)(Sultan,2014;Sultan,2011)。其中,IaaS 模式是将硬件设备等基础资源(CPU/内存和存储/操作系统)封装成服务以出租的方式供给用户使用,典型的是亚马逊(Amazon)公司的 EC 站点(electronic commerce site)。PaaS模式是将中间件平台及其组件和运行环境进行封装,为用户提供运行应用程序的环境服务。也就是说,用户在供应商提供的运行环境中创建自己的应用软件,然后直接从供应商的服务器上传递给其他用户,典型的是 Google App Engine。SaaS 模式是将某些特定应用软件功能封装成服务,通过网络介质(如互联网)提供给用户使用,用户无需购买软件,而是按定购的服务多少和时间长短向服务商支付费用,典型的是 Microsoft Office Live。

在机床行业,Azarenko 等(2009)以 PSS 概念为基础,提出了 T-PSS (technical product-service systems)模型,认为该行业存在着三种服务化模式:产品导向服务模式、使用导向服务模式和结果导向服务模式。其中产品导向服务模式下制造企业在为用户提供产品时,同时提供如耗材管理监控等服务,并在产品使用寿命结束时收回该产品。使用导向服务模式下制造企业保留对产品的所有权,用户成为产品的承租人,定期支付使用费,该模式下产品成为服务的一个载体平台。结果导向服务模式是明显的功能导向型服务,制造企业承诺为用户提劳动力和原材料节约型的生产服务。以此可见,这三种模式的服务化程度是依次递增的。

(三)基于价值链和价值网络的模式与路径选择

哈佛大学教授迈克尔·波特(Porter,1985)的价值链理论深刻地揭示了企业价值的源泉。典型的制造业价值链通常包含研发设计、零部件采购、生产制造、销售与服务等环节,相对于生产制造环节,处于产业链两端的研发设计、销售、服务环节在生产过程中所创造的附加价值更高,总体而言,制造业所有环节的附加值构成了一条"微笑型曲线"(施振荣,2005;2014)。

简兆权和伍卓深(2011)以价值链理论和微笑曲线理论为基础,着眼于服务化过程中企业价值链延伸的过程,对制造业服务化可供选择的路径做了探讨,归纳出了四条制造业服务化路径:(1)产业链下游服务化,即通过增加在营销、品牌管理,以及产品的延伸服务等环节的介入,实现服务化;(2)产业链上游服务化,即介入研发、设计、规划等产业链上游阶段,实现服务化;(3)产业链上下游同时服务化,即制造业企业选择投入服务化和产出服务化齐头并进的模式;(4)完全去制造化,即制造业企业完全退出低附加值的制造领域,只从事附加值相对高的上下游产业链服务环节。在四条路径中,路径 1 和路径 2 比较基础,是服务化的初级阶段,路径 3 是路径 1 与路径 2 的延伸,属于服务化的中级阶段,路径 4 是制造业企业服务化的最高级阶段。此外,杨书群(2012)提出了我国制造业服务化的三种建议模式:依托制造业价值链拓展生产性服务业、制造企业向服务提供商转型、制造与服务的一体化解决方案。赵少华(2014)在对装备制造业产品服务系统与价值链进行分析的基础上,提出了构建装备制造业产品导向式延伸价值链、产品与服务整合式拓宽价值链、效用导向式构建价值网络三种服务化路径。

第二章
移动通信技术的演变及其社会经济影响

移动通信技术从最初的基本语音通信技术到支持多媒体和物联网应用的高级技术,不断发展和演进。移动通信技术的发展是一个复杂的生态系统,但是具有显著的代际特征,即遵循"使用一代,建设一代,研发一代"的发展普遍规律。移动通信技术改变了人类通信的方式(如摆脱了对电报和电话的依赖),促进了全球社会的互联互通。在不同的时代,移动通信技术对社会经济均产生了积极的影响,包括提高信息传递效率、改善生活质量、促进新兴产业诞生,极大地推动了数字经济发展,移动通信技术的演进将不断塑造未来社会经济的发展格局。

第一节　移动通信技术历史演变及其规律

一、移动通信技术历史演变

人类一直心怀移动通信的梦想,在古老的中国神话中,先人塑造了"顺风耳"和"千里眼"两个具有"移动通信"特异能力的神话人物。在人类历史上,原始而真实的移动通信案例当属"飞鸽传书",人们利用鸽子对"地球磁场的感觉灵敏"和"恋家"的天性，训练出了用于传递书信的"信鸽"，据说公元前 3000 年左右，古埃及人便开始使用飞鸽传书。

几千年来，飞鸽传书这种原始的移动通信技术主要应用于军事情报传送。无独有偶，现代移动通信技术也始于军事需求，第二次世界大战期间，美国军方最早意识到无线通信的重要性，牵头研发军用无线步话机，成功地研发出了世界第一台无线步话机 SCR-194。

美国联邦通信委员会将因为无线电视转为有线电视所闲置的无线电频谱授权给美国电话电报公司（American Telephone & Telegraph，简称 AT&T），AT&T 下属的美国贝尔实验室开始推动移动通信技术的开发。1978 年底，美国贝尔实验室研制成功全球第一个移动蜂窝电话系统——先进移动电话系统（Advanced Mobile Phone System，AMPS），并于 1983 年开始在美国的芝加哥正式投入商用，获得了巨大成功。与此同时，通信设备巨头摩托罗拉公司（Motorola）由于通过参与美国军方"军用无线步话机"项目的合作，在无线通信技术领域积累了领先的技术优势。

战争结束后，摩托罗拉公司进一步优化技术，在 20 世纪 80 年代中期，发明了民用蜂窝式移动电话。现代移动通信技术就此拉开序幕，此后人类社会进入了高速发展的移动通信时代。时至今日，已经进入了第五代移动通信技术时代，简称 5G。从所采用的技术标准看，移动通信技术已经完整地实现了经历 1G 到 4G 的移动通信目标，5G 技术也逐渐普及开来，6G 技术已经处于研发阶段。

（一）1G 技术

1G 技术，当时也被称为蜂窝式通信网络技术，技术的商业化应用开始于 20 世纪 80 年代的中期，为一种模拟通信技术，这种技术和电话的原理类似，利用了声音作为一种波，具有类似于交流电的频率或振幅等特性，因此可以将语音转换为电信号进行传送,因此 1G 技术突破了语音可移动的远距离通信。虽然 1G 在语音质量、网络稳定性,以及可支持的同时在线用户规模等均不够理想,但是绝对能称之为一种革命性的技术,人类的远程移动通信时代就此拉开序幕。

1G 技术诞生于美国,普及却是在欧洲国家。英国、法国、德国、意大利和瑞士等欧洲国家均在 1985 年左右建立起了 1G 通信网络。相比于这些国家,美国的 1G 通信网络建立足足晚两年。

虽然如此,美国依然是 1G 技术的核心国家,核心技术还是由美国的摩托罗拉等公司掌控。摩托罗拉公司是美国"军用无线步话机"项目参与方,利用该机会,摩托罗拉公司掌握了 1G 技术先发优势,在天线技术、模拟电路和信号处理等技术上均处于领先地位,该公司几乎垄断了 1G 的所有核心技术。

(二) 2G 技术

2G 技术应用开始于 1990 年左右。2G 采用的是数字通信技术,不仅解决了语音通信的质量和普及问题,而且新增"短信"这种文本通信方式。在 1G 技术上,事实上是没有国际移动通信技术的相关标准,每个国家都有自己的标准。到了 2G 技术,各国和主要企业均注意到了标准竞争的重要性。欧洲国家在 1G 技术的普及上最先意识到了技术标准的重要性,因此在 1988 年,欧共体委员会批准建立非营利性的电信标准化组织——欧洲电信标准组织(European Telecommunications Standards Institute, ETSI)。

欧洲电信标准组织在 1989 年开始接手 2G 标准的制定,并在 1990 年对外公布第一版 GSM 标准,GSM 全称为 Global System for Mobile Communications,即全球移动通信系统。美国也意识到了移动通信技术标准主导权的重要性,推出了美国自己的 2G 技术标准,即第二代移动通信系统——窄带码分多址接入（Narrowband-Code Division Multiple Access，N-CDMA）系统标准，简称 CDMA 标准。

在全球，2G 技术主要是形成了 GSM 和 CDMA 两个标准阵营。标准的先发优势是非常明显的，竞争的结果是赢者通吃，因此 GSM 标准在用户数量上具有绝对优势，全球主要国家的移动通信网络采用的都是 GSM 技术标准，标准的统一使得不同国家之间的用户之间的通信变得轻而易举，全球移动通信的梦想得到实现。

（三）3G 技术

3G 技术在 1985 年由国际电信联盟（ITU，International Telecommunication Union）提出，并在 1992 年世界无线电通信大会（WRC，World Radiocommunication Conference）上确定了 3G 的频带（约 230 MHz），且提出在 2000 年左右实现 3G 商业化运营的发展目标。

亚洲成为 3G 发展最快的地区，欧洲紧随其后，美国由于早期不太热心 3G，在技术准备上稍稍落后。2001 年，日本率先向用户提供 3G 业务；2002 年，韩国开通 3G 业务。2003—2004 年欧洲主要国家（英国、法国、德国和意大利等）和美国相继开通 3G 业务。相比于这些国家，中国开通 3G 业务平均晚了 6 年，2008 年 4 月，中国在北京、上海、天津、沈阳、广州、深圳、厦门和秦皇岛等沿海城市首先开通 3G 业务。虽然如此，中国却是 3G 技术标准制定的主要参与国，ITU 认定 CDMA2000、W-CDMA 和 TD-SCDMA 三种技术为 3G 技术标准，其中的 TD-SCDMA 由中国提出。

作为继 2G 之后的新一代移动通信系统，3G 继承了 2G 网络的成熟应用技术，并在高频段频谱资源利用、宽带射频信道、多业务多速率传送、快速功率控制，以及自适应天线和软件无线电技术等方面进行了突破。

从 3G 技术开始，移动通信技术开始融合互联网通信的多媒体技术，使其具备处理图像、音乐、视频流等多种媒体形式的能力,并提供了多种信息服务,包括网页浏览、电话会议、电子商务等。3G 提供了更高的数据传输速度和更广阔的网络覆盖,使得移动互联网的应用和服务得以扩展,人们可以更方便地进行移动网络访问、社交媒体、移动支付等活动。

3G 技术实现了数据信息的传输,为移动通信领域带来了巨大的进步和创新,开启了移动互联网时代。3G 技术使得人们可以更加便捷地获取各种多媒体内容和信息服务,用户通过手机可以随时随地浏览网页、进行视频通话、享受音乐和视频娱乐等。这种全方位的通信和娱乐体验为人们的生活带来了更大的便利性和丰富性。

（四）4G 技术

3G 技术开启的移动互联网时代,随着智能手机等终端设备普及以及移动互联网移动应用服务的丰富,移动互联网毋庸置疑地成了最具市场潜力的发展领域。但是,3G 网络技术在满足移动互联网更好的发展上出现了一些弊端,如带宽和速率较为有限,技术标准不够统一等问题。4G 针对这些问题进行了改进。

一方面,4G 技术大幅提升联网速度体验。3G 已经将技术定位为移动通信技术与互联网通信的多媒体技术融合的数据信息传输技术,但是 3G 技术依然还无法满足高清晰度的流媒体传输需求,在视频聊天或会议等应用上卡顿明显。为了提升用户的体验,一方面,4G 极大提高了系统的带宽和峰值速率,最高可以支持 20 MHz 带宽,上行峰值速率和下行峰值速率分别达到 50 Mbit/s 和 100 Mbit/s。另一方面,与 WLAN 全面融合,WLAN 作为一种新兴的"最后一公里"无线接入系统,以前被认为是 3G 的竞争者,但是 4G 技术却采取了全面融合 WLAN 的方式。当业内人士向业外人士介绍 4G 技术的时候,经常这样描述:"4G 是 3G 与 WLAN 于一体,并且能够快速传输数据、高质量音频、视频和图像的技术。"

另一方面，4G 全面统一了移动通信技术的标准。尽管 3G 已经提出了统一全球移动通信标准的设想，但由于世界各国的 2G 通信技术基础不同，以及出于商业利益的考虑，3G 技术发展在标准统一上做出了妥协，选择了三种技术标准共存的方式。4G 技术发展的首要任务是进一步地提升标准的统一性。2004 年 11 月，在 3GPP（第三代合作伙伴计划，Third Generation Partnership Project）于加拿大举办的研讨会上，主要运营商和设备商达成了"进行下一代演进技术的研究与标准化、以保证未来竞争力"的共识，并将下一代移动通信系统暂定名为"长期演进"（Long Term Evolution，LTE），LTE 的一个基本目标是实现标准的统一。与此同时，以美国的 Verizon 和中国电信为代表的 3GPP2 组织也宣布放弃 CDMA2000 的后续演进技术，使得 LTE 成为移动通信行业的唯一 4G 标准。

4G 技术的商业化普及实际上比预期要慢。原因是从 3G 开始，技术对作为网络建设者运营商的激励出现了不足。3G 技术推进了数据信息的传输技术的发展与普及，使得运营商的传统业务被蚕食。各种聊天 App（如微信、WhatsApp）的兴起，取代了传统短消息，并且以视频方式提供了更好的视频电话服务，取代了传统的语音电话。相比于应用服务商，网络运营商依靠数据服务获得利润则相对有限，此外，运营商为获得 3G 的频率还要向管制机构支付巨额的频率许可费用。作为网络技术主要建设者的利益在 3G 技术时代没有得到很好的照顾。与之相反，硬件商反而成为技术的积极推进者，以 Intel 为首的 IEEE Wi-Fi 阵营面向移动互联网应用推出了竞争性新技术——全球微波互联接入（Wordwide Interoperability for Microwave Access，WiMAX），该技术虽然最终被排除在了 4G 技术标准之外，但是却有效地促成了 2004 年 11 月 3GPP 在加拿大举办研讨会，达成了 LTE 系统的共识。

中国是 4G 技术积极采用者。2010 年,瑞典率先部署 4G 的商用,中国也在 2013 年正式商用 4G,此时距离中国的 3G 首次商用才 5 年。2013 年以后,中国的 4G 网络一直保持蓬勃发展,2019 年中国的工业和信息化部对外宣布,中国 4G 基站数量占全球一半以上。[①]

随着 4G 技术的引入,移动互联网进一步迈入了高速和高效的发展阶段。4G 技术提供了更快的数据传输速度、更低的延迟和更稳定的连接,支持更丰富的多媒体应用、高清视频流媒体、在线游戏等,满足了用户对于高质量移动互联网体验的需求。

(五) 5G 技术

5G 技术概念是在 2013 年由欧盟首先提出的,2015 年,联合国国际电信联盟(ITU)发布了 5G 移动通信技术的 IMT-2020 标准,依据该标准,5G 是一种能够提供超高速率、超高可靠性、超低时延和广泛连接等特性的移动通信技术。自此,全球各大运营商、设备厂商和标准组织纷纷着手 5G 技术研发,并在 2018 年实现了 5G 网络的商用试点,中国成为第一批开展 5G 技术商用的国家。

5G 技术的时代意义在于它拓展了移动通信技术连接的对象。从 1G 到 4G,移动通信技术的目标是更好地实现人与人的连接。从 5G 开始,移动通信技术发展考虑将人与物、物与物的连接纳入移动通信技术所要支持的场景中。因此,5G 技术将人类社会从移动互联网时代带入了移动物联网时代。

5G 技术不仅仅是为了提供更快的网络速度,更重要的是支持了许多新的应用场景,如自动驾驶、智慧交通、智能制造等多个领域。美国全力推进

[①]　工业和信息化部,《中国 4G 基站数量占全球一半以上》,详见 http://www.cac.gov.cn/2019-09/23/c_1570766799309488.htm,2023 年 7 月 17 日访问。

5G 基础设施的建设,利用 5G 技术的高速、低时延和大连接密度特性,为自动驾驶汽车提供更可靠的通信支持,加速实现自动驾驶技术的商业化。韩国积极推广 5G 技术,为智慧交通、智慧教育等提供便利。瑞典将 5G 技术融合到产品和服务,致力于为消费者提供低成本和高竞争力的产品和服务。日本重点在信息娱乐、交通运输、工业制造、应急通信与(自然)灾害救援上推广 5G 的应用。中国将 5G 与工业互联网融合促进智能制造发展,提升制造业的竞争力。联合国国际电信联盟将 5G 技术的这些应用场景概括为增强的移动宽带(eMBB)、海量机器通信(MMTC)和超高可靠超低时延通信(URLLC)三大类。

二、移动通信技术发展的基本规律

(一) 发展周期性强

"10 年为一代"是移动通信技术发展的一个重要规律特点。在过去几十年中,全球移动通信技术的演进大致以 10 年为一个周期,每个周期内会有一代新的移动通信技术标准得到推出和商用化。以技术被成熟商用为时间节点看,1G 成熟商业化应用是在 20 世纪 80 年代初,2G 是在 20 世纪 90 年代初,3G 是在 21 世纪初,4G 是在 2010 年前后,5G 则是在 2020 年前后。其中,5G 技术的商业化应用由于受到新冠疫情的影响,在商业化应用推广的速度上亚于前几代技术。按照这个规律,6G 技术应该会在 2030 年左右得到商业化应用,目前主要国家和商业机构也紧锣密鼓地研发 6G 技术。

移动通信技术的这种强周期性发展特征,为产业界、政府和相关利益方提供了一个相对稳定的发展预期,有助移动通信技术发展的规划和未来投资,因此也出现了"商用一代、推广一代,研发一代"的产业基本投资发展规律。

（二）超越替代性强

在移动通信技术的发展中,每一代技术的目标通常是在前一代技术的基础上进行改进和超越,以提供更好的性能和功能。1G采用的是模拟信号技术FDMA,到了2G便开始引入数字通信技术TDMA和CDMA,从3G开始便完全放弃了传统的模拟信号传输技术。在2G时代,数字通信技术存在着GSM、CDMA、TDMA等多种技术标准。3G仅保留了CDMA,当然在该技术下还是存在着WCDMA、CDMA2000、TD-SCDMA等3种标准,而4G放弃了CDMA技术,完全采用的是LTE技术,5G开始开发毫米波技术。

可以发现,新一代的移动通信技术通常会在某些方面超越前一代技术,形成一种破坏性创新发展的趋势。这为各国发展提供了弯道超车的机会。一些发展中国家或地区,没有在早期阶段参与到移动通信技术的发展中,但是,新一代移动通信技术的引入为它们提供了迅速跨越发展的机遇,因为它们可以直接采用最新的技术标准,而无需再投入前期的基础设施投资。

（三）参与主体广泛

每一代移动通信技术的发展需要大量的研发和标准制定,需要政府、产业界、学术界和国际组织的密切合作。标准在移动通信技术中显得尤为重要,如果技术标准不一致,将使不同厂家、不同地区的设备和网络难以兼容,导致设备的互联互通变得非常困难,限制技术的普及。所以移动通信技术的一个最基本竞争是标准竞争。标准竞争不仅涉及同一代技术的频段、传输速率、连接密度、覆盖范围、能耗等方面,在不同代的移动通信技术之间,也存在着相互兼容性的竞争。

第一,技术标准竞争中,需要标准化组织和产业联盟主导协调推进产业发展。虽然标准竞争可以激励各方不断努力改进自己的技术,以提供更好的性能和更好的用户体验,但是也加大了市场的不确定性,使得企业和消费者难以做出明智的选择,导致产业链的分裂和碎片化。因此,各方参与的全球合作变得至关重要,国际标准化组织和产业联盟在技术标准的制定过程中发挥着重要作用。

第二,频谱资源分配与利用,需要政府在移动通信技术发展中发挥主导作用,提高频谱资源的利用率。频谱是无线通信的生命线,合理的频谱分配和资源利用对于推动移动通信技术的发展至关重要,政府发挥了关键作用。一是政府需要制定合理的频谱规划,确保不同频段的有效利用和协调。二是政府需要通过市场机制(如频谱拍卖或招标等)方式向运营商分配频谱资源,以确保资源分配的公平和透明。三是政府应该鼓励运营商和其他利益方进行频谱共享,减少频谱碎片化。

第三,网络互联互通上,市场主体广泛合作更加关键。虽然竞争是推动技术进步和创新的主要动力,但是在移动通信技术发展中,尤其是实现全面的互联互通上,企业之间的合作更加关键。企业合作不仅涉及运营商、设备制造商、软件开发商和内容提供商之间的产业链上下游合作,同时也涉及相同业务的企业之间的互联互通的合作。如果某些企业仅支持自己公司网络或设备的用户之间互联互通,这将限制用户的选择权,可能导致用户流失和市场份额下降。相反,通过开放合作,实现不同企业之间的互联互通,将增加用户的便利性和满意度,提高整个市场的活跃度和竞争力。移动社交软件的发展案例很好地说明了合作的重要性。中国移动公司的飞信和小米公司的米聊曾经也是很好的社交软件,但是因仅支持自家网络或设备用户之间的通信而被市场淘汰。相反,微信、WhatsApp 等在全球范围内取得了巨大成功,正是因为它们实现了跨网络、跨设备的互联互通,吸引了更广泛的用户群体。

第二节　移动通信技术对社会经济的主要影响

经济学家一直强调，信息对于市场的有效运作至关重要。福利经济学第一基本定理和"一价法则"（LOP）是经济学中最著名的两个结果性定理，它们均依赖于信息是充分的，即代理人拥有必要的价格信息来进行最优交易或套利。由此可见，当一个市场的货物在边际上的价值高于另一个市场时，就会产生价格差异，并促使追求利润的供应商或贸易商将货物重新分配到该市场，从而减少价格差异并在此过程中增加总福利。然而，在现实中正如 Stigler（1961）所强调的那样，微观个体可获得的信息通常是昂贵或不完整的。在这种情况下，没有理由期望市场不会失灵。

移动通信技术无疑是一类极大降低微观个体获取信息成本的技术。产业界采用技术标准对移动通信技术进行时代的划分，形成了"4G 时代""5G 时代"等概念，这个划分是直观的，但是过于简洁，使我们无法理解"4G"与"5G"的社会影响力到底区别在哪里。利用演化经济学的技术经济范式（Perez，1983）的逻辑对移动通信技术做一个新的时代划分，会更加容易理解移动通信技术带来的社会经济效应。具体而言，可以将 1G 到 5G 技术与未来的 6G 技术所支撑的社会经济进行全局考虑，将移动通信技术诞生以来的经济社会划分为三个主要时代，分别是移动通信时代、移动互联网时代和移动物联网时代，每个时代由具体包含两代通信技术，具体划分如表 2.1 所示。

表 2.1　移动通信技术对社会经济影响鸟瞰

	时代名称	核心技术	信息传播代表性突破	技术商业化应用时期	代表性企业	代表性国家或经济体
20 世纪 80 年代中期—2010 年	移动通信时代	1G	语音通信	20 世纪80 年代	摩托罗拉	美国、欧洲国家、日本
		2G	文本通信	1990 年左右	摩托罗拉诺基亚三星索尼	欧洲国家
2010—2018 年	移动互联网时代	3G	图片通信	2000 年左右开始	诺基亚三星苹果	日本、韩国、欧洲国家
		4G	视频通信	2010 年左右开始	苹果华为小米	日本、韩国、中国和欧洲国家
2018 年—	移动物联网时代	5G	机器通信	2019 年左右开始	苹果华为	美国、中国
		6G	融合通信	2026 年（预计）		

一、移动通信时代

1G 和 2G 两代移动通信技术构成了移动通信时代。时间跨越从 20 世纪 80 年代中期到 21 世纪 00 年代的中期,该时代的特点是远程移动通信技术的日益突破,其中 1G 基本上属于区域内部移动通信技术,到了 2G,移动通信技术才在标准统一之下成为全球性的通信技术。它们为移动通信技术的发展铺平了道路,为后续的技术进步打下了社会基础。

移动通信时代的出现对社会经济带来了一定的影响。在一些领域,移动通信技术已经开始在提高信息的传递速度和灵活性上展现出了其独特潜力。一个经典的案例是来自 Jensen(2007)研究工作,该研究发现移动通信技术给渔民或渔业带来了革命性影响。由于渔民总是驾驶渔船漂泊在漫无边际的海上从事捕捞工作,固定电话很难成为他们的通信工具,因此在没有移动通信技术的时代,渔民难以获得陆地市场的信息,因此市场经常会出现两种失灵现象,分别是"卖家过剩"(渔民到达市场但没有找到买家,因此将鱼重新倾倒回海中)和"买家过剩"(由于价格高或供应不足,批发商/零售商没能采购到鱼)。在 1997 年至 2001 年间,印度喀拉拉邦的整个邦都引入了移动电话服务,在离海岸足够近的地方建立了许多移动通信的基塔,可以向海上 20 到 25 公里提供移动通信服务,这个距离刚好也是大多数渔民捕鱼作业的距离,因此海上渔民可以通过移动通信技术了解陆地市场的信息,到2001 年,这里超过 60% 的渔船和大多数批发和零售贸易商都在使用手机来协调销售,Jensen(2007)的研究发现,喀拉拉邦的手机普及让这里的渔民得以利用当地市场之间的价差进行套利,使其利润平均增加了 8%,消费价格下降了 4%,消费者对沙丁鱼消费的剩余价值增加了 6%。

这个案例很好地展示了移动通信技术对社会经济的积极影响,特别是在改善信息流通和市场效率方面。一是信息流通的改善,移动通信技术的普及改善了渔民与市场之间的信息流通。渔民可以随时随地与批发商和零售商通信,了解市场需求和价格信息。这种信息的即时性对于渔民的决策和销售至关重要。二是市场效率提高,移动通信技术有助于减少市场中的不对称信息问题,减少了"卖家过剩"和"买家过剩"现象。这意味着渔民更有可能在捕鱼后找到合适的买家,而批发商和零售商也更容易找到渔民,从而提高了市场的效率。三是价格稳定性,移动通信技术有助于避免价格的大幅波动。通过更好地协调供应和需求,价格更趋于稳定,这对渔民和消费者都是好消息。消费者可以更可靠地预测食品价格,而渔民可以更好地规划捕捞活动。四是套利机会,移动通信技术使渔民能够利用市场之间的价差进行套利。他们可以在不同市场之间比较价格,并将产品卖给提供更高价格的市场,从而增加了他们的利润。从这个案例可以发现,移动通信技术的普及不仅提高了渔民的利润,还降低了产品的价格,增加了消费者的福利。这表明,移动通信技术的应用可以为整个社会带来积极的经济效益。

二、移动互联网时代

3G 和 4G 两代移动通信技术主导的移动通信时代被称为移动互联网时代,时间跨度为 2000 年代中期到 2010 年代中期。3G 和 4G 在推动互联网的普及方面表现出色,其效果远胜个人电脑(PC)。首先,手机等终端普及让更多人能够轻松获得互联网服务,相对于笨重的个人电脑,智能手机和平板电脑具备携带便携和价格亲民等优点,这些设备都可以随身携带,随时使用,这种灵活性改变了人们的工作方式,允许他们更多地在移动状态下工作,提高了工作效率。价格亲民意味着在全球范围内,更多的消费者能够承担这些设备,分享互联网的连接红利,包括教育、就业机会和信息获取等方面的好处。其次,3G 和 4G 网络的广泛覆盖使得在偏远和农村地区也能够便捷地访问互联网。这些地区个人电脑的普及率相对较低,导致互联网基础设施投资不足。但是手机在这些地区通常具有较高的普及率,吸引了运营商在这些地方建设移动互联网基站,从而使互联网接入成为可能。最后,3G 和 4G 的普及催生了一个多彩而繁荣的移动应用生态系统。这个生态系统包括了各种各样的应用程序,涵盖了社交、通信、娱乐、工作、健康、教育等各个领域,为人们接入互联网的意愿提供了动力。

尤其是 4G 极大地助推了移动互联网产业的繁荣兴旺。这一技术激发了各种各样的移动应用程序(App)的涌现,覆盖了社交媒体、在线购物、生活服务、娱乐等多个领域,为用户提供了轻松便捷的移动体验,深刻地改变了人们的日常生活、工作方式以及社交互动方式。移动互联网平台和移动应用市场在 4G 技术普及期间迅速壮大，为人们提供了更加方便、多元和丰富的移动通信和互联网体验。

移动通信技术在 3G 和 4G 上的这一演进不仅改善了人们的生活质量，还为企业创造了商机，推动了数字经济的蓬勃发展，具有显著的社会经济效应。一是人们可以依靠网络自由连接形成社群，口碑传播影响力大增，加之特有的低搜寻和转移成本，使得人们可以低成本地重新选择产品，消费者的权益得到极大主张。二是移动互联网及智能硬件作为新型生产工具极大地延伸了人的能力。比如现在如火如荼的共享经济，使得人们可以根据需求使用，根据使用付费，变所有权为使用权，极大地降低了生活成本和创新创业成本。如肯尼亚无处不在的移动银行服务 M-Pesa 让贫困妇女能够从小农经济转向非农业经济，从而为最底层民众带来显著收入增长。三是移动互联网带来个体意识的觉醒，人们利用网络平台，可以快速找到认可某种独特价值的共同体，使得该项价值被放大。比如近些年非常火爆的直播应用、网红经济、知识分享应用等。

三、移动物联网时代

5G 和 6G 两代移动通信技术将构成移动物联网时代。5G 已经在 2019 年开始成功商业化运营，目前正处于不断深化普及阶段。与此同时，产业界和政府部门也已经联手着眼 6G 技术的研发和标准制定，一个新的技术时代正在徐徐展开，这个时代的移动通信技术特点是高网速、低延迟、强连接和泛在网。

在这个新的移动通信技术时代，移动通信技术除了为智能手机和平板电脑等目前常见设备提供网络服务外，还将为更多类型的终端设备提供网络支持。这些终端设备包括智能家居设备、基础设施（马路、港口设备、医疗设备），工厂机器等。这一发展趋势将极大地推动物联网（IoT）的发展，使得各种设备和传感器能够互相连接并实现智能化控制和数据交换,这就是移动物联网,它将为人们的日常生活、工作和娱乐带来更多的便利和智能化体验。

尽管我们现在还处于 5G 和 6G 移动通信技术的早期阶段,但可以预测它们将对技术、社会和经济产生重大影响。一是生产效率的提升,相比于此前的移动通信技术主要着力于消费端的改变,5G 和 6G 技术将被重点应用于生产端和政府端,推动企业和政府部门的数字化转型,更高速的连接和更大的数据容量将促进数据驱动决策和智能化流程,提高效率和生产力。二是新兴产业的崛起,移动物联网时代将催生出新的产业,包括智能城市、智能交通、智能医疗、智能农业等。这些产业将创造就业机会,并为经济增长提供动力。三是人类生命健康的改善,5G 和 6G 技术将推动医疗健康领域的变革。远程医疗、智能医疗设备和患者数据监测将成为常态,提高医疗服务的可及性和效率。

第三节　本章小结

"10 年为一代"是移动通信技术发展的一个重要特征,每一代技术都进步巨大。1G 技术的出现,首次实现了区域内远距离语音无线通信,标志着移动通信的诞生。2G 技术引入了数字通信,提升了语音通话的质量,并新增了文本短信功能,将移动通信模式推向全球。3G 引入了高速数据传输和多媒体通信能力,使移动互联网的发展成为可能。4G 技术显著提升了数据传输速度和稳定性,支持高清视频流媒体和在线游戏等多媒体应用。5G 技术引入了超高速率、超低时延和广泛连接的特性,支持自动驾驶、智慧交通、智能制造等多个领域的应用,开启了移动物联网的时代,为人类社会带来更多的便利和机遇。

移动通信技术的发展虽然庞杂,但具有明显的产业发展规律性。一是发展周期性强。这种强周期性发展特征为产业界、政府和相关利益方提供了相对稳定的发展预期,有助于规划和投资移动通信技术的未来发展。因此,在移动通信技术领域出现了"商用一代、推广一代、研发一代"的产业基本投资发展规律。二是超越替代性高。每一代移动通信技术都旨在在前一代技术的基础上进行改进和超越,以提供更优越的性能和功能。通常,新一代技术会在某些方面实现破坏性创新,以超越前一代技术。这种超越性发展趋势为各国提供了机会,尤其是发展中国家或地区,它们可以直接采用最新的技术标准,从而迅速实现跨越发展。三是参与主体广泛。每一代移动通信技术的发展都需要广泛的研发和标准制定,涉及政府、产业界、学术界和国际组织的紧密合作,如确保标准的一致性和互操作性、确保不同频段的有效利用和协调、全面互联互通支持等。

移动通信技术对社会经济影响深刻,形成了移动通信、移动互联网和移动物联网三个主要技术时代。一是移动通信时代,1G 和 2G 技术主导下的时代,它们强化了社会经济中的信息流通,减少了市场中的信息不对称问题,提高了市场的效率。二是移动互联网时代,3G 和 4G 技术主导下的时代,它们进一步推动了互联网的普及,使更多人能够轻松获得互联网服务,各种各样的移动应用程序,丰富了人们的移动体验,从而改变了工作方式,提高了工作效率。三是移动物联网时代,5G 和 6G 技术主导下的时代,它们促进物联网的发展,连接更多类型的终端设备,包括智能家居、基础设施、工厂机器等,实现智能化控制和数据交换。移动通信技术开始被应用于生产和政府领域,智能城市、智能交通、智能医疗、智能农业等新兴产业诞生,创造了更多的就业机会并推动经济增长。这些时代的变革表明,移动通信技术在不断演进,对社会经济和人们的生活方式产生了广泛而深远的影响,为经济增长、社会发展和福利提高做出了重要贡献。

第三章
汽车产业链演变及其服务化的兴起

汽车产业链的演变是一个不断发展和适应新技术和市场需求的过程。随着技术的进步和社会需求的变化,汽车制造商和相关企业不断调整它们的战略,以适应新的商业模式和市场趋势。这种演变也将继续塑造未来汽车产业的面貌。汽车产业链的演变受多个因素的影响,包括政府政策、通用技术、产业竞争和市场需求等。具体到数字经济大背景下,政府的数字经济政策、数字技术的兴起、产业竞争形态的改变,以及市场需求多变均对汽车产业演变形成了重大影响,汽车制造商和相关企业需要不断调整它们的战略,以适应新的商业模式和市场趋势,服务化成为产业链演变的最大趋势。

第一节　汽车产业链演变及其驱动因素

一、汽车产业链演变主要阶段

在这 100 多年的发展中,汽车制造业的价值链已经经历了两个主要阶段:一个是以"制造"为中心的价值链阶段,另一个是以"制造+服务"为中心的价值链阶段(骆品亮,郭家堂等,2015)。未来随着物联网的发展,车联网将成为汽车价值链重要的一环,为此,将出现以"制造＋应用服务"为中心的价值链模式(如图 3.1 所示)。

图 3.1　汽车制造业价值链演变趋势

资料来源:基于《互联网时代汽车产业价值链中金融服务的作用与定位》论述绘制。

(一) 以"制造"为中心的产业链

在以"制造"为中心的价值链阶段,主要的目标是将产品制造出来并确保品质。重点是将原材料和零部件转化为最终产品,并确保这些产品功能满足市场的需求。生产效率和成本控制是以制造为中心的价值链的重点,制造商追求高效的生产流程,以降低生产成本,如寻找生产过程中的优化点,减少废品和损耗,提高生产线的效率等。为了实现这个目标,制造商一是强化供应链管理,确保及时供应原材料和零部件,避免生产的中断。二是持续改进生产工艺和技术,通过采用新的工程方法和技术,提高生产效率,降低成本,并改善产品质量。三是强化产品创新,尽管制造商首要任务是生产已有的产品,但也在不断关注产品创新,包括改进现有产品的设计和功能,以及开发新的产品以适应市场需求。

在以制造为中心的价值链阶段,汽车制造公司在汽车产业链中扮演绝对的主导角色。汽车制造商的核心竞争目标是如何实现低成本生产,从而获得可观的利润。福特公司引领了这一阶段的发展,该公司通过流水线生产模式的创新,不仅大幅度地降低了汽车生产成本,扩大了汽车生产规模,而且使家庭轿车的神话变为现实,进而创造了一个庞大的汽车工业。

一是汽车制造成本的大幅度降低。流水线生产方式的引入大幅度地降低了汽车的生产成本。通过流水线生产,汽车制造商能够更加精确地计划和管理生产流程,减少了浪费和成本。这使得汽车价格更加亲民,普通家庭也能够承担购买汽车的费用。在流水线之前,汽车被视为奢侈品,只有少数富裕家庭能够购买。然而,流水线生产使得家庭轿车变得更加经济实惠,使更多人能够拥有自己的汽车。

二是大规模制造模式的推广。流水线生产模式的成功使得汽车制造商能够大规模生产汽车。大规模生产降低了每辆汽车的固定成本,并加速了汽车的交付速度。这意味着更多的汽车可以更快地投放市场,满足了不断增长的市场需求。流水线生产模式的成功将汽车制造转变为了一种高度工业化的过程,通过降低成本、提高效率和增加产量,使得汽车制造商能够应对市场需求的增长,并以更具竞争力的价格提供产品。这种模式的广泛应用不仅改变了汽车行业,还对制造业的其他领域产生了深远的影响。

三是汽车工业的兴起并成为国民经济的支柱。流水线生产的成功催生了一个庞大的汽车工业。不仅有了更多的汽车制造商,还涌现出了供应链上的众多供应商和相关产业,如零部件制造和销售。这为整个汽车生态系统的建立和发展提供了坚实的基础。

(二) 以"制造+增值服务"为中心的产业链

20世纪70年代,全球接连发生了两次石油危机,这也引发了汽车需求的急剧下降,推动了小型省油车市场的兴起。日本所生产的小型车因其耐用、价格亲民、性价比高以及燃油效率出色等特点,迅速受到国际市场的欢迎。与此同时,汽车产品逐渐趋向标准化,制造商在汽车设计创新方面的余地相对有限,然而,石油危机的冲击推动了汽车节能技术的迅猛发展。在汽车产业的价值链中,研发(尤其是节能技术研发)和销售环节的活动逐渐超越了制造环节,占据有利地位。为了重新夺回产业链的主导权,同时也为了摆脱产品价格竞争的困境,汽车制造商也积极将汽车制造与服务相结合,形成了以"制造＋增值服务"为核心的汽车产业价值链模式。

在"制造＋增值服务"的产业价值链中,汽车制造商不再仅仅销售实物汽车产品,还将相关服务纳入包装,包括汽车销售、售后服务(4S 店模式)以及汽车金融等活动。这种产品与增值服务相结合的模式一方面为汽车制造商带来丰厚的利润,另一方面也在节能和环境保护方面取得了显著的成效。一是多元化的利润来源使得汽车制造商的业绩更为稳健和可持续。"制造＋增值服务"的模式允许汽车制造商从多个渠道获取利润。除了汽车的实际销售,它们还可以通过提供售后服务、延长保修期、提供定期维护等方式赚取收入。二是更好的客户关系,通过提供增值服务,汽车制造商能够建立更紧密的客户关系。例如,提供定期维护服务使得客户更有可能返回原始制造商以获得服务,而不是去其他独立的维修店。这有助于提高客户忠诚度。三是环境友好,增值服务还可以促进节能,例如提供更高效的燃油管理系统,同时定期维护可以延长汽车的使用寿命,从而减少废旧汽车对环境的影响。

(三) 以"制造＋应用服务"为中心的产业链

1990 年后,随着美国大规模的建设信息高速公路,互联网在美国迅猛发展,并且很快传播到其他国家,全球进入信息化社会。美国、德国和日本的主要汽车制造商亦将汽车的信息化服务作为战略业务进行布局,其中最为典型的产品是以卫星导航为主要功能的车载信息系统,如安吉星、G-BOOK 等产品。

随着互联网技术的不断成熟和移动互联网的迅猛发展,新兴数字技术如大数据和云计算等逐渐商用化,物联网已成为发达国家如美国、英国、德国和日本等的发展目标。同时,代表着发展中国家的中国等国也在信息化建设方面取得了令人瞩目的进展,推动了汽车智能化技术的应用,使汽车逐渐步入智能化时代。

作为物联网的一个重要应用领域,车联网不仅实现了人与车以及车与网络之间的互动,还进一步实现了人、车、网络以及道路之间的多方互动。围绕汽车产品的应用服务将会越来越丰富,从而为用户提供更多的便利和智能化体验。可以预见,未来汽车产业价值链将朝着以"制造＋应用服务"为核心逐步演进,这将为汽车制造商和相关企业带来全新的商机和发展机遇。

二、汽车产业链演变的主要影响因素

汽车产业链的变革是多个力量相互作用的结果,包括汽车公司自身、内外部技术条件和多种环境因素的综合影响。总体而言,汽车产业价值链的转变主要受政府政策、产业技术、竞争模式和市场需求等因素的显著影响。

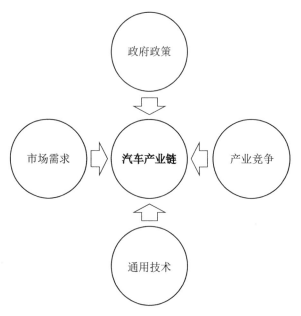

图 3.2　驱动汽车产业价值链演变的主要因素

（一）政府政策

汽车象征着人类文明和科技进步,汽车工业被誉为"工业中的工业"。世界经济和汽车工业发展历史表明,没有哪个产业的发展能够像汽车产业一样受到政府政策的长期影响,主要原因是自从第二次工业革命以来,无论是在战争年代还是和平年代,汽车工业都是国家竞争力的支撑。

从生产端看,汽车制造业产业链长,与其他产业部门的联系紧密。汽车制造业的上游关联着钢铁、有色金属、橡胶、石化、塑料、玻璃、皮革、纺织等产业;中游关联着物料搬运设备、泵、阀门、压缩机及类似机械、视听设备、电子元器件等产业;下游则与物流、金融、保险、零售、批发、商务服务等产业关联(如图 3.3)。基于 2020 年《中国投入产出表》(流量表)的数据基础,对中国投入产出表中汽车制造业的两个部门(汽车零部件制造和汽车整车制造)的中间投入品直接消耗进行测算,测算结果显示汽车制造业与中国投入产出表中 153 个部门中的 112 个产业部门(不包括两个部门自身)存在直接产业关联(体现为对这些产业的直接消耗系数大于 0)。

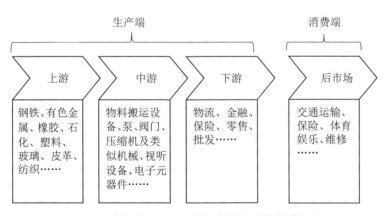

图 3.3　汽车产业不同环节与各种产业的关联关系

从消费端看,汽车产业的社会效益非常显著。汽车首先与交通运输业紧密相关,尤其体现在国内的运输市场。在 2022 年中国货物运输中,公路运输量占比 75%。此外，汽车消费也是居民家庭的最大消费，中国国家发展改革委员会对外公布，中国的汽车消费在 2022 年的社会消费品零售总额中所占的比重达到 10% 左右，汽车消费是中国扩大内需、提高城市化水平的支柱产业。汽车产业还与体育娱乐、设备维修、交通运输等生产生活活动密切相关。

作为一个产业辐射面广、经济效益带动力强的产业，汽车工业代表一个国家工业甚至是整体国民经济的发展水平，是一国民众生活水平的象征。发达国家无一例外地将汽车产业选为国民经济的支柱产业，制定各种产业政策加以支持。如今世界上几个典型的制造强国，汽车工业都是其国民经济的支柱产业，其产业成长过程中也得到了国家政府的产业政策的大力扶持。美国的汽车工业得益于两次世界大战，战时产业政策刺激了美国各个产业的发展，其中受益最大的是汽车工业，主要原因是汽车工业与军工生产密切相关，美国总统艾森豪威尔甚至发明了"军事—工业复合体"的概念支持相关产业发展，其核心就是汽车工业。德国作为传统的汽车制造强国，汽车产业政策也是极为典型，为了保证政府能够主导汽车工业，德国政府专门针对一家公司颁发了一部国家法律，即《关于大众有限责任公司股权转为私有法》，由于该法律是为了保护德国的汽车工业，防止大众集团在财政紧张的时候被国外的大财团并购而设立的，因此该法律也被简称为"大众公司法"。日本作为 20 世纪后期汽车工业后起之秀，其汽车产业政策更是可圈可点，为了保护本国的汽车工业，日本在 20 世纪 50—60 年代实行汽车工业保护扶植政策，对外限制汽车进口，对内将汽车零配件生产列入重点扶植对象，享受各种产业发展的优惠。

（二）通用技术

自汽车问世以来，汽车产业便与通用技术息息相关。汽车的发明得益于以内燃动力机为代表的动力通用技术。最早尝试发明汽车的是法国人 N.J.居纽,1769 年他将蒸汽机作为三轮车的动力装置,实现了运行速度 3.5 km/h—3.9 km/h,但是这项发明并不能算成功,它的速度还不如一个老年人步行的平均速度(4.5 km/h—4.8 km/h)。1825 年,英国人斯瓦底·嘉内制造了一辆蒸汽公共汽车,18 座,车速有了明显的提升,为 19 km/h。由于蒸汽机本身体积较大,复杂且运行效率相对较低,并不适合汽车,更多的是作为铁道车辆和船舶的动力源。人们需要寻找功率体积比和功率重量比高的轻便动力装置。1866 年,德国工程师尼古拉斯·奥托成功地试制出动力史上有划时代意义的立式四冲程内燃机,很快内燃机开始成为生产生活的通用动力技术。1885 年,德国工程师卡尔·本茨将 0.85 马力汽油机装到三轮车上带动这辆三轮车行驶了,制造出了一款以内燃机为动力装置的汽车,速度是 15 km/h。最重要的是这款汽车在 1888 年 8 月成功完成了 12 小时 104 公里的长途驾驶的考验,卡尔·本茨设计的这款装有内燃动力机的汽车被认为是世界上第一辆汽车。

汽车产业的兴起得益于以石油加工为代表的能源通用技术。汽车被发明之后,一个困扰汽车使用的便是燃料问题。卡尔·本茨所发明的汽车需要汽油作为燃料,但是当时汽油的民用功能是清洁剂,并且只在药店销售,数量非常有限,汽车加油需要跑很多药店一点点凑足一箱油。到了 1910 年,石油加工的通用技术热裂化技术诞生,该技术通过高温和高压条件下将较重的石油分子转化为较轻的石油制品,大幅度提升了汽油的产量,为汽车提供了稳定、高效的能源供给,也为汽车产业的大规模普及提供了基础。

汽车产业的繁荣得益于电子信息通用技术。自晶体管的发明开始,经过不断发展,电子技术在汽车领域应用取得长足进步。特别是 20 世纪 70 年代后,电子式燃料喷射装置的实用化,让汽车超越了此前机械控制的极限,汽车电子技术的应用不仅限于发动机控制,还扩展到车体系统、安全气囊、ABS 以及汽车导航系统等多个领域。随着时间的推移,汽车产品中的电子控制单元(Electronic Control Unit,ECU)规模不断扩大,推动汽车产业的繁荣。

(三) 产业竞争

竞争是产业活力的体现,是影响产业链及其结构的因素。产业发展阶段不同,产业内企业竞争激烈程度差异也很大。产品生命周期理论将产业的发展分为初创期、成长期、成熟期和衰退期四个主要阶段。处于初创期的产业,产业内只有为数不多的创业公司,产业链的参与者不多,分工主要存在于企业内部,竞争较小,产业链结构简单。处于成长期的产业,展现出了良好的产业市场前景,市场需求增加,投资于产业的厂商大量增加,厂商和产品竞争激烈,产业链出现明显的专业化分工,结构变得复杂。处于成熟期的产业,经过成长期的激烈竞争,生存下来的少数大厂商开始垄断行业市场,形成了有势力的厂商主导产业链的格局。处于衰退期的产业,除了为数不多的大企业,小企业生存岌岌可危,相继退出产业,产业链上中下游的分工重新回归于大企业的内部分工,产业链结构回归简单。

从全球角度看,当前汽车产业虽然已经处于成熟期,这可以从汽车产业厂商格局得到验证,汽车制造业已经长期处于"6+3"主导产业链的稳定格局。在这个格局中,"6"是指的是通用、福特、戴姆勒-克莱斯勒、丰田、大众、雷诺-日产六家集团化程度很高的车企,它们占据了汽车市场的主要份额;"3"特指本田、宝马和标致雪铁龙三家集团化程度较低的企业。目前上述 9 家巨头企业主导汽车的产业链,这是一个产业处于成熟期的重要特征。

但是,未来的汽车产业发展阶段不会是衰退期,而是蜕变期。传统产品生命周期理论忽视了产业创新,较为保守地认为产业可能会长期处于成熟

期,或者进入衰退期。汽车产业进入衰退期的可能性极小。城市化依然是
人类社会和文明发展的方向,汽车作为一种主要交通工具的趋势不会改变,
汽车产业在新兴市场国家有着广阔的产业前景。但是,汽车产业长期处于
成熟期的可能性也不大,主要是因为数字技术正跃升为社会生产和生活的
通用技术,汽车产品也将超越工业品的概念,演变为融入更多数字技术的电
气化、智能化和网联化的消费类产品。推动汽车这种演变的一股力量是来
自非传统汽车产业的造车新势力的跨界竞争。

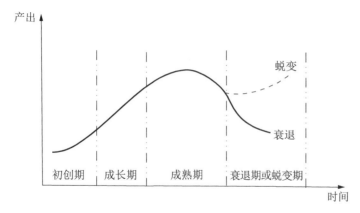

图 3.4　产品生命周期图

(四) 市场需求

　　汽车工业发展中的市场需求变化体现了人们对于汽车功能、性能、安
全、环保等方面的不断追求和变化,汽车制造商不断关注市场需求的变化,
推出适应消费者需求的新产品,以满足不断变化的市场需求。

　　汽车诞生之后,一度被视为奢侈品,价格昂贵,是只有富裕阶层才能拥
有的艺术品。但是到了 20 世纪初,第二次工业革命进一步推进了人类社会
的工业化和城市化,城市交通基础设施也得到了显著的改善,催生了对快捷
交通工具的社会需求,为汽车的兴起和发展创造了条件。尤其是城市中产

阶层的兴起,他们普遍希望能够拥有一辆价格相对较低、性能稳定的汽车,以方便出行和提高生活品质。福特的流水线生产方式迎合了这些社会需求,大大降低了汽车的生产成本,提高了汽车的生产效率,使汽车价格普及到普通家庭,汽车成为一种工业品。

"二战"之后,相对和平稳定的社会发展环境使人们不再只关注基本的生存需求,而是开始追求更多元化和个性化的生活体验,尤其是电视、广播等媒体传播技术的发展,人们开始追求流行文化,促使了多样化需求的产生。以通用汽车公司为代表的制造商开始意识到不同消费者有不同的需求,因此开始推出多样化的汽车型号和款式,开始从汽车的级别、价格和用途等方面对需求市场进行细分,分别推出不同品牌的汽车,如雪佛兰、雪铁龙、别克等。

20世纪70年代的石油危机引发了民众对能源利用和环保问题的广泛关注,触发了环保需求的诞生。在汽车领域,消费者开始追求更省油、更环保的产品,促使汽车制造商推出节能、低排放的车型。以丰田为代表的日本汽车制造商开始积极推广小型汽车达到更低的油耗,同时坚持不断改进产品质量,提高汽车的可靠性和耐久性,延长汽车产品寿命。日本汽车制造商在环保需求的推动下,取得了在汽车产业中的显著进步,并成为全球汽车制造业的主要领导者之一。

第二节　数字经济时代汽车产业演变的驱动力

数字化无疑是当代社会最为引人注目的一大趋势。数字技术正在深度融入实体经济的各行各业,成为现代生产和生活中的通用技术,催生了许多产业变革,包括汽车产业。政府数字化战略政策的支持、数字技术的赋能驱动使汽车产业面临着数字化转型的机遇和挑战,同时,互联网的影响也改变了消费者对汽车产品的需求。汽车制造商和新势力都在努力满足"Z世代"的需求,推动汽车产业朝着更加智能、环保、高效的方向发展。

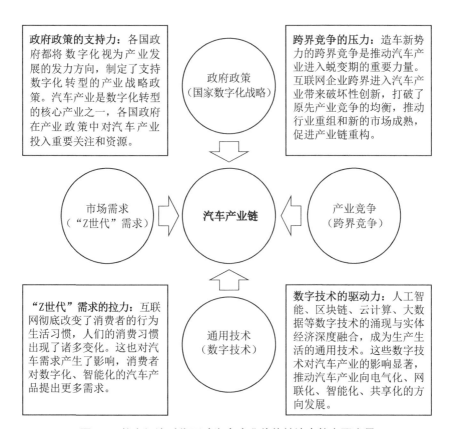

图3.5　数字经济时代驱动汽车产业价值链演变的主要力量

一、政府政策的支持力

当前,制造业发展的主要发展趋势是数字化,各国政府将数字化视同为一次工业革命的浪潮,制定不同的产业政策支持本国产业数字化转型,汽车产业是数字化转型的核心产业之一。

在诸多产业政策中,最典型的有美国、德国、日本和中国的政策。其中美国提出"工业互联网",德国提出"工业 4.0",日本提出"追赶国际信息技术向制造业渗透的潮流",中国提出"中国制造 2025"。在这些产业政策中无一例外地将数字化转型选定为产业发展的发力方向,强调利用数字化的技术、平台和思维提升制造业水平,其中汽车工业都是重点提升对象。在围绕"中国制造 2025"相关的中国制造业政策中,"汽车"都是文件中出现频率极高的关键词,如《"十三五"国家战略性新兴产业发展规划》中"汽车"关键词出现了 40 次,《产业关键共性技术发展指南(2017 年)》中"汽车"关键词出现了 11 次。中国的《科技部关于支持建设新一代人工智能示范应用场景的通知》中将"自动驾驶"列为十大应用场景之一。《新一代人工智能发展规划》中提出的"智能运载工具""智能物流""智能企业"和"智能交通"等概念均与汽车产业直接相关。

二、数字技术的驱动力

2015 年以来,随着人工智能(Artificial Intelligence)、区块链(Blockchain)、云计算(Cloud Computing)和大数据(BigData)等"ABCD"技术的涌现,与传统的信息技术一起形成技术族群,被称为数字技术,这些技术与实体经济深度融合,触发了新产业的诞生,驱动着传统产业的转型升级,已经成为现在生产生活的通用技术。数字技术对汽车产业的影响及其效果已经显现,驱动着汽车产业向电气化、网联化、智能化、共享化的大方向发展。

(一) 人工智能

人工智能技术简称 AI,是利用计算机技术实现对人大脑处理信息模式进行模拟的一种技术。在"ABCD"技术中,人工智能技术算是最为古老的

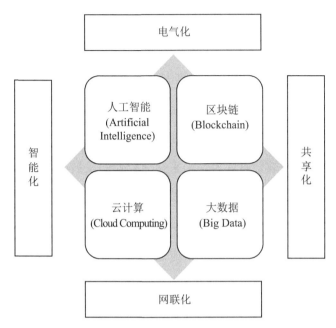

图 3.6 数字技术对汽车产业发展趋势的主要影响

技术了,它的概念在 20 世纪 50 年代就已经诞生,是数学、逻辑学与计算机技术等多学科理论相结合的技术概念,理论基础是"图灵机"理论,目标是利用技术实现机器对人大脑的模拟,如图像识别、语音识别、专家系统等,囿于芯片技术能力,概念的很多设想长期停留在理论层面没能实现。但是技术领域一直在人工智能技术上坚持探索,随着计算机芯片技术的突飞猛进,人工智能技术实现了质的飞跃。1997 年 5 月,IBM 深蓝(Deep Blue)战胜了国际象棋大师卡斯帕洛夫(Kasparov),成为历史上第一个成功在标准国际象棋比赛中打败世界冠军的计算机系统。2016 年 3 月,谷歌人工智能围棋程序阿尔法狗(AlphaGo)战胜世界围棋冠军李世石。从国际象棋到围棋,阿尔法狗的算力是 IBM 深蓝的 3 万倍,在算法上也有了很大的改进,IBM 深蓝主要是依赖于专家系统,即国际象棋大师总结的知识。而阿尔法狗利用的是蒙特卡洛树搜索算法和神经网络的学习能力。据说,谷歌公司后来又进一步升级 AlphaGo 为 AlphaGoZero,升级后的 AlphaGoZero 依靠自我对弈产生的数据,锻炼出了和人类走棋方式完全无关的 AI 棋艺。现如今,人工智能技术这个"旧时王谢堂前燕",已经"飞入寻常百姓家",手机的语音助手、人脸识别解锁功能均是人工智能技术的具体应用。

　　自动驾驶目前被普遍认为是未来交通行业的发展趋势,其技术源于人工智能。随着人工智能技术的不断发展,当前汽车电子电气架构必须实现变革,即从"分布式架构→(跨)域控制器架构→中央集中架构"升级。这种变革将有助于汽车电子控制单元供应商的地位提升,重构汽车的产业链关系。当前汽车电子控制单元(ECU)为分布式架构,在这种架构中 ECU 是孤立运作的,彼此之间不需要大规模的交互作用,如博世的制动、采埃孚的转向,两个厂家的 ECU 信息往往不能做到互通,因此只能实现低级别的智能化,无法支撑 L3 及以上[①]的自动驾驶能力。为了采用人工智能技术实现自动驾驶,必须要求电子控制单元或控制器之间能够实现非常频繁且复杂的交互,产业界提出了互通能力更强的(跨)域集中架构甚至是中央集中架构,这就意味着传统产业链中大量不同供应商开发的 ECU 将极有可能被具有更强集成能力的 ECU 供应商所取代,此外为了满足复杂的运算,汽车零部件中 ECU 的数量也将快速上涨,这些都可能助推 ECU 供应商在产业链中的地位上升,改变汽车产业链结构特征(如提升 ECU 对整车产品附加值的贡献度等)。

---

①　产业界将汽车自动驾驶共分为 5 个等级。L0:完全人工驾驶。L1:有少量的辅助功能介入到驾驶中,如自适应巡航、自动紧急刹车等。L2:在部分场景下能自动驾驶车辆,但需要驾驶员随时准备接管。L3:较高程度实现了自动驾驶,只在少数情况下驾驶员需要接管汽车。L4:至少满足 80%以上的场景下,汽车可以实现完全自动驾驶。L5:100%的场景下完整实现自动驾驶,无需人为干预,安全性甚至高于驾驶员。

图 3.7 汽车电子电气架构演变

(二) 区块链

2008 年,一篇作者署名为中本聪(Satoshi Nakamoto,化名,真实名未知)的文章《比特币:一种点对点的电子现金系统》在一个名为 Cryptography 邮件列表①上发表,论文提出了区块链的概念。两个月后理论步入实践,2009 年 1 月第一个序号为 0 的创世区块诞生。区块链起源于比特币,经过 10 多年的发展,区块链技术的应用已从金融领域延伸到了实体领域,如供应链管理、物联网、智慧医疗、智慧慧城市等(郭上铜等,2021)。

区块链技术具有去中心化、防篡改、高度可扩展、集体维护和可溯源等特征。汽车工业是一个典型的长产业链的产业,从设计研发到零部件采购,从整车制造生产再到营销销售以及后市场,每一个环节都举足轻重,意味着利用区块链技术对汽车产业链进行治理有着广阔的前景。在生产端,区块链可以被应用于汽车产业的供应链管理,提高产业链上下游的协调水平。利用区块链技术对 10 000 多个汽车零部件进行溯源管理,可以提高设备信息透明度,也可以帮助整车制造商与供应商相互协调,更好地把控生产节奏和库存。

在消费端,区块链技术可以被应用于汽车后市场上的二手车交易。二手车市场上鲜明的"柠檬市场效应"特征早被经济学家所关注。由于存在着显著的信息不对称,在二手车市场上,买家只能通过压低价格等方式降低交

---

① Cryptography 邮件列表的前身是 Cypherpunk 邮件列表,创建于 1992 年,会员以邮件方式展开交流的订阅,主要讨论数学、加密、计算机科学等话题。

易潜在损失,倒逼着市场上高质量产品卖方的退出,进而反作用于买家降低对市场上产品质量的预期而进一步压低价格,如此循环最终导致市场交易萎缩直至瓦解。以往研究认为,治理二手车市场的柠檬市场效应问题需要加强交易制度的建设,降低市场信息不对称或提升交易双方信任感。区块链技术的诞生为技术上解决信息不对称问题提供了可行性。利用区块链技术防篡改和集体维护等技术方法,可以实现汽车产品全生命周期管理,使得每一次车辆维护或保养都可被清晰记录,每次事故都可被查询,甚至每一个零部件的运行数据都可被解读。[①]

一旦信息不对称被降低或解除,市场交易的数量和质量都会得到显著提升。在当前,利用区块链技术治理二手车市场的一个可行性方法已经由Bauer 等(2022)提出,即利用区块链的多方认证为经销商提供动力,以发送与潜在商品的不可观察质量更密切相关的信号。这项研究发现基于区块链技术的多方认证(multi-party certification)减少了信息不对称,提高了商品配置效率,提高市场公平性。

(三) 云计算

云计算是一种分布式计算技术,计算机领域对分布式计算早有应用,但是传统的分布式计算技术如网格计算主要面向的是科学领域复杂计算的单一任务处理,专属的应用协议和数据格式限制了这种技术在中小型企业普通业务中的应用,因此商业化运营程度较低。云计算作为一种新兴的分布式计算技术在 2006 年由谷歌(Google)首席执行官埃里克·施密特(Eric Schmidt)在搜索引擎大会提出。云计算继承了网格计算的优点,同时还增加了虚拟化、动态可扩展以及按需部署等功能弥补了网格计算的不足,实现

---

① 要实现利用区块链区技术实现汽车产品进行全生命周期进行管理,还需要硬件设备和其他技术的配合,即汽车产品自身应该是一个高度智能化的产品。

了分布式计算在商业化应用中的普及，甚至被个人应用所采用。计算机硬件设备制造商首先采用云计算完成了服务化转型，推出了基础设施即服务（IaaS）、平台即服务（PaaS）和软件即服务（SaaS）三种服务化类型。在其他领域，已经出现了各式各样的云计算服务，如存储云、医疗云、金融云和教育云等。

汽车产业是云计算应用的助推产业。汽车 OTA 云是当前比较成熟的汽车产业云计算技术的应用。OTA 是英文 over the air technology 的简写，中文译名是"空中下载技术"。利用汽车 OTA 云，汽车制造商可以在必要时为汽车电子系统提供升级包，修复系统故障或者优化系统功能（如提升系统或应用程序的运行速度）。显然，汽车 OTA 云改变了一些传统汽车维保服务的业务模式，制造商可以越过 4S 店直接向用户提供服务，减少了在服务领域制造商对 4S 店的依赖。

图 3.8　汽车 OTA 云技术应用

汽车产业为云计算应用提供了极佳场景。车联网将是未来汽车产业的重要应用场景，被产业界认为是汽车产业的下一个"富矿"，随着城市的数字化转型，智慧城市或智慧交通被提上城市发展的日程，要实现这些目标，仅仅实现单车智能远远不够，因此未来城市的交通一定是汽车群体智能的社会。要实现群体智能，交通云的建设势在必行。云计算将是实现单车智能到群车智能的一个衔接技术。

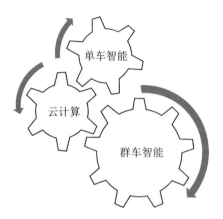

图 3.9　云计算驱动的单车智能向群体智能转型

云计算将带来的对汽车产业链重构的影响是巨大的。对产业链的部分环节参与者(如 4S 店服务商)形成了冲击,另一部分环节参与者(如整车制造商)则增加了能力,还有一些新的参与者(如汽车软件服务商、云计算服务商)加入产业链的分工之中。

(四) 大数据

随着互联网的发展,特别是移动互联网的兴起,新零售电商和社交平台如火如荼,人们发现互联网不仅加速了数据和信息的传播,而且还对数据和信息进行有效地存储,即使最为普通的用户也可以随时取用与加工互联网上的数据信息,这些都使得互联网有别于电话、电报以及电视等传统信息技术(郭家堂和骆品亮,2016)。在互联网上,数据呈现出了数量级增长的态势,具有显著的 5V 特点,即 Volume(大量)、Velocity(高速)、Variety(多样)、Value(低价值密度)、Veracity(真实性)。对这些数据进行分析,可以对经济行为做出预测,如消费者购买行为等。在大数据概念被正式提出以前,谷歌、微软、亚马逊、IBM、苹果、Facebook、Twitter、VISA 等企业为了挖掘出这些数据的商业价值,已经开始利用互联网上的海量数据进行商业分析,这种分析不再依赖于传统数据分析采用随机采样去获得数据,对数据精确度更加宽容,因果关系不再是数据分析的首要目标。维克托·迈尔-舍恩伯格和肯尼斯·库克耶(2013)在《大数据时代》一书中向产业界全面介绍了这种数据分析方式,大数据及其技术开始被产业界、学术界以及政府部门广泛关注。

大数据开启了一次重大的时代转型。数据被作为一种新的生产要素被广泛认可,并且得到了各国政府的重视。大数据战略成为各国国家战略,如美国于2014年发布《大数据:把握机遇,守护价值》的白皮书。中国在2017年发布的"十三五"计划也提出了"把大数据作为基础性战略资源"。

大数据已经成为一个新的主要产业出现在经济社会中。大数据产业自身不断壮大,助力产业转型升级和社会治理创新。IDC发布的《2022年V2全球大数据支出指南》(IDC Worldwide Big Data and Analytics Spending Guide)指出,2021年全球大数据市场的IT总投资规模为2 176.1亿美元,预计到2026年将会翻一番,增至4 491.1亿美元,2026年中国大数据服务市场规模可破百亿大关。

在微观层面,一个最主要的应用是将大数据营销和定价。企业为了获取更多的利润,价格歧视是销售环节常用的策略,现实生活中,企业主要采取二级价格歧视和三级价格歧视有两种方式展开定价,二级价格歧视是指企业按照消费者购买数量多少进行差别定价(如设置批发价与零售价两种差别价格);三级价格歧视按照消费者的特征(如年龄、地域与性别等)进行差别定价(如影院中设定学生票和成人票两种差别票价等)。经济学理论还提出了一级价格歧视定价的概念,即厂商对每单位产品都按照消费者所愿意支付的价格来定价,这是一种完全价格歧视,传统经济学理论认为在现实生活中,厂商要获得消费者对每一单位产品的意愿价格几乎不可行(如收集信息的成本远远高于定价所能增加的利润),因此一级价格歧视被传统经济学理论认为是一种理想。但是,大数据技术为厂家实施一级价格歧视提供了可行性。厂商或企业可以利用大数据分析每个时点、每个客户与每个产品的关系,实施差别定价策略,最大程度地获取消费者剩余,这种定价模式已经非常接近于经济学理论中一级价格歧视了。

大数据在汽车产业的应用有着广泛的前景。利用大数据可以进行产品的精准营销是目前汽车产业最成熟的应用,如汽车企业可以通过大数据完善用户维度标签,构建更加完整的用户全景画像,实施精准营销,降低营销成本。汽车企业还可以利用用户驾驶汽车的行为数据为产品的研发和改进提供重要的依据。

三、产业竞争的压力

数字经济时代,数字技术含量决定了产品竞争力的高低。汽车智能化已经成为汽车市场公认的发展方向,智能联网汽车是车的技术与互联网的技术大融合的产物。传统汽车制造的四大工艺(冲压、焊装、涂装和总装)已经成为通用技术,决定未来汽车产业价值链的主导力量将是数字技术与数字化商业能力。

近年来,移动互联网中的移动位置服务(LBS)技术使得高德地图、百度地图等互联网公司纷纷加入汽车导航市场竞争,对传统汽车制造商提供的车载信息系统构成了极大的威胁。而 Uber、滴滴等互联网公司更是凭借移动位置服务技术挑战出租车市场,推出了汽车共享等服务,对传统汽车销售环节构成了威胁。传统汽车制造商如无法补上数字技术这一短板,将极有可能从目前的产业链的主导者沦为汽车的代工厂,取代产业链主导者地位的将是掌握数字技术的应用服务供应商或内容服务商。此外,环境污染与人们渴望高质量生活的矛盾日益突出,节能减排型的汽车不仅能获得消费者的青睐,而且还能获得政府的一系列补贴,汽车产品向电气化发展已经不容置疑。

跨界竞争在未来科技创新与产业融合发展中扮演着重要角色,同时也在某种程度上塑造了未来社会、科技与产业的演进方向(皮圣雷,2021)。不断涌现的跨界竞争推动了市场与产业结构的变革,催生了新的商业模式和创新,影响着各行业的发展路径和技术趋势。来自造车新势力的跨界竞争是推动汽车产业进入蜕变期的重要力量。在众多造车新势力中,不少企业为互联网企业,如苹果、谷歌、百度、腾讯和阿里巴巴等。自从苹果公司推出iPhone 跨界竞争,颠覆了传统手机行业,跨界竞争逐渐被产业界所乐道,并被认为给产业带来了"破坏性创新"(Schumpeter,1934)。主要是因为企业跨界进入另一个产业,对产业在位者提出新的博弈竞争,打破原先产业竞争的博弈均衡,带来新的竞争规则(如新的商业模式等),推动行业重组和新的市场成熟,这一过程将推动产业链重构。

四、市场需求的拉力

人类社会已经进入了以互联网为基础的数字经济时代。中国中央电视台曾经制作并播出了一部名为《互联网时代》的纪录片,全面梳理了互联网的发展过程,认为互联网给人类社会带来的不仅是一场技术革命,更是一场社会革命,地球已经进入了名副其实的网络社会。

互联网诞生于美国的国防高级研究计划署(Advanced Research Projects Agency),简称"阿帕"(ARPA)计划,"阿帕"作为一项国防计划,获得了美国政府的巨额经费支持,资助了大量的科研项目,并为项目配备功能各异、互不兼容的科研计算机,这些计算机价格不菲,动辄数十万甚至上百万美元。因此时任"阿帕"信息处理技术办公室主任罗伯特·泰勒（Robert W. Taylor）为了减少重复购置计算机的浪费，决定建立一个网络，目标是将这些计算机互联，实现不同厂家生产、功能迥异的计算机相互通信，这个网络后来被取名为阿帕网（Arpanet），并被公认为是互联网的前身，罗伯特·泰勒因此被誉为"互联网之父"。

阿帕网建成之后，引起了斯坦福大学等美国著名大学以及美国国家科学基金会（National Science Foundation）等科研机构的关注，进一步促进了更多技术（如 TCP/IP 协议）诞生与成熟，最终引起了商业公司的极大兴趣。美国 IBM、MCI、MERIT 三家公司于 1992 年联合组建了一个高级服务公司（ANS），建立了一个新的网络，叫做 ANSnet，成为又一个主干网，互联网正式开启商业化运营。中国在 1994 年接入互联网的国际专线。时至今日，互联网已经渗透到了大部分国家的社会方方面面，如今（2024 年）年龄在 40 岁之前的居民，其青少年时期均处于一个互联网商业化运行之后的时代，发展心理学的理论认为，一个人的青少年时期所接受的事务对其日后的行为具有重要塑造作用（张向葵和刘秀丽，2002）。互联网塑造了新的消费模式，改变了产品市场需求。能将当今社会称为互联网的时代，不仅是因为互联网用户规模的巨大，还因为互联网彻底改变了消费者的行为生活习惯。在互联网的影响下，人们的消费习惯出现诸多的变化。

第一，个性化消费显现。互联网帮助消费者个性化需求得到显现，在工业时代，消费者缺乏表达需求的媒介，企业收集个体需求信息的成本也极高，因此在产品生产中，消费者被作为一个群体看待，需求被假定为一种标准需求函数，消费者的个性被淹没于大批量标准化的产品洪流之中。随着互联网的普及，消费者不仅可以借助社交媒体和电商平台表达自身的需求

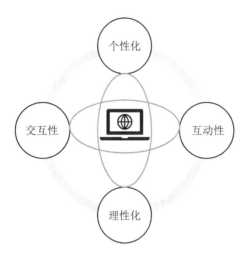

图 3.10 互联网时代主要消费特征

偏好，还可以联合散落于世界各地的相同偏好消费者定制属于自己消费标准的产品，这种个性化需求较强的消费者已经被越来越多的企业所重视，形成一个重要市场——长尾经济市场（Anderson，2006）。

第二，理性化消费凸显。互联网在传播信息的同时也在存储信息，为消费者决策提供了更多信息，提升了消费理性。消费者利用互联网收集商品技术信息，考察品牌性价比，分析现有使用者的评价，最终做出购买的决策。同时，互联网上的电商卖家，为了打消消费者的各种后顾之忧，也积极推行更加理性的服务条款，如中国的互联网电商上执行"7 天无理由退货"和产品短期内价保等有别于传统零售的销售条款，有助于消费不理性行为的减少。

第三，尝试性消费兴起。"免费"是一种重要的互联网特征，由于免费，1994 年微软创始人比尔·盖茨曾经认为互联网是一个没有价值的产业[①]，

①　在 1994 年的计算机经销商博览会（Comdex）上，盖茨曾认为在未来 10 年中，互联网的商用潜力不大。

但是很快被资本市场所"打脸",各种互联网公司在纳斯达克纷纷成功上市。互联网的免费模式激发了尝试性消费行为的兴起。激发消费者购买的前提是要获得消费者的信任,对待新企业或新产品,消费者的怀疑与渴望并存的双重心理特别明显。而如果产品或服务是免费的,消费者总能表现出极大的尝试性消费兴趣。互联网的"免费"产品定价策略为非互联网企业获得新客户提供了新思路。事实上,互联网所提供的"免费"并非纯粹的免费,而是由其他用户为该产品和服务进行"买单",比如谷歌公司提供的搜索服务上,普通的消费者获得了免费服务,并且这个服务的品质还非常高,而为该项服务"买单"的是广告商,它们在搜索结果页面上的广告投放为这项服务做了最终的"付费",即不同的用户对产品或服务做了价格交叉补贴,这种模式被经济学家(Armstrong,2006a;Rochet and Tirole,2006)总结为双边市场理论,并成为互联网企业普遍采用的商业模式。由于存在价格交叉补贴,对部分消费者的"免费"从长远看是有利可图的,正因如此,互联网时代不少企业在推广新产品或进入新行业时都实施了对部分用户群体"免费"的策略,激发了消费市场上尝试性消费的兴起。

第四,互动性消费崛起。互联网为人们发表观点提供了前所未有的自由空间。尤其是移动互联网,人们可以随时随地使用网络。人们利用推特(Twitter)、脸书(Facebook)以及微博等软件,不仅阅读新闻,还可以评论新闻,甚至参与新闻报道。在产品消费上也是如此,消费者利用互联网的互动功能,发表自己对产品的见解,与其他消费者互动,如时下流行的"电商直播"便是一种典型的互动性消费,截至 2022 年 6 月,中国电商直播用户规模已经达到了 4.69 亿,占网民整体的 44.6%。[①]不仅如此,消费者还通过互联

---

① 数据来自中国互联网络信息中心(2022)发布的《第 50 次中国互联网发展状况统计报告》。

网与产品制造商互动,与产品研发设计者互动,对产品进行测评与改进。

市场需求的这些变化将会反作用于生产端的产业链,将引发层层深入的汽车产业链重塑。第一,个性化需求的显现必然对汽车制造的传统流水线生产模式提出挑战,即便是精益化程度较高的柔性制造模式也未必能够满足消费者的个性需求。智能工厂模式被越来越多汽车的制造商提上日程,汽车制造工厂正在经历从福特的流水线到特斯拉智能工厂的"软"实力转型。

第二,理性化消费使得越来越多的消费者开始转变了对汽车产品的观念。消费者认为拥有汽车最终是为了拥有其服务,汽车核心价值已不是产品本身而是其所能带来的服务,网约车市场不断扩大是这种消费理念的体现。以中国为例,截至2022年6月,网约车用户规模已经达4.05亿人[①],在2020年6月—2022年6月期间,即便是受到新冠疫情的影响,中国网约车用户规模依然持续扩大(如图3.11)。租车或者汽车共享等消费模式改变了需求规模和需求结构,有利于新兴行业的形成和汽车产业链的延伸。

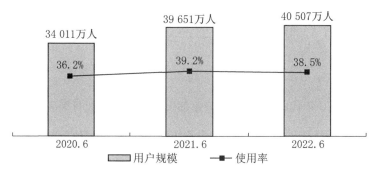

图3.11　2020—2022年中国网约车用户规模及使用率

资料来源:中国互联网络信息中心。

---

① 数据来自中国互联网络信息中心(2022)发布的《第50次中国互联网络发展状况统计报告》。

第三,尝试性消费兴起使得汽车销售不再是"一锤子买卖"。虽然汽车产业很早就注意到了消费体验的重要性,建立起4S店,但是在互联网时代,以销售为主导的4S店的销售体验,已经很难再满足越来越注重场景的消费者。为了给消费者充足的体验时间和空间,不少汽车制造商允许消费者先租赁后购买,即消费者可以租赁预购的车数月,租赁期到期再决定是否购买,如果选择购买,租赁的租金全部用于冲抵整车付款。此外,各种百货商场也开始出现了各种汽车展示店,为暂时没有购车意愿的消费者提供汽车空间体验,这些都有别于远在城市郊区的传统4S店。

第四,互动性消费行为则需要厂商重新审视汽车产品属性。随着生活水平的提高,私家车保有量不断上升,汽车作为(电子)消费品属性已经超过了其作为工业品的属性。因此,汽车将是继个人电脑、电视、手机之后,消费者聚焦的第四块屏幕,下一个移动互联网的终端入口。越来越多的汽车厂商开始在汽车应用软件方面融入娱乐与社交元素,让车主的出行生活变得更加有趣。

第三节　服务化:汽车产业演变的未来大趋势

20世纪70年代以来,很多制造业都出现了与服务业日渐融合的趋势,主要表现为两方面:一是在生产阶段,服务作为中间投入要素在产品的生产中的价值比重不断上升,出现了生产服务化;二是在产品售出和售后阶段,基于产品的增值服务为制造企业带来了丰厚的利润,出现了产品服务化。IBM、Pitney Bowes和通用电气(GE)等传统制造企业的成功服务化转型进一步证明了服务化有助于加强传统制造企业的竞争优势(Neu and Brown,2005)。

数字技术是制造业服务化的重要驱动力。利用数字技术与虚拟经济的深度融合的制造业服务化趋势愈加明显,已经从个案转变为产业内企业的共同战略与群体行为,并演变成制造业发展的基本特征之一,引起了经济学、营销学、服务管理、商业管理、工程管理、产品设计、信息系统等多个学科领域诸多学者的广泛关注。

一、汽车制造业服务化兴起的缘由

20世纪90年代以来,在信息化的推动下,经济发展中的新技术、新产业、新业态已经不断涌现,传统的三次产业之间的界线变得日益模糊,物质生产投入不断融入服务业务,服务部门亦不断地向制造部门渗透。在许多发达国家,国民经济结构中出现服务业对工业的超越,进入了"后工业化"或者"服务经济"时代,制造业服务化开始兴起。促进制造业服务化的原因是多方面的,服务化是政治、经济、社会和技术多因素的合力结果(如图3.12)。

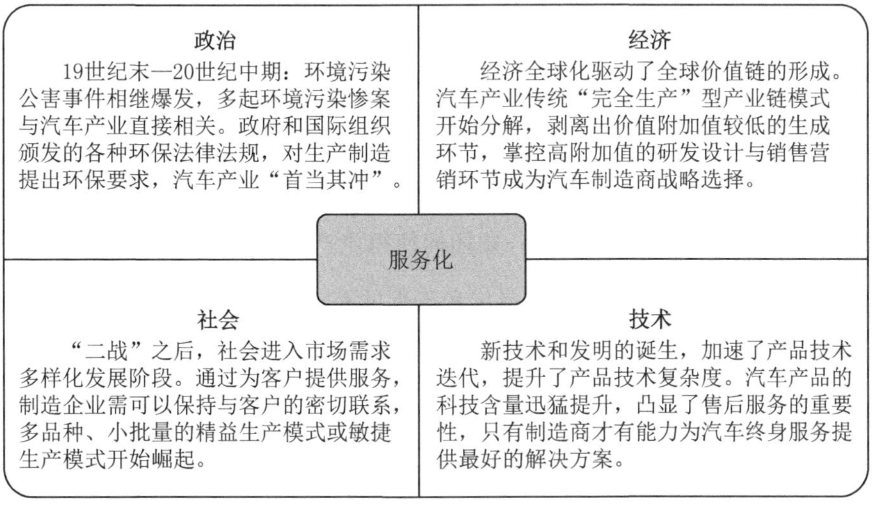

政治	经济
19世纪末—20世纪中期:环境污染公害事件相继爆发,多起环境污染惨案与汽车产业直接相关。政府和国际组织颁发的各种环保法律法规,对生产制造提出环保要求,汽车产业"首当其冲"。	经济全球化驱动了全球价值链的形成。汽车产业传统"完全生产"型产业链模式开始分解,剥离出价值附加值较低的生成环节,掌控高附加值的研发设计与销售营销环节成为汽车制造商战略选择。
服务化	
社会	技术
"二战"之后,社会进入市场需求多样化发展阶段。通过为客户提供服务,制造企业需可以保持与客户的密切联系,多品种、小批量的精益生产模式或敏捷生产模式开始崛起。	新技术和发明的诞生,加速了产品技术迭代,提升了产品技术复杂度。汽车产品的科技含量迅猛提升,凸显了售后服务的重要性,只有制造商才有能力为汽车终身服务提供最好的解决方案。

图 3.12 驱动汽车制造业服务化兴起的宏观因素

（一）政治因素

18 世纪 60 代开始,一系列生产技术发明的诞生与兴起,触发了人类社会多次工业革命,欧洲国家作为工业革命的发源地,其生产力水平短期内得到迅速提升,生产活动开始大量消耗自然资源,同时排放大量工业污染物。工业污染物的排放速度已经超出了大自然自我净化能力,环境污染惨案相继爆发,人类和其他生物的安康受到了极大威胁,并且呈现愈演愈烈的趋势。典型事件如下:1892 年,德国汉堡因水污染而致霍乱流行,使 7 500 余人丧生。1930 年,比利时列日市发生的马斯河谷烟雾事件,一个星期内就有 60 多人死亡,是同期正常死亡人数的十多倍,许多家畜纷纷死去。1943 年,洛杉矶光化学烟雾事件,导致 75% 以上的市民患上了红眼病。1952 年,英国伦敦的烟雾事件,导致 5 天内有 4 000 多人死亡,两个月内又有 8 000 多人死去。

工业快速发展带来的环境污染问题使得政府和民众开始重新审视工业化带来的人类福祉问题,通过法律法规解决环境问题迫在眉睫。比利时政府在马斯河谷烟雾事件后出台了《反对大气污染法》,美国洛杉矶的光化学烟雾事件催生出了著名的《清洁空气法》。1972 年,联合国人类环境会议全体会议通过《联合国人类环境宣言》,简称《人类环境宣言》。这些环境法律法规的颁布激发了普通民众奋起保护环境的决心。

面对政府、国际组织和普通民众对环境污染普遍担忧与保护决心。制造业厂商不得不考虑发展问题,如如何使得生产活动符合政府环境规制的要求? 如何满足消费者对工业品绿色环保的需求? 服务化成为制造商解决这些问题的路径选择:一方面通过投入服务化,有助于生产出清洁环保且可持久耐用的产品,减少资源的浪费,另一方面通过产品服务化,对产品全生命周期进行管理,有助于产品的回收再利用,特别是对于环境污染较大的化学品,大部分国家都要求制造商提供产品回收以及科学降解的服务。

汽车产业虽然被视为是人类文明的象征,但是其对自然环境的影响也是巨大的。汽车产业在不可再生资源消耗上是巨大的,一辆普通轿车最主要的材料是钢材,耗量约为 1 吨,其次是塑料,约为 160 千克。更为重要的是,汽车从工厂出厂之后,整个产品生命周期都面临各种环保问题,如空气污染、温室效应、光与噪声污染等。

一方面,在汽车使用过程中,存在空气污染、噪声污染以及光污染等环保问题。其中空气污染特别明显,大气污染最主要的 6 种污染物,有 4 种存在于汽车尾气中,分别是一氧化碳、碳氢化合物、氮氧化物和铅(赵晓丹等,2005)。导致 1943 年美国洛杉矶光化学烟雾事件最主要的直接污染物便是城市汽车的尾气。在 20 世纪 40 年代,洛杉矶作为一个全美最繁华的城市之一,拥有 250 万辆汽车,这些汽车每天消耗汽油达到 1 000 多吨。当时汽油品质并不如现在,如此大量汽油消耗,伴随着大量的碳氢化合物、氮氧化物和一氧化碳等化学物质排放,严重污染了城市的空气,同时洛杉矶还是一个典型的三面环山的城市,因此当时的洛杉矶俨然就是一个光化学反应大容器,最终导致严重的光化学烟雾事件发生,该事件至今仍然是世界最为著名的公害事件。

另一方面,当汽车报废时,依然遗留下不少污染问题。汽车制造中使用大量橡胶、塑料、有色金属等,给汽车报废处理带来不少难题,如汽车大量的塑料件,品种多,成分却不一,可回收价值也很低,只能采取压碎填埋处理,对土壤构成了污染。此外废油、废电瓶等高污染配件也是汽车报废回收中棘手的污染物。因此,大部分国家为了实现汽车产业与环境保护协调发展,制定出了汽车排放标准,以此迫使汽车制造商改进燃料技术和材料利用率。同时也对废旧汽车回收进行立法,比如德国法律明确规定汽车生产商和进口商有义务从最后一位车主手中将其生产或经销的车辆免费回收。应对环境污染的挑战是迫使汽车制造业实施服务化转型的关键因素。

(二) 经济因素

全球化驱动下的全球价值链(Global Value Chain, GVC)是世界经济与贸易的主要特征(张亚雄等,2018)。在全球价值链背景下,汽车产业传统"完全生产"型产业链模式开始分解,剥离出价值附加值较低的生成环节,掌控高附加值生产环节成为汽车产业战略选择,传统汽车制造商的生产经营活动重心开始向汽车研发设计和汽车销售营销等高附加值环节转移,呈现出了生产服务化和产品服务化两大趋势,汽车产业也成了全球价值链的典型行业。

"二战"之后,联合国的成立为世界各国通过政治谈判而不是诉诸武力解决政治分歧提供了对话平台。世界贸易组织(World Trade Organization, WTO)作为一个独立于联合国的永久性国际组织,为各国在贸易领域的分歧解决提供对话平台。世界贸易组织正式成立时间是 1995 年 1 月 1 日,但是该组织前身为关税与贸易总协定(General Agreement on Tariffs and Trade, GATT),GATT 早在 1947 年便已成立。在关税与贸易总协定或世界贸易组织的相继推动下,世界各国贸易总量不断上升,国与国之间贸易依存度不断加强,全球化成为世界经济发展的主要趋势。20 世纪出现了两次全球化的浪潮。一次出现在 60 年代,跨国公司不断壮大,国际生产活动分工从一国国内或区域内分工扩大到了主要经济体之间的分工。另一次出现在 90 年代,各国信息基础设施不断完善,特别是移动通信技术和互联网技术迅速成熟与普及,产业链分工进一步扩大到了全球市场。

汽车产业是全球化背景下全球价值链的典型行业。1913 年福特公司发明了第一条汽车"流水线",极大地提升了汽车产业的生产效率,汽车产业进入高速发展的变革时代。福特公司的第一条组装流水线使得一辆 T 型车的组装时间由原来的 12 小时 28 分钟缩短至 10 秒,生产效率提高了 4 488 倍。生产率的提升大大降低了汽车的价格,轿车从奢侈品转变为了普通消费品,汽车产业进入了"大众消费"时代。

"流水线"生产的效率如此之高,也成了很多传统汽车制造商的噩梦。福特的大规模生产技术很快被其他美国汽车制造商采用,结束了美国工业中许多小生产者之间自由竞争的时代,在美国市场上,活跃的汽车制造商数量从 1908 年的 253 家下降到 1929 年的 44 家,其中福特的市场占有率超过 60%,面对福特公司的竞争,其他汽车制造商不得不选择破产、兼并或联合,通用汽车公司是这场汽车产业整合的集大成者,兼并了不少汽车制造公司,如奥兹莫比尔、庞蒂亚克、克尔维特等公司。汽车集团公司开始出现,为汽车产业跨国经营奠定了基础。

到了 20 世纪 80—90 年代,区域内的贸易自由化进一步推动了主要汽车集团开始进行跨国资源的整合。在北美地区,1988 年美国和加拿大签订《美加自由贸易协定》,1992 年,墨西哥加入该协定,该协定改名为《北美自由贸易协定》。《北美自由贸易协定》显著促进了美国、加拿大和墨西哥三国在汽车产业上的分工合作,一个主要表现是通用和福特等集团公司都瞄准了墨西哥大量廉价劳动力的资源,纷纷到墨西哥投资设立汽车零部件工厂,并将这些零部件运往本国组装成整车,销往北美市场。在欧洲地区,欧盟于 1993 年正式成立,促进了成员国之间贸易自由化和投资便利化,大众等集团公司开始在德国之外的国家投资设厂,如在匈牙利设立发动机组装厂。区域性贸易自由化促使了各大汽车集团开始考虑利用本国之外其他地区的比较优势,合理配置产业链和价值链的各个环节。

(三) 社会因素

新技术兴起触发了工业革命,提高了制造业的生产效率,产品开始逐渐进入买方市场,远离市场和客户的经营风险越来越大。尤其是"二战"后,社会进入了市场需求多样化发展阶段,为了捕捉市场上消费者瞬息万变的需求信息,设计出更符合客户需求的产品,制造企业需要与客户保持密切联系(许正,2013),服务业务(如为客户提供免费维修服务、适当收费的增值服务)是制造商与客户保持密切联系的有效手段。

福特公司发明的"流水线"生产模式大幅度提升了汽车制造的生产效率,不仅被其他汽车制造商所效仿,同时被其他行业企业所模仿,成为工业化的重要标志。大批量生产标准化产品使得工业品进入了买方市场,汽车产业首当其冲。随着福特式制造的普及,市场上"充斥"着标准化产品,不同生产商企业之间的产品差异度极小,产品之间竞争日趋激烈,价格竞争成为最主要的竞争手段,生产率提升获得的利润空间逐步被价格竞争所压缩。福特在美国市场主要的竞争对手通用汽车公司,开始在汽车的舒适化、个性化和多样化等方面大做文章,赢得了越来越多消费者的青睐。面对通用汽车公司不断推出新款车型,福特公司均以 T 型车的降价来应对。1926 年,福特做了最后一次绝望的努力,宣布 T 型车大减价,却在 1927 年,不得不停止 T 型车的生产。

以丰田汽车公司为代表的日本汽车制造商也开始重新审视福特制的生产模式。探索有助于多品种、小批量的精益生产模式或敏捷生产(just in time)。虽然精益生产模式能够满足消费者的多样化需求,但是难以发挥以往流水线生产模式下的规模经济优势。为了继续保持规模经济,汽车制造商做了两方面的战略调整。一方面将产业链中的某些部门从内部(如某些小众的零部件生产部门)剥离出去,形成独立公司,使得多个整车制造商通过供应链管理实现这些生产部门的共享,维持这些部门的规模经济。另一方面,将销售市场从国内市场向全球市场延伸,特别是开拓新兴经济体的市场,实现在更大市场范围内小众需求的叠加。即在全球市场范围下,小众需求只要占据各个国家市场,其份额叠加总额也足以实现规模经济,这一点犹如今日我们经常谈论的长尾理论(克里斯·安德森,2015)。

（四）技术因素

技术和发明的诞生,助推着一轮又一轮技术革命的兴起,不仅催生出了更具技术复杂度的产品,也促进了现有产品的技术迭代。一方面,技术研发与产品设计等服务投入在产品生产中的比重越来越大。另一方面,产品售后保障服务的技术复杂度也在提升。传统服务商(如维修商)囿于技术知识,难以胜任服务工作,为了打消消费者的购买顾虑,制造商开始涉足更多的产品增值服务,服务业务成为制造商新的利润源泉,最终推动了制造业的服务化转型。

时至今日,我们至少可以清晰地界定前两次工业革命及其对人类文明的贡献。第一次工业革命为18世纪60年代至19世纪中期,蒸汽机的发明和改进,把人类推向了崭新的"蒸汽时代"。第二次工业革命为19世纪下半叶至20世纪中期,电力在生产和生活中的广泛应用,人类进入了"电气时代"。对于第三次工业革命和第四次工业革命目前还未取得概念上的一致,有学者认为"二战"之后,人类社会进入了第三次工业革命,也有学者将"二战"之后的技术发展称为"科技革命",特别是从2013年开始,又有学者开始认为第四次工业革命正在拉开序幕,并提出了工业4.0(Industry 4.0)等概念。

虽然,我们对于人类社会至今到底经历了多少次工业革命无法取得一致看法。毋庸置疑的是近400年是人类的生产技术突飞猛进的时代,人类不仅制造出了技术越来越复杂的工业品,对于同一工业品,其技术复杂度也在迭代中不断增加。而技术越复杂,产品维护与保障服务也显得越为重要。

但是，第三方服务公司囿于技术知识，无法提供有效的产品维护和维修服务。制造商不得不为消费者提供保修和售后维护等更多制造之外的产品使用增值服务，以此打消消费者各种顾虑。

汽车就是一种典型的技术不断迭代的产品，毫不夸张地说，汽车产业发展历史就是一部科技史。1885年，卡尔·弗里德里希·本茨（Karl Friedrich Benz）成功研制出的第一辆汽车，已经是当时技术复杂度极高的工业品。第一辆汽车具备了现代汽车的基本技术特点，如火花点火、水冷循环、钢管车架、钢板弹簧悬架、后轮驱动、前轮转向和制动把手等。正是因为技术和工艺复杂，导致汽车在很长一段时间里生产成本都居高不下。汽车也只是欧美国家的上层社会阶层才有能力消费的奢侈品。到了1913年。福特发明了汽车"流水线"，改进了制造工艺，大幅度提升汽车制造的效率，普通民众才有能力消费汽车。此后，随着电子电气技术的兴起，汽车融入了更多电子元器件，产品的技术复杂度有增无减（如图3.13所示）。总体来说，汽车经历了机械化、电气化、高性能化以及电子化等技术迭代，演变成为包含五大总成（发动机总成、方向机总成、变速器总成、前后桥、车架）和八大系统（动力系统、传动系统、行驶系统、制动系统、转向系统、照明系统、电器系统、燃油供给系统）的综合体。如今，即便是一辆最普通的轿车，其所包含的零部件也在1万个以上。

汽车科技含量的迅猛提升，汽车制造商也意识到传统脱离服务的汽车销售模式在市场竞争上的弊端，开始主导汽车售后相关的服务业务，实施"为汽车终身服务提供解决方案"的战略。面对汽车产品的技术日益复杂的变化，消费者在汽车使用过程中遇到的无法解决的技术问题越来越多，市场上合格或可胜任的汽车维修和保养的服务商却越来越少。汽车制造商开始主导汽车售后服务的业务，比如为各地的汽车经销商提供更多的技术培训

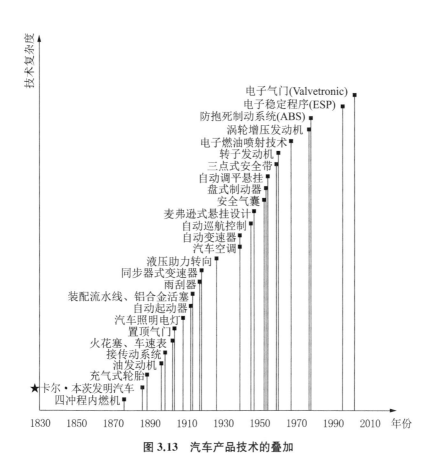

图 3.13　汽车产品技术的叠加

资料来源:根据陈新亚(2022)主编的《汽车发明的故事》整理绘制。

服务,用汽车制造的标准化方式去规范服务商,以便能够为顾客提供更专业的技术支持和更深入的售后服务。一种集整车销售(Sale)、零配件(Spare-part)、售后服务(Service)、信息反馈(Survey)四位为一体的汽车销售服务模式在欧洲市场悄然兴起,这种模式简称为 4S 店(Automobile Sales Service Shop 4S)①,可以有效地实现汽车制造商"为汽车终身服务提供解决

---

① 在德国,法律规定制造商有义务从最后一位车主免费回收旧车,因此 4S 店还提供旧车回收服务。

方案"的理念。在美国,由于金融市场的完善和发达,汽车制造商也开始纷纷成立汽车金融类子公司,开展汽车供应链金融和保险等相关业务(张礼军和陈荣章,2010)。

二、汽车制造业服务化演变的理论

(一) 服务化的阶段理论

制造业的服务化阶段理论首先由 Vandermerwe 和 Rada(1988)提出,他们认为大多数制造企业在服务化道路上都会经历三个主要阶段(如图 3.14)。

图 3.14 汽车制造业价值链演变趋势

第一阶段是"产品"阶段。该阶段制造企业只为客户提供有形的产品,未意识到服务亦会给企业带来额外利润,甚至认为服务是制造企业的一项成本负担。处于该阶段的制造企业一方面认为以制造有形产品见长的企业缺乏服务这样的无形产品的经营经验,另一方面担心客户对制造企业提供的服务缺乏认同感。因此,该阶段制造企业注重的是如何为客户生产出经久耐用的产品(如福特公司生产 T 型车)。

第二阶段是在"产品+基础服务"的阶段。随着制造业进一步发展,产品的知识和技术含量越来越高,与 ICT 相关的制造企业发现第三方服务公司由于专业的限制,所提供的服务已经无法满足客户在产品使用过程中的需要,这种知识含量较高的服务由生产商直接提供更加可靠。为此,ICT 相关的制造企业开始尝试为客户提供产品使用过程中的相关服务并收取一定的费用,服务逐渐成为制造企业的利润源泉之一。此外,制造企业面对产品的同质化竞争,提供产品相关的服务亦成为产品差异化的方式之一,该阶段制造企业销售的主体依然是有形的产品,服务是一种附加商品。

第三阶段是"产品＋服务包"的阶段。制造企业不断增加服务的种类,将有形的产品与无形的服务进行打包,称为"服务包"。服务包由有形产品、服务、支持、知识、(客户)自我服务等组成,处在该阶段的制造企业为客户提供的是一个整体的解决方案,其中服务、支持、知识和(客户)自我服务组成了该方案中的服务包。

(二)服务化的连续统理论

White 等(1999)是持产品—服务连续统观点的学者,与阶段论学者的观点不同,他们认为在纯粹的销售产品和纯粹的销售服务之间有无数个中间状态(如销售物品及附加的服务、融资租赁、经营租赁、服务合同和销售产品功能等[Fishbein 等,2000]),这些中间状态组成了一个产品—服务连续统。

连续统理论认为服务化是制造企业在日常经营活动中服务业务比例、种类和重要性不断增加的连续过程。在这个过程中起初服务是产品的附加,随着服务化的进程推进,产品的相对重要程度不断下降,服务的相对重要程度不断上升,产品逐渐成了服务的附加品(Neu and Brown,2005;Oliva and Kallenberg,2003)。具体的过程是:首先是整合产品的相关服务,紧接着以现有客户所需的服务(如设备升级、备件、耗材、维修、退役等服务)为起点开展服务营销,然后将服务业务扩展为客户关系型的服务或者以流程为中心的服务,最后接管终端用户日常运营的所有服务业务(Neu and Brown,2005)。

三、汽车制造业服务化的路径选择

（一）服务化路径选择的理论依据

制造业服务化不仅是一个经济学问题，还是一个管理学问题，也是一个制造工程问题。经济学、管理学以及工程学对该问题均有深入的研究。这些研究普遍关注的焦点是制造商该如何选择服务化转型的路径。经济学和管理学的学者认为，既然制造商实施服务化的目的是保留更多利润，那么基于产业价值链展开路径选择是一个重要选择。此外，工程学学者也提出制造商需要根据产品特征选择服务化路径。

迈克尔·波特（Porter，1985）的价值链理论（Value Chain Analysis）很好地揭示了企业创造价值的方式。学者们将价值链的分析从企业内部拓展到产业链上下游之间的价值关系分析中。一般认为，一个产品通常需要经历研发设计、零部件生产（采购）、组装制造和销售服务等主要环节，这些环节依次出现，环环相扣，形成链条，即产业链。产业链每一个环节的生产活动，都是在为最终产品提供附加值，但是贡献度可能是不同的，甚至差异显著。处于产业链的中间整体制造环节的附加值通常会较低，而处于产业链头尾环节的附加值则较高，即研发设计和销售服务环节在生产过程中所创造的附加价值高于其他环节，制造业产业链的这种附加值不均特征被中国台湾企业家施振荣先生描述为"微笑曲线"（施振荣，2014）。

（二）基本服务化路径的描述

在主要因素的影响下，传统汽车制造商需要谨慎思考的问题是选择哪些生产环节进行剥离，或者说应该保留哪些生产环节。显然，掌控生产活动中附加值较高的环节是传统汽车制造商的明智选择。整个汽车产业链可分解为研发设计、零部件生产、整车生成和销售与售后服务四大环节。在这四大环节中,零部件生产和整车生成附加值相对较低,而研发设计、销售与售后服务环节的附加值相对较高,即在产业链两端的生产环节附加值较高,中间环节的附加值较低。其实,这种产业链附加值高低不均的特征不仅只是存在于汽车产业,在大部分制造业产业链中都呈现这个特征(施振荣,2014)。[①]

我们收集了 2000—2021 年中国 A 股市场中汽车产业的公司财务数据,按照企业主营业务描述将这些公司归类为产业链中的不同生产环节(研发设计、零部件生产、整车生成和销售与售后服务)参与者,对这些公司 2000—2021 年间的年均利润率进行了计算,以此作为汽车产业各个环节的附加值代理变量,数据测算结果与"微笑曲线"理论描述是一致的(如图 3.15)。

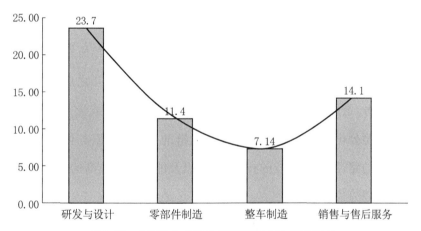

图 3.15　中国汽车产业价值链微笑曲线典型事实

说明:根据 2000—2021 年中国汽车产业上市企业利润率(单位:%)的年平均值绘制。
资料来源:Wind 数据库。

典型的汽车制造商均选择了产业链两端的生产经营活动,将核心竞争力集中在汽车研发设计,以及品牌和市场维护等环节(Rubenstein,1992)。

---

① 施振荣最早阐述"微笑曲线"理论是在 1992 年,在此我们按照著作出版时间引用年份。

在全球价值链的布局上，加快对新兴发展中国家汽车产业的整合，把生产环节分布到全球各个地区（Humphrey and Memedovic，2003），将研发设计，以及品牌和市场维护等高附加值环节的生产活动留在本国，逐步向生产服务化和产品服务化转型。

基于价值链理论的相关理论，汽车产业的服务化转型主要存在三种路径选择（Wise and Baumgartner，1999；简兆权和伍卓深，2011；许正，2013；杨书群，2012）。

路径一：往产业链的上游环节转移，向投入服务化转型

利用产品制造领域积累下的知识和经验，制造业企业通过加大产品核心技术的研发设计投入，介入研发设计等产业链上游环节，为产业链中其他企业提供研发、设计和规划咨询服务作为新业务。比如说，IBM 公司的服务化转型就是这种路径的典型案例，作为一家拥有 100 多年历史的老牌制造业企业，IBM 公司从 1993 年开始涉足服务业业务，2000 年之后逐步出售其制造业业务，最终实现了将硬件制造业务全数剥离，转型成为一家信息技术研发服务型公司。值得注意的是，向产业链的上游环节服务化转型是一种风险较大的路径，它对企业的技术、资金以及能力都有很高的要求（简兆权和伍卓深，2011）。

路径二：将业务重心转向产业链的下游环节，向产品服务化转型

技术不断进步提升了制造业的生产率，产品供给增加，导致需求相对饱和。尤其是耐用品，产品使用寿命越来越长，当期产品销售实质上已经构成了对未来产品销售的自我竞争（Tirole，1988），耐用品的新产品销售明显出现了疲软。与之相反的是，由于过去购买的积累和产品寿命的延长，许多行业的产品安装基础一直在稳步扩大。在不少行业中，产品的用户基数比每年的新产品销售数量高出一个数量级。不断扩大的用户基础，推动了制造

业创造价值和利润的机会转移至下游部门,即服务领域的部门(Wise and Baumgartner,1999)。

服务具有明显的反经济周期特征,制造商提供服务业务可以帮助企业"熨平"业务收入的波动。服务也是典型的轻资产业务,相比于产品制造,往往具有更高的利润率,可以为企业提供新利润。制造商拓展下游服务业务的优势是明显的,它们对产品和市场均有深入的了解,能够更好地利用下游业务的机会,如在产品销售的同时提供相关金融服务,在产品维保过程中提供零部件和消耗品销售服务等。

路径三:往产业链的横向拓展构建价值网络,向全方位服务化转型

当代企业的生产效率不断提高,需求市场也是瞬息万变,为了降低产品库存成本和产品滞销风险,工业企业开始实施准时制生产方式(Just In Time,JIT)战略。准时制生产方式对生产设备的管理提出了更高要求,因为当生产线上一台设备出现故障,整个生产线流程将会被迫停止生产,继而影响产品的交付。为了减少生产经营风险,企业开始推行全员生产维修体制(Total Productive Maintenance,TPM)和全面质量管理(Total Quality Management,TQM)等生产管理模式。在此背景下,为客户简单地提供生产设备以及设备维护服务已经无法满足工业企业客户的 TPM 和 TQM 需求,工业企业越来越倾向于购买交钥匙解决方案,而不是简单地购买其中的部分设备产品。

需求方的这种演变,使得设备产品供应商意识到,企业的价值关系不仅存在于产业链的上下游关系之中,也存在于企业与其他互补品供应商的关系之中,即企业事实上是复杂价值网络中的一员,选择与具有其他特定优势的供应商合作共生,共同完成价值创造和价值交付,可以带来更高的利润率和更持久的客户关系。污水处理设备商阿尔法公司是这种服务化模式的典型。阿尔法的产品客户是废水处理厂,污水处理厂的业务与研发机构有着密切关系,因为研发机构的研究观点通常是环保立法机构重要的参考,而环保法律法规又决定了废水处理厂未来业务及其设备的选择(如设备的精密程度等)。同时,阿尔法公司的硬件设备运行也高度依赖于软件提供商。此外,阿尔法公司还意识到商务咨询公司在环保法律法规、消费者环保意识等领域具有更加专业的优势。综合考虑这些非产业链上下游关系,阿尔法定位于污染项目整体解决方案服务商的角色,在巩固核心硬件业务基础上,发展与研发机构、软件提供商和商务咨询机构的合作共生关系,为客户提供整体解决方案。

沿着价值网络这个脉络,越来越多的企业一边巩固核心业务建立核心优势,一边在非优势领域选择与其他企业合作,形成共生关系,建立价值网络向全方位服务化转型。

第四节　本章小结

汽车产业链的演变是一个不断发展和适应新技术和市场需求的过程,经历了以"制造"为中心和"制造＋增值服务"为中心两个主要阶段,正在向以"制造＋应用服务"为中心的方向演进。一是以"制造"为中心的产业链阶段。这一阶段的汽车产业链主要关注汽车的制造,注重生产效率和成本控制。流水线生产方式的引入是这个阶段的关键,它大幅度降低了汽车制造成本,并推动了汽车工业的兴起,使汽车工业成为如今主要发达国家的国民经济支柱。二是以"制造＋增值服务"为中心的产业链阶段。该阶段汽车制造商将汽车销售与相关服务(如售后服务和汽车金融)相结合,以实现更多的利润来源和更紧密的客户关系。同时也有助于节能和环境保护,通过提供更高效的燃油管理系统和定期维护来减少汽车的环境影响。三是以"制造＋应用服务"为中心的产业链阶段,该阶段正在兴起,主要驱动力来自数字技术的发展,将汽车带入智能化时代,使车辆能够与网络和其他汽车互动,这将改变汽车行业的格局,同时也为汽车制造商带来了新的挑战和机遇。

　　汽车产业链的演变受到多个主要因素的影响,包括政府政策、通用技术、产业竞争和市场需求等。政府政策在汽车产业中发挥着引导性作用,尤其是燃油标准、环境法规等政策可以鼓励汽车制造商投资于新技术和环保措施。通用技术在汽车产业中起着关键性作用,汽车产业发展过程中,不断融入了产业通用技术,促进了性能、安全、环保等方面改善。产业竞争对产业链演变具有激活作用,汽车产业的竞争激烈,不仅体现在汽车制造商之间的竞争,还包括零部件供应商、新兴造车企业等的竞争,影响产业链的结构和格局。市场需求的变化对汽车产业链的演变具有倒逼作用,尤其是碳达峰和碳中和大趋势下,消费者的环保意识的提高以及新兴市场的崛起对汽车市场的需求和产品定位具有巨大的影响。

　　数字经济时代,汽车产业的演变驱动力主要包括政府数字化政策的支持力、数字技术的驱动力、产业竞争的压力和市场需求的拉力。在政府政策的支持上,各国政府将数字化视为工业革命的浪潮,出台产业战略政策支持数字化转型,汽车产业成为其中的重点。数字技术如人工智能、区块链、云计算和大数据等技术共同驱动着汽车产业朝着更加智能、环保、高效和用户体验更好的方向发展,电气化、网联化、智能化和共享化是汽车发展的四大方向,正深刻地改变汽车产业的格局。在产业竞争压力上,在数字经济时代,产品的数字技术的含量决定了产品竞争力。数字化已成为汽车市场的主要趋势,未来汽车产业的主导力量将是数字技术和数字商业能力。对于传统汽车制造商而言,跨界竞争是其中最为重要的竞争压力,新兴汽车制造企业,尤其是互联网公司,如苹果、谷歌、百度、腾讯和阿里巴巴,进入汽车领域,带来了破坏性创新。这种跨界竞争打破了产业的传统竞争平衡,引入了新的竞争规则,推动了产业链的重组和新市场的形成。在市场需求的拉动下,数字技术已经改变了人类社会的方方面面,数字化不仅仅是一场技术革命,更是一场社会革命,带来了许多市场需求的变化:如个性化消费的显现、理性化消费的凸显、尝试性消费的兴起,以及互动性消费的崛起,这些市场需求的变化将对汽车产业链产生深远影响。

数字技术正在推动汽车产业发生深刻的变革,服务化将成为汽车产业演变的未来最大趋势。在数字经济时代,汽车制造商需要不断适应政府政策、通用技术、产业竞争和市场需求的变化,采用数字技术进行服务化模式创新以保持竞争力并在新的产业格局中生存和繁荣至关重要。这也为消费者带来更多个性化的选择和更好的消费体验。

第四章
5G 驱动下的汽车产业演变分析

早在 20 世纪 80 年代,汽车产业已经开始大量采用信息技术进行产品性能改善、生产辅助以及企业内部决策等。主要表现为,在生产上采用 CAD/CAM 等技术提高汽车设计和制造的效率;在产品中采用电子控制单元提升汽车的驾驶性能;在生产管理上采用 ERP 提升企业管理的效能。但是,在这些应用中信息技术还只是作为一种辅助技术而存在,并未上升到通用技术的高度。

5G 作为一个技术综合体,将从需求侧和生产侧共同影响汽车产业。在需求侧,5G 将改变汽车产品属性的定义。5G 提高了移动通信的质量,并支持更多设备接入网络,汽车成为连接各个数字生活方面的终端,成为商务会议、信息娱乐和旅游出行的中心,与社会环境融为一体。在生产侧,5G 将赋能汽车制造的各个环节。5G 同时也推动生产领域的数字技术的大量应用,提高了汽车制造的柔性,为制造商提供了更多的创新机会。这些都会加速汽车产业链的重构。

第一节　5G 的基本概况

从 1G 演化到 4G,移动通信技术已经较完美地解决了人与人的通信问题,并且满足了部分"人与机器"的通信需求。现有的移动通信技术已经实现了流畅的移动语音通信,同时也实现了视频通信,带来真实性体验。3G和4G还对人与机器的通信实现了部分解决。如在4G网络的支撑下,电脑等传统网络设备可以摆脱实体网线的限制;汽车等传统移动设备通过"车机"可以接入移动互联网,帮助车主在线查看车辆状态;如公交车利用4G网络与各个站点保持实时通信,为候车旅客提供车辆到站基本信息。

5G不是一个单一的技术,而是一个技术束,它包含了一系列核心技术。5G之所以被产业界,尤其是众多传统产业寄予转型赋能的厚望,是因为5G增加了一系列核心技术,对移动通信有着质的提升。在4G之前的移动通信技术都是为了满足通信而设置,主要改变的是消费领域,而5G技术将一个重要的服务对象定位于工业领域的生产活动。相较于4G,5G的技术体现在7大核心技术上。

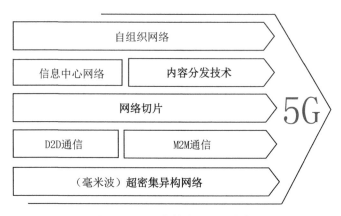

图 4.1　5G 网络的主要核心技术

一、超密集异构网络技术

5G的一个技术目标是建立泛在网络,支持更多的设备接入移动互联网。意味着在一个小范围地理空间内,将会有上万个设备接入5G网络。频段范围为24 GHz—76 GHz的毫米波将被应用于5G以此保证足够的网络带宽。值得注意的是,作为一种高频率信号,毫米波的缺点是不容易穿越固体障碍物,需要采用海量部署基站的方式加以解决。5G基站密度是现有4G基站密度的4倍以上,是一种超密集网络。

基站增加,5G网络拓扑的复杂性也在增加,形形色色的终端设备接入5G网络,网络的细分需求(如设备的速率、功耗、使用频率)也会呈现数量级增长。为了解决节点之间的干扰问题,5G采用异构技术进行组网保障网络的性能。两种技术相辅相成,被称为超密集异构网络技术。

二、D2D通信技术

D2D(Device to Device,设备对设备通信)是5G采用的另一项关键技术,采用该项技术作为本地通信需求,以此减轻基站和核心网络的压力。4G以及之前的通信技术都采用基站转接的方式,也就是说,两个人利用手机通信,即便两人处于相邻的两栋楼,他们的通话都需要利用最近的基站进行连接。而D2D技术允许参与通信的两个设备在一定的物理空间范围内直接展开通信,不需要借助基站的转接,类似于对讲机的通信模式(如图4.2所示)。D2D通信还可以提高网络的响应速度,比如当汽车自动驾驶过程中

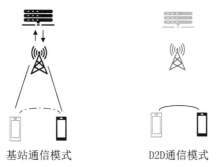

基站通信模式　　　　　　D2D通信模式

图 4.2　D2D 通信模式与传统通信模式的比较

前面出现了一个行人,汽车准备刹车,同时也要通知后发车辆准备刹车,但是如果将车辆之间彼此通信借助基站和核心网络传送,那么信号的延误肯定无法达到 1 毫秒,如果前后车之间能够实现 D2D 通信,将会极大缩短通信信号传递的时间。

三、M2M 通信技术

5G 技术一个广泛应用是在工业领域,即为机器与机器的通信(简称 M2M 通信)提供网络支持。虽然在 5G 时代,万物互联未必能够完全实现,但是 5G 将移动通信技术赋能于工业作为技术目标,力争成为工业领域的新型基础设施。3GPP 系标准①已经将 M2M 通信作为 5G 的核心技术之一。

四、网络切片技术

网络切片是 5G 相较于此前通信网络技术的一大鲜明特征。由于 5G 的应用已经大大超越了传统移动通信的领域,不同的产业对网络的需求是不同的,不是所有的需求都需要最高等级的时延、带宽和可靠性,因此 5G 采用网络数据管理的方式实行数据的分流管理,对物理网络按照应用场景切片,形成虚拟网络,满足不同的应用需求,并且互不干扰。网络切片技术实现了"按需组网",达到了资源利用的最大化和满足用户需求的差异化。

五、信息中心网络

TCP/IP 网络协议的发明让基于全球的计算机可以彼此通信,是推动互联网商业化的核心技术。但是 TCP/IP 网络也正面临无法承担海量数据分发

---

① 3GPP 系标准是全世界唯一被国际电信联盟(ITU)无线通信部门(ITU-R)认可的 5G 技术标准。

任务的挑战,其中一个最基本挑战是 IP 地址不够用。5G 技术拟利用信息中心网络的技术加以解决。互联网的本质是信息互联,但是传统的 TCP/IP 网络主要实现的是设备互联。信息中心网络技术可以实现内容与计算机地址的分离,增加网络内置缓存功能,以此满足大规模网络内容的分发和存取。

六、内容分发网络

内容分发网络技术是指网络可以根据用户画像,提前将网络内容分发到距离用户较近的代理服务器中,避免高峰拥堵。内容分发网络技术这一逻辑思维已经被中国电商应用于"双 11 活动"的包裹分发。"双 11 活动"是中国电子商务平台在 11 月 11 日举行的最大促销活动。但是该活动的早期,商家和物流都是等用户在 11 月 11 日当天密集下单后才开始分发包裹,购物量的急升,导致了此后半个多月中国的快递行业物流网络出现了严重拥堵,很多用户的包裹需要等待一个星期以上才能收货,导致非常差的用户购物体验。面对这种困境,中国的电商平台采取了一种新的付款模式,即给出新的优惠方案激励消费者提前半个月以上对预购商品预付一定额度的定金,约定 11 月 11 日当天支付商品尾款,保证当天的促销氛围。事实上,当消费者支付定金之后,预购的商品已经开始发送到距离消费者最近的快递分发点,等 11 月 11 日当天消费者付尾款成功后便可送货上门,利用这种提前包裹分发策略很好地解决了购物高峰期的物流拥堵。5G 网络将采用内容分发技术,对网络进行改造升级,提高用户需求响应速度。

七、自组织网络

5G 的技术愿景是赋能千行百业以智能化,"渡人,先渡己",5G 首先需要实现自身的智能化。自组织网络技术是 5G 网络智能化的表现,具体包

括:(1)自规划:根据网络容量大小、业务检测和优化结果动态规划网络;
(2)自配置:网络节点安装简易、即接即用;(3)自优化:根据工作量自我优化
网络质量及性能;(4)自愈合:自动发现问题、解决问题,减少人为维护成本。

第二节　5G 的技术经济范式

5G 将在互联网领域引发革命性的变革,加速数据的传输和处理速度,
推动物联网和机器人技术的发展,同时也促进全球范围内的互联网连接,从
而带来社会经济范式的改变。一是 5G 的高速和大带宽将使用户能够更快
速地上传和下载数据。这将促使各种网络终端设备更快地连接和传输信
息,加快数据处理和服务交付的速度。二是 5G 的低时延和高可靠性将成为
物联网和机器人技术的关键推动力。物联网设备(如无人机、智能车辆、智
能制造设备等)可以通过 5G 实时连接互联网,实现更便捷地共享数据和实
现互联。三是 5G 具有更高的设备密度和更广的覆盖范围,这将促使全球范
围内的设备实现更快速、更安全、更可靠的连接,有助于推动互联网的全球
化,使全球各地的人们都能够享受到更加便捷、高质量的互联网服务。

一、5G 技术

5G 技术带来了多项重要的改进,不仅对移动互联网产生深远的影响,
并且为移动物联网奠定了技术基础。5G 最直观的特点是在传输数据上有
着极高的速率和极低的时延,同时还具备低功耗的能力。

(一)高速度

每一次移动通信技术升级,速度的升级都是最基本的特点。4G 之前的

移动通信技术,速度均是以 K 级别为单位计算(如 3G 的网速是 120 K/s—600 K/s),到了 4G 时代,网速终于达到了 M 级(兆比特)别的计量单位,4G 的理论网速为 12.5 MB/s。5G 的网速约为 4G 的 10 倍,可达 125 MB/s。

(二)低时延

5G 的目标是赋能于千业百态,因此 5G 将会大大拓展新的应用场景,不少新拓展的场景对时延有着极高的要求,如自动驾驶、远程医疗和远程控制等。5G 采用了一系列有机结合的技术实现超低时延的目标。5G 尽可能地降低转发节点,缩短通信的"距离",将 D2D 的通信纳入自己技术标准体系中。采用网络切片技术灵活应对不同垂直业务的时延要求。

(三)低功耗

5G 拟实现万物互联网,因此 5G 网络需要具备低功耗的特点。低功耗包括两方面,一方面是 5G 网络自身功耗(如基站功耗)要足够的低,由于采用了超密集异构网络的技术方法,因此 5G 的基站数量将会呈数量级增加,如此多的基站同时工作,对能源的消耗也是密集的,因此 5G 需要降低每一个微基站的单元能耗。另一方面,5G 应该支持接入网络的也是低功耗的,如此多的设备接入网络,识别增加设备的能耗,并且很多设备不具备使用固定电源的条件,只能使用电池(如汽车钥匙),如果功耗过大将制约这些设备接入 5G 网络。目前,5G 网络中主要利用 RedCap 技术和微蜂窝技术来实现低功耗的目标。

二、5G 平台

平台是数字经济一个重要的组成部分。企业和市场是资源配置的两种传统手段,平台的出现为资源配置提供了新的方式(刘诚和夏杰长,2023)。平台配置资源主要通过三种基本方式实现,即共有、连接和协同。这些方式的应用范围不同,产生的经济效应也各不相同。在企业内部,平台主要通过

"共有"来优化内部资源,企业间的平台主要采用"共有＋连接"的方式来实现资源配置的优化。随着企业平台的演进,它们采用了更复杂的多边化发展策略,构建了以平台为核心的产业生态圈。在这种情况下,平台通过"共有＋连接＋协同"的方式来实现资源的优化。由此可见,平台的配置资源的效率受到其所能连接的范围(或平台边的数量)的影响。5G所具有的泛在网和万物互联特征,使其在构建平台的能力上将大大超越以往的移动通信技术。

(一) 泛在网

5G泛在网特点包含了两层含义。第一层是指5G的网络将是广泛的覆盖网络,尽可能地保证人们的生产生活空间都可以获得5G的支持,即便是在人烟稀少的地方也能得到5G网络的覆盖,这将满足人类对空气质量、地质环境等领域的监测需要。第二层意思是指纵深覆盖,即在已经得到4G等网络覆盖的空间,5G将提供更高质量的深度覆盖,如对于地下车库、地铁站等区域,虽然能够获得4G网络信号,但是质量并不高,5G将对这些区域实现深度覆盖。保证网络的广泛的覆盖。

(二) 万物互联

5G将使得联网成为设备的常态,不再有传统的"上网"概念。传统上,用户上网是一种主动行为,即用户通过制定的设备接入互联网。5G的万物互联的特点将会使得所有设备均处于时时在线的状态,接入互联网不再局限于电子设备,家具、汽车、衣物都能够通过内置于产品的感应器接入移动互联网(Porter and Heppelmann, 2015),实现实时的管理和智能化的相关功能、虚拟与现实的无缝对接。

三、5G思维

数字化思维是指思考问题的角度不是从一个事物所需的技术出发,而是从一个事物面向的用户和场景出发。5G思维体现在它所支撑的三大应用场景。国际标准制定组织3GPP为5G应用界定了三大场景:分别是增强的移动宽带eMBB(enhanced Mobile Broadband)、海量机器通信mMTC(massive Machine Type Communications)和超高可靠超低时延通信URLLC(Ultra-Reliable Low-Latency Communications)。

(一)增强的移动宽带(eMBB)

增强的移动宽带(eMBB)应用场景是指对用户速度体验要求极高的领域。这些领域包括高清视频(直播、转播)、云游戏、云办公(如会议)以及云教育等领域。虽然4G技术已经能够支持用户的日常视频、办公以及教育等基本需求,但是用户体验还是有很大的改善空间。当用户接入量较大时候,卡顿时有发生,无法满足互动性较强的办公会议、教育以及游戏的需求。主要是因为4G技术上行速率并不高,理论值为6 Mbps,5G技术将对此进行改进,单业务单用户最高上行速率可达100 Mbps。

(二)海量机器通信(mMTC)

海量机器通信(mMTC)应用场景是指需要大量设备通信的领域。1G到4G技术逐步解决了人与人、人与机器之间的基本通信需求。5G将在此前技术基础上,实现机器与机器之间的通信问题,以此提升机器设备智能化程度。这些机器设备小到居民家庭的各种电器,大到工厂的生产机器以及城市的各种基础设施的设备,海量机器通信应用场景将会包括智能家居、物联网以及智慧城市等领域。

(三)超高可靠超低时延通信(URLLC)

超高可靠超低时延通信(URLLC)应用场景是对时延要求更高的应用场景。速度提升可以降低通信时延问题,但是很多领域的通信不仅要低时延,更要求超低时延,并且还要超高可靠。比如在远程医疗领域,在很多具体应用都需要通信是超高可靠且超低时延的,远程急救本着"分秒必争"的原则,需要急救现场与医院医生的通信是超低时延的;远程手术则需要医生对远程手术设备控制以及现场图像的反馈是超低时延的,而且要超高可靠。工业领域的自动化生产也如此,高速运转的机器如果没有超高可靠超低时延的支持,无法实现连续生产,并且还可能影响产品的精密度。

5G 的影响力更加体现在三大应用场景的交集部分,将创造出潜在价值极高的新应用场景。如将增强移动宽带与高可靠低时延连接两大优势相结合(即 eMBB+URLLC),可以实现自动驾驶;将高可靠低时延连接与海量机器通信两大优势相结合(即 URLLC+mMTC)可以创造出工业互联网,将增强移动宽带与海量机器通信相结合(即 eMBB+mMTC)则可以创造智能交通管理。这些应用场景在传统的移动通信网络中被认为是可望而不可即的。

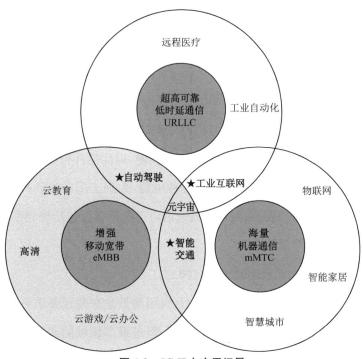

图 4.3　5G 三大应用场景

第三节　5G驱动下的汽车产业链的特征变化

在5G的驱动下,汽车产业链三大环节(研发设计、生产制造和营销销售)均会发生根本性改变,不仅如此,5G还驱动汽车后市场的兴起。在本章我们仅对每一个环节的变化趋势做出判断,每一个环节的更多变化细节将在第七章结合产业价值链重构进行翔实论述。

一、研发设计环节的社会化

研发与设计是产业链中创新密度最高的环节,也是汽车产业的"兵家必争之地"。即便是在全球价值链背景下,政府和集团性汽车公司均战略性地将核心技术的研发设计部门留在母国,以此形成总部经济效应,保留最大的产业收益。在传统汽车产业中,汽车研发设计主要来自集团内部的研发部门,即集团性汽车公司通过设立研发部门,招聘行业内的精英,自行开发产品,并推向市场,以此形成自主知识产权,防止竞争对手从发明中获利,这是一种典型的"封闭式创新"。

与基于公司内部的思维逻辑的封闭式创新相反的做法是开放式创新(open innovation)(Henry Chesbrough,2003)。20世纪末期,高速发展的信息技术,特别是互联网迅速普及,加剧了信息与知识的流动,提升了技术迭代的速度,缩短了产品的生命周期。在互联网领域,活跃着一群工程师,他们将代码放在网络上供人们无偿分享使用,铸就了一种特殊的互联网精神——开源精神。开源精神启发了不少公司在研发设计上应该积极将外部创新资源纳入公司的研发之中,开放式创新模式被越来越多的公司所采用,产品研发设计从封闭式的“公司＋雇员”经典模式向开放式的“互联网＋大众”全新模式转变，呈现出社会化研发设计发展趋势。

汽车产业便是这种趋势中的一个典型产业。汽车产业研发设计社会化表现为两方面。一方面是汽车制造商将更多的内部研发设计成果社会化，加速技术成果的转化。如特斯拉公司，为了加速电动汽车技术在产业普及，该公司于 2014 年 4 月在官网发文《我们所有的专利都属于你们》(All Our Patent Are Belong To You)，宣布将公司全部专利开放，不对任何使用特斯拉专利技术的企业提起专利诉讼。

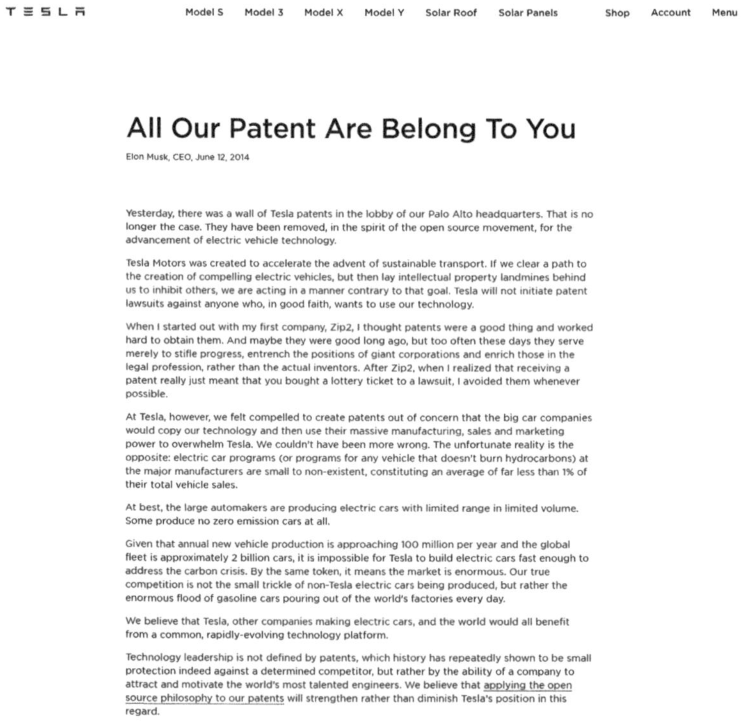

TESLA Model S Model 3 Model X Model Y Solar Roof Solar Panels Shop Account Menu

All Our Patent Are Belong To You

Elon Musk, CEO, June 12, 2014

Yesterday, there was a wall of Tesla patents in the lobby of our Palo Alto headquarters. That is no longer the case. They have been removed, in the spirit of the open source movement, for the advancement of electric vehicle technology.

Tesla Motors was created to accelerate the advent of sustainable transport. If we clear a path to the creation of compelling electric vehicles, but then lay intellectual property landmines behind us to inhibit others, we are acting in a manner contrary to that goal. Tesla will not initiate patent lawsuits against anyone who, in good faith, wants to use our technology.

When I started out with my first company, Zip2, I thought patents were a good thing and worked hard to obtain them. And maybe they were good long ago, but too often these days they serve merely to stifle progress, entrench the positions of giant corporations and enrich those in the legal profession, rather than the actual inventors. After Zip2, when I realized that receiving a patent really just meant that you bought a lottery ticket to a lawsuit, I avoided them whenever possible.

At Tesla, however, we felt compelled to create patents out of concern that the big car companies would copy our technology and then use their massive manufacturing, sales and marketing power to overwhelm Tesla. We couldn't have been more wrong. The unfortunate reality is the opposite: electric car programs (or programs for any vehicle that doesn't burn hydrocarbons) at the major manufacturers are small to non-existent, constituting an average of far less than 1% of their total vehicle sales.

At best, the large automakers are producing electric cars with limited range in limited volume. Some produce no zero emission cars at all.

Given that annual new vehicle production is approaching 100 million per year and the global fleet is approximately 2 billion cars, it is impossible for Tesla to build electric cars fast enough to address the carbon crisis. By the same token, it means the market is enormous. Our true competition is not the small trickle of non-Tesla electric cars being produced, but rather the enormous flood of gasoline cars pouring out of the world's factories every day.

We believe that Tesla, other companies making electric cars, and the world would all benefit from a common, rapidly-evolving technology platform.

Technology leadership is not defined by patents, which history has repeatedly shown to be small protection indeed against a determined competitor, but rather by the ability of a company to attract and motivate the world's most talented engineers. We believe that applying the open source philosophy to our patents will strengthen rather than diminish Tesla's position in this regard.

图 4.4　特斯拉宣布专利开源的博文

资料来源：tesla.com.

　　另一方面是汽车制造商充分利用社会化资源实现产品研发设计,降低研发设计的风险。汽车制造商利用数字技术提供的双向在线/离线互动功能,实现汽车研发设计的在线直联,邀请外部供应商、工程师、产品设计师和汽车爱好者参与研发过程,提高研发效率,降低研发风险。比如利用 C2B 协同研发平台,邀请汽车用户参与新车的设计与开发,将传统意义上的"消费型用户"转变为"生产型用户",在提高用户的参与感同时,也降低新车市场需求的不确定风险。产品研发设计的社会化使得技术在研发过程中就已经得到了市场需求的一定考验,表现出其对产业技术进步推动的速度优势,可以预见,社会化研发设计将成为汽车制造业产业链变化特征之一。

二、生产制造环节的智能化

　　汽车制造水平代表着一个国家的工业化水平。在数字经济大背景下,汽车制造的智能化水平更是一个国家工业智能化水平的象征。在当前的工业体系中,很难找到一个产业能够像汽车工业一样,产品兼具工业品和消费品双重属性,汽车市场需求的普适性很高。汽车产业既是劳动密集型产业,也是技术密集型产业,还是资本密集型产业,制造过程中,对零部件准确性以及质量的要求都极高,生产链复杂且辐射面广,提升汽车制造智能化促进汽车行业的整体发展对于国民经济发展意义重大。

　　相比于普通商品,汽车产品结构较为复杂,通常包含上万个零部件,生产过程通常被分解成很多加工任务来完成,但却有着相对较为固定的产品结构以及原材料清单和零部件配套关系,是典型的离散型制造业。对于离散制造型的企业而言,通过工艺流程改造、装备智能化升级和基础数据共享等软件(此处为广义的软件,相对硬件设施而言)方面的改进来提升竞争力更具潜力。

汽车产业是当前实施无人工厂转型最为活跃的传统工业（ABIResearch，2018），在整体生产自动化程度上，汽车产业达到接近50％的水准（ABIResearch，2018）。在美国和中国的特斯拉工厂，工厂无人化程度已经很高，生产线几乎都由工业机器人完成。国际机器人联合会（International Federation of

表 4.1　2019 年全球主要产业工业机器人安装数量

排名	产　业	数量（台）	比重（%）	排名	产　业	数量（台）	比重（%）
1	汽车	1 050 936	38.46	18	基本金属	11 543	0.42
2	电气/电子	354 988	12.99	19	教育/研究/开发	10 531	0.39
3	未指定产业	305 259	11.17	20	计算机和外围设备	9 065	0.33
4	金属	182 591	6.68	21	玻璃、陶瓷、石材、矿物制品（非汽车）	8 715	0.32
5	信息通信设备	127 473	4.66	22	医疗、精密、光学仪器	6 567	0.24
6	工业机械	87 426	3.20	22	医疗、精密、光学仪器	6 567	0.24
7	金属制品（非汽车）	82 353	3.01	23	未指定电气/电子设备	6 324	0.23
8	电子部件/设备	72 811	2.66	23	未指定电气/电子设备	6 324	0.23
9	塑料和化学制品	71 689	2.62	24	其他化学产品	4 838	0.18
10	半导体、LCD、LED	69 795	2.55	25	木材和家具	3 781	0.14
11	所有其他制造分支机构	64 181	2.35	26	纸张	3 763	0.14
11	所有其他制造分支机构	64 181	2.35	27	农业、林业、渔业	2 247	0.08
12	橡胶和塑料制品（非汽车）	50 897	1.86	28	电、气、水供应	1 857	0.07
13	食品和饮料	45 473	1.66	29	金属	1 269	0.05
14	不另分类的电机（非汽车）	39 065	1.43	30	纺织品	1 181	0.04
14	不另分类的电机（非汽车）	39 065	1.43	31	建设	726	0.03
15	家用/家用电器	23 888	0.87	32	采矿和采石	633	0.02
16	药品、化妆品	15 905	0.58	33	化学产品	49	0.00
17	所有其他非制造业	15 037	0.55		总计	2 732 856	100.00

资料来源：国际机器人联合会（IFR）统计数据。

Robotics，IFR)的统计数据也显示，汽车产业是采用工业机器人数量最多的产业。2019年产业生产(包括玻璃、橡胶等零部件生产)中工业机器人安装数量为1 050 936台，是排名第二的电气/电子产业的2.96倍，占所有工业机器人安装数量的38.46%。

三、营销销售环节的在线化

营销与销售作为产业链中的变现环节深受制造商重视。在B2B、B2C、C2C等电商模式影响下，3C产品、图书和服装等消费型产品的传统"供应商—客户"销售式微，不断被线上销售超越。以中国最大的购物节"双11活动"为例，最大的电商销售平台淘宝天猫销售成交总额不断攀升，特别是2019年之后，受新冠肺炎疫情大流行，线下实体店的发展面临困难，反而促进了在线销售的业绩进一步上升(如图4.5)，淘宝天猫"双11活动"销售成交总额在2020年同比增加了85.62%。

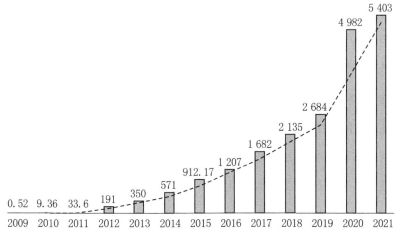

图4.5 2009—2021年淘宝天猫双十一销售成交额(亿元)

资料来源：艾媒数据中心(data.iimedia.cn)。

虽然,汽车作为一种大件消费品,不少消费者还是倾向于眼见为实的线下实体店购买模式。在疫情发生之前,不少商品的在线化销售已经如火如荼展开,但是汽车线上销售规模依然较为有限,主要集中在二手车销售业务方面。

2020年,突如其来的新冠肺炎疫情,倒逼更多企业关注线上销售的重要性(Kotler et al.,2021)。新冠肺炎病毒大流行期间,顾客去线下实体店光顾变得越来越谨慎,各地的防疫措施也限制了顾客去实体店消费的便捷性。在汽车产业,直播成为疫情期间汽车上下游从业者和用户互动的唯一高频方式。

新冠肺炎疫情引发着这些巨大变化,迫使传统销售商重新审视传统的销售模式,并将在线化销售作为业务的重要组成部分。2022年4月,宝马副总裁扬斯·西默尔(Jens Theimer)在 TechFirst 播客上就表示,宝马将与品牌的零售伙伴做好在线化销售的转型准备,并且确定了一个业绩目标——宝马在线销售到2025年占比达到25%(Koetsier,2022)。这些都预示着汽车行业销售体系正在重构。

营销销售在线化将打破传统的经销商网络销售模式。在传统经销商网络销售模式中,不同地域的消费者通常会为同一款车支付不同的车价,这种差别定价甚至得到制造商严格的渠道管理的默许甚至保护,一个最主要的原因是汽车制造商有求于这些经销商,它们需要这些经销商为其产品提供保养和维修支持。随着汽车产品的网联化,制造商可以利用网络对汽车品的性能问题和故障做出诊断,有时还可以远程维修,从而减少对经销商的依赖。

营销销售在线化完全可以成为汽车销售的未来趋势。在线化销售一个最直观的好处是制造商可以简化定价,即按照统一标价的模式销售产品。这种定价模式在提升客户满意度方面也被证明是显著的。特斯拉公司采取了线上直销模式销售汽车,消费者直接按照网站的标价支付车款,无需任何的讨价还价,消费者买车不用再货比三家,简化汽车的定价,并提升了客户的满意度。美国《消费者报告》(*Consumer Reports*)的调查数据显示,特斯拉多年被美国车主选为最满意的汽车品牌。

四、汽车后市场的生态化

传统工业化思维认为,产品交付给消费者后,制造商的任务就已经完成。这一点,在国民经济统计目录中也得到了体现,工业部门统计相关数据的时候通常不会考虑产品维修保养等服务业务数据。但是,到了 20 世纪 80 年代末,制造商不注重服务的现象得到了改观。为了维护消费市场,制造商开始推行为消费者提供免费或低价的产品维修、保养等售后服务,学者们将这种产业现象称为服务化(servitization)(Vandermerwe and Rada,1988)。通过服务化战略,部分制造业企业(如 IBM、施乐等)在产品后市场上获得丰厚利润,但是行业异质性较大,绝大部分制造业企业不但没有从中获利,甚至产生财务成本负担(许正,2013),即存在服务化悖论(service paradox)(Gebauer et al.,2005)。

虽然汽车后市场价值潜力是巨大且广阔,但是传统汽车制造商却没有有效发挥汽车后市场的效应。事实上,汽车制造商早就意识到汽车维护与保养对产品的销售和质量管理至关重要,但采取的是间接介入的方式,如将业务授权经销商(主要是 4S 店)。部分国家(如德国)从法律层面要求汽车制造商必须从最后一位车主回收旧车,但是由于这些法律规定该业务是义务且免费的,考虑到从中获利空间不大,因此不少汽车制造商也是将汽车回收业务外包给第三方。

"自动驾驶汽车"或者"智能汽车"是未来汽车发展方向。尽管这个方向需要一系列的技术组合支撑,但是通信技术绝对是这些技术中的核心,5G 将驱动和加速"自动驾驶汽车"或者"智能汽车"的实现。智能化的汽车将利用传感器、通信系统、计算技术等实现 V2I、V2V、V2P 等各种 V2X 连接，实现智慧出行，进一步丰富车生活。

车生活是指车主在使用汽车的过程中，围绕汽车所发生的一切活动，这些活动涵盖极广，如传统的车生活的典型活动有汽车培训、汽车俱乐部、汽车改装、汽车租赁与共享等。5G 驱动下的"智能汽车"的车生活会进一步围绕"智慧出行"的各种场景应用展开。简单地讲，今天智能手机上的一切终端云服务和应用生态都将在智能汽车实现，并且与手机无缝互联，形成"家—车—办公室"一体化，形成一个生态圈。这个生态如同大自然生态，有生产者（汽车应用服务提供商），消费者（汽车车主）和分解者（汽车回收、零部件拆解企业）。在这个生态中，生产者和消费者继续扮演着重要的角色作用，同时考虑到随着世界各国对环保问题的广泛重视，汽车产业的污染问题将会得到重点关注，ESG（environment，social and governance）是产业发展需要考虑的重点。因此，在车生活生态圈还需要一个重要的角色，即分解者—— 汽车回收、零部件拆解企业。

汽车制造商应该把握和利用汽车后市场崛起的机遇，实现从"原始设备制造商"向"为车生活提供服务的供应商"的角色转变。即汽车制造商应该从制造"车"的产品思维上转向提供"出行解决方案"的功能思维，构建"人＋车＋社会"的车生活生态圈，成为该生态圈的舵手型企业。

第四节　5G 驱动下的汽车服务化模式创新方向选择

5G 技术将在多个维度上推动汽车产业的演进，包括技术支持、平台赋能以及思维模式的改变。这将激发汽车制造商和科技公司在汽车和出行领域上对产品推陈出新。同时迫使制造企业改变其生产方式,例如引入支持定制化服务、促进协同制造和消费者驱动制造等创新方法。最终,这一变革将触发整个汽车产业生态系统的变化,推动整个行业朝着更高水平的创新和竞争力迈进。汽车产业可以基于技术、平台和思维三个维度,沿着产品、企业和产业三个方向寻找服务化模式创新。

在产品设计方向上,可沿着车联网导向的方向寻找产品服务化创新模式。这一方向代表了汽车产品的数字化革命,它正在重新定义人们对汽车产品的看法,将其从传统的交通工具转变为数字化生活方式的一部分。5G技术提供高速、低延迟的网络连接,使汽车制造商能够提供更高效的维护、诊断和其他服务。通过5G技术,汽车制造商可以实现远程诊断和维护,及早发现并解决问题,减少故障时间和修理成本。5G还支持汽车制造商构建数据服务平台,用于传输、存储、处理和分析汽车使用过程产生的数据。这使得产品管理和增值服务更加智能化和高效率。基于5G的思维,汽车制造商可以通过构建生态系统,提供智能导航、办公娱乐和汽车金融等多样化的服务,以丰富和便捷化驾驶和车辆养护体验。

在生产制造方向上,可沿着工业互联网导向寻找生产服务化创新模式,这个方向意味着数字化技术在汽车制造中的应用程度越来越高,重点是提供更智能、高效和定制化的生产服务。5G技术允许车主在购买汽车时进行标准化的个性化配置,包括内饰、音响系统、导航系统等。高速低延迟的5G网络可以提供更好的用户体验,使定制配置更加顺畅。利用5G网络建立协同平台,汽车制造商可以加强与供应商的协同关系,实时共享生产和物流信息,提高供应链的效率和透明度,改善内部和外部协同,提高生产效率和供应链协同。受到5G思维的影响,消费市场的改变将驱动"消费者驱动型"制造的兴起,代替传统的"生产者驱动型"制造,5G 将赋能制造企业更好地与消费者互动,更敏捷地预测需求,实时调整生产,实现个性化生产,提高客户满意度,实现零库存生产。

在产业发展的方向上,可以沿着产业生态圈导向寻找产业服务化创新模式,这个方向将在多个层面推动整个产业朝着更智能和集成化的方向发展。5G 技术将成为实现智能化服务的关键。这包括在汽车领域推动无人驾驶技术的发展,使车辆能够实时通信,获取地图和交通信息,并实现安全的自动驾驶。这将改变交通和出行的方式,创造更安全、高效和智能的交通系统。基于 5G 构架虚拟现实服务平台,用于监测汽车和零部件的状态,实现预测性维护和故障预警。这将提高汽车的可靠性和维护效率,降低维护

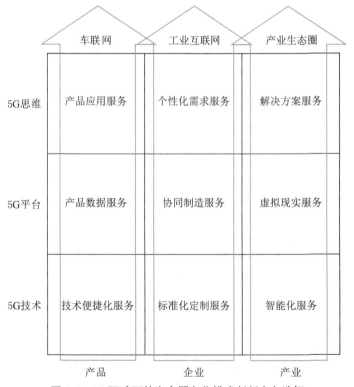

图 4.6　5G 驱动下的汽车服务化模式创新方向选择

成本,同时为制造商提供了新的服务模式和商机。基于5G的思维变革,制造商将不再仅仅提供汽车产品,而是提供与产品相关的一系列解决方案和增值服务,包括车辆健康监测、远程诊断、娱乐和信息娱乐系统等。汽车制造商将变成更多综合解决方案的服务提供商,以满足用户的多样化需求。

一、近期:车联网导向的产品服务化

车联网导向的产品服务化。这意味着汽车制造商和技术公司越来越多地将它们的注意力放在提供与汽车相关的数字化服务和解决方案上,而不仅仅是卖车。车联网导向的产品服务化代表了汽车行业的一场数字化革命,它正在重新定义汽车的概念,从传统的交通工具转变为数字化生活方式的一部分。这一趋势将继续推动汽车制造商和技术公司在汽车和出行领域的创新和竞争。

从5G技术的维度看,汽车产业可以致力于汽车的技术便捷化服务。利用5G高速、低延迟的网络连接技术,以提高汽车的维护、诊断等服务的效率。基于5G技术的汽车养护便捷化可以提高汽车的可用性、安全性和便捷性。它使汽车制造商、车主和维修中心能够更加智能、高效地管理和维护车辆,从而提供更好的驾驶和车辆养护体验。远程诊断和维护:5G技术允许制造商或维修中心通过远程连接实时监测车辆的性能和健康状态。这使得制造商或维修中心能在出现问题时及早发现并采取措施,减少故障时间和修理成本。通过5G连接,汽车制造商可以轻松地向车辆发送固件和软件更新。这有助于改进汽车性能、安全性和功能,而无需车主亲自前往维修中心。

从5G平台的维度看。5G将帮助汽车制造商通过构建数据服务平台(如超算中心),将汽车产生的数据传输、存储、处理和分析,以提供更智能化、高效率的产品管理和增值服务。将数据上传到云端进行处理是未来汽车技术发展的一个关键技术趋势。虽然,我们经常会将未来的汽车想象成一台"行驶中的计算机",然而汽车生成的数据量是高频且庞大的,包括来自传感器、摄像头和其他设备的信息,单一的汽车完成庞大的数据处理具有较大难度。并且如果要想支持自动化驾驶或无人驾驶,需要不同汽车和交通设施之间进行数据的共享和协作。因此,未来的汽车数据处理在技术上必然是选择有效的数据分类,将部分数据通过 5G 等通信技术上传到远程的数据中心进行处理,然后将处理结果反馈给汽车,以此减轻汽车本地计算的负担,确保车辆内的计算资源用于关键任务。将数据发送到云端的 5G 平台,还可以实现更复杂的数据分析和机器学习,以获得更准确的洞察和决策。这可以用于实现实时的智能导航、交通管理、驾驶辅助和自动驾驶系统等,进一步优化交通系统。

从 5G 思维的维度看,未来的汽车将不仅是交通工具,还将成为汽车制造商提供各种服务的平台。类似于苹果公司创立的产品应用服务平台,汽车制造商将能够基于 5G 技术构建类似的生态系统,以满足不同用户的需求。通过 5G 连接,汽车可以实现高速数据传输和低延迟通信,这将使汽车成为智能化服务的载体。汽车制造商可以提供各种应用和服务,如智能导航、娱乐办公和汽车金融等。这些服务可以通过汽车内部的嵌入式系统或连接的移动设备提供给用户,使驾驶和车生活体验更加丰富和便捷。

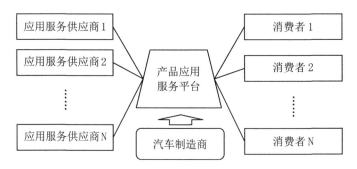

图 4.7 基于产品的应用服务平台运行框架

资料来源:郭家堂(2017):《产品应用服务平台的运营模式与定价策略研究——以制造业为例》。

二、中期：工业互联网导向的生产服务化

汽车制造作为工业互联网发展的"早稻田"，正朝生产性服务化方向发展，这意味着在汽车制造业中，数字化和互联网技术的应用程度越来越高，重点是提供更智能、高效和定制化的生产和服务解决方案。

基于5G技术的汽车标准化定制服务。5G技术允许车主在购买汽车时进行个性化配置。这包括选择内饰颜色、座椅材料、音响系统、导航系统、智能驾驶辅助功能等。车主通过手机应用或在线平台进行配置，汽车制造商根据配置制造定制车辆。虽然传统的网络也能支持汽车标准化定制提供支持，但5G技术之所以被强调，是因为它相对于传统网络具有如下几方面的明显优势和创新潜力。一是5G的高速、低延迟可以满足大规模数据传输并迅速响应用户，如更快地上传和下载大容量的汽车配置数据，提升在线配置的体验。二是5G的卓越连接能力可支持大规模设备同时连接和数据传输，对包括汽车制造商和车主之间的实时互动在内的大规模汽车定制服务方面具有重要意义。三是5G技术具备创新潜力，可支持远程控制和汽车升级功能。这使得汽车制造商能够在不需要物理介入的情况下远程升级汽车的配置选项，从而提供更具灵活性的标准化定制服务，进一步塑造了"软件定义汽车"服务新模式。

基于5G平台的协同制造服务，是一种利用5G网络技术和先进的信息通信技术来改善汽车制造过程中的效率、协同和智能化的服务。协同制造包括制造商内部协同和供应链的外部协同两大类。内部协同是指在同一组织或企业内部不同部门之间的协同合作。在制造业中，这通常意味着不同的生产线、工作站、团队或部门之间协同工作，以实现更高效的生产流程。在汽车制造中，内部协同可以涉及生产线上不同机器之间的协调，以确保零

部件按时到位,以及不同工作站之间的协作,以确保汽车组装的顺利进行。内部协同旨在优化企业内部的资源和流程,以提高效率、质量和生产能力。外部协同是指不同组织或企业之间的协同合作。在制造业中,主要涉及企业与供应商或合作伙伴的合作关系。外部协同的目的是扩展企业的能力和资源,以便更好地满足市场需求和客户要求。汽车制造商利用5G网络建立协同平台,可以加强与零部件供应商的协同关系,通过平台实时共享生产和物流信息,以便更好地协调供应链活动,减少库存和延迟,提高供应链的效率和透明度,确保高质量的零部件及时供应。

基于5G思维的个性化需求服务。5G将为制造业带来IT和OT的深度融合,支持了更加灵活、智能的生产方式,推动消费者驱动的制造理念的发展。消费者驱动型制造强调要更加紧密地与消费者互动,了解其需求,并根据需求进行个性化生产。传统的生产方式通常根据生产能力和市场趋势来制定计划,然后将产品推向市场。然而,数字化技术和全球互联网的普及使信息更快速地传播,人们获取新的想法和技术也更容易,消费者的需求日新月异。为了能在竞争中脱颖而出,制造业需要更敏捷和灵活。依靠新技术如大数据分析、机器学习甚至人工智能(AI)等技术来预测需求,并实施数字化质量控制、资产位置监控和物料自动补给等策略以提高效率,更快地将产品交付给消费者,提供数字互动体验。

基于5G的消费者驱动型制造,使得制造企业可以更好地与消费者进行互动,实时了解他们的需求和反馈。通过5G,消费市场上的信息可以更快速地传达到生产线,以便根据消费者的需求进行实时调整和个性化生产。这可以提高客户满意度,减少库存,提高生产效率,并促进创新。因此,5G将赋能消费者驱动型制造,推动制造业向更灵活、智能和客户导向的方向发展。

三、远期：产业生态圈导向的产业服务化

远期的趋势显示，汽车产业将朝着生态圈导向的产业服务化方向发展，将推动整个产业进一步向智能化、体验化和集成的方向发展。这不仅对汽车制造商和服务提供商提出了挑战，也为用户提供了更多便捷、环保和多样化的出行选择。这代表着更深层次的产业转型，涉及整个汽车生态系统的变革。

基于5G技术的智能化服务模式。利用5G网络的高速、低延迟、高连接性等特点，各种设备和系统能够实时互联，收集和共享大量数据，从而实现更智能的决策和操作，是未来产业创新的主要模式。汽车产业的无人驾驶是这种创新模式的产业应用，美国汽车工程师学会（SAE）将自动驾驶等级分为L0级（完全手动）到L5级（完全自动）五个等级，无人驾驶属于其中的最高等级，即L5，它代表着无需人类驾驶员干预的完全自动化驾驶系统，车辆能够在各种道路（如城市拥堵路、高速公路、乡村小道等）和复杂场景（雨、雪、雾和台风等）下全面自主驾驶。5G技术对于无人驾驶至关重要，实现无人驾驶不仅需要车辆能够与其他车辆和基础设施进行实时通信，还需要车辆实时与云端服务通信，获取高精度的地图数据、实时交通信息和卫星导航，从而使车辆更安全、更高效地行驶。可以预见的是，在无人驾驶技术普及之后，人们的生活与工作空间不再割裂，可以根据需求无缝对接，这将彻底改变交通和汽车产业。

基于5G平台的虚拟现实服务。随着数字技术不断丰富与成熟，以数字方式精确地再现和模拟现实世界成为可能，这为虚拟现实服务创造了广阔的发展机会。基于此，产业界提出了"数字孪生"的理念，其核心是建立一个平台，通过数字手段创建物理世界的虚拟副本，使得人们可以更好地理解、模拟和管理现实世界中的对象、过程和系统。汽车作为一个复杂的产品，拥

有数以万计的零部件,也将受益于数字孪生技术的应用。例如,利用数字孪生平台实时监测汽车的各种零部件的运行状态,并预测故障发生的可能及其原因,提前发出预警。这种技术为汽车售后维护和管理领域提供了创新的机遇。未来的汽车,即便是已经出售给消费者了,也将会在制造商的数字孪生云服务平台拥有一个虚拟身份,使得制造商的售后维护团队能够更加及时地跟踪产品状态,为用户规划维修工作,提供更可靠和持久的汽车服务。这对汽车制造商来说是一项具有潜力的服务模式创新,可以提高客户满意度并增加业务竞争力。此外,数字孪生也可以被广泛应用于汽车及零部件的研发、生产和个性化服务等环节,帮助制造商在产品设计、制造和管理方面取得巨大的效率和成本优势。

基于5G思维的解决方案服务。随着技术的不断发展,制造商越来越意识到,它们不仅要为用户提供产品,更要提供与产品相关的一系列增值服务,形成一种满足用户需求的解决方案。这一转变将公司从传统的制造商转型成为综合解决方案的服务商。数字技术在这种角色转变中发挥了关键作用,尤其是5G在工业领域的广泛应用,将使得这种理念变得普遍而盛行。未来的汽车产业将远远超出传统的汽车工业的概念。汽车制造商正在积极探索新的商业模式,汽车不仅仅是一辆交通工具,更是一种出行综合解决方案。一是网联化,产品不仅仅是机械设备,还能连接到互联网,并且能够提供各种服务。这包括车辆健康监测、远程诊断、娱乐和信息娱乐系统等。二是共享化,许多汽车制造商正在探索出行服务,例如共享出行、订阅模式和短期租赁。这种方式使汽车变得更加灵活,可以根据需求提供相应的服务。三是电动化,电动汽车和自动驾驶技术正在改变汽车产业的面貌。这些技术使汽车更加环保和智能,有望改变未来城市的出行方式。四是平台化,许多汽车制造商正在构建数字化平台,以便车辆能够连接到云端,进行升级和维护,同时也为第三方开发者提供了创新的空间,以创建新的应用程序和服务。

综合来看,未来的汽车产业将是一个更加多元化和智能化的领域,制造商将不仅仅提供车辆,还将提供与出行和智能生活相关的综合解决方案。这种变革将继续塑造未来汽车行业的面貌。

第五节　本章小结

5G并非单一技术,而是一个技术综合体,涵盖了多项关键技术。产业界,特别是传统产业,寄予5G技术转型和赋能的期望,是因为它引入了一系列核心技术,显著提高了移动通信的质量。与以前的技术相比,5G引入了一系列核心技术,包括超密集异构网络、D2D通信、M2M通信、网络切片、信息中心网络、内容分发网络和自组织网络等。这些技术将推动移动通信进一步发展,支持更多的设备接入网络,满足不同应用领域的需求,实现智能化和自动化,为各行各业提供更多的发展机会。

5G将在通信领域引发革命性的变化,同时也将深刻影响其他产业和社会经济。5G将引发互联网领域的革命性变革,提高数据传输和处理速度,推动物联网和机器人技术的发展。5G平台具有泛在网和万物互联的特点,构建了以平台为核心的产业生态圈。5G思维强调从用户和场景出发,定义了增强的移动宽带、海量机器通信和超高可靠超低时延通信等应用场景。5G的技术经济范式将推动各种新的应用和服务的发展,从增强的移动宽带到智能交通管理,从自动驾驶到工业互联网,都有望成为现实,为社会和经济带来深远的影响。

5G对汽车产业链的特征变化产生了广泛影响,涉及研发设计、生产制造、营销销售、汽车后市场等多个方面。一是研发设计环节的社会化,5G推动了开放式创新,汽车制造商邀请外部供应商、工程师、产品设计师和汽车爱好者参与研发过程,提高研发效率,降低风险,同时也将更多的内部研发设计成果社会化,加速技术成果的转化。二是生产制造环节的智能化,汽车制造水平代表着国家工业化水平,5G 将被首先应用于汽车制造的智能化水平的提升。三是营销销售环节的在线化,5G 技术推动了汽车销售的在线化,将对以 4S 店为核心的传统汽车销售体系形成挑战,汽车制造商需要加快汽车在线销售的布局。四是汽车后市场的生态化。5G 背景下,制造商需要尤其关注汽车后市场的重要性,实施服务化战略。制造商应该转变思维,从制造产品转向提供出行解决方案,构建车生活生态圈,以适应未来汽车产业的发展趋势。

5G 将驱动汽车产业服务化模式的创新,涉及产品、制造企业和整个产业的三个重点方向。近期方向是车联网导向的产品服务化。在这一阶段,汽车制造商和技术公司将重点关注提供与汽车产品相关的数字化服务。创新方向包括:基于 5G 技术的产品技术便捷化服务(如远程诊断和维护)、基于 5G 平台的产品数据服务(如数据 4S 店)和基于 5G 思维的产品应用服务(如智能座舱)。中期方向是工业互联网导向的生产服务化。在这个阶段,汽车制造业将更加数字化,重点是提供更智能、高效和定制化的生产服务。创新方向包括:基于 5G 技术的标准化定制服务(如汽车 C2B),基于 5G 平台的协同制造服务(如汽车中台)和基于 5G 思维的个性化需求服务(如汽车 C2M)。远期方向是产业生态圈导向的产业服务化。在这一阶段,汽车产业将朝着生态圈导向的产业服务化方向发展,涉及整个产业生态系统的变革。创新方向包括:基于 5G 技术的智能化服务(如无人驾驶)、基于 5G 平台的虚拟现实服务(如汽车孪生)和基于 5G 思维的解决方案服务(智慧出行)。基于 5G 的这些服务化模式创新将推动整个汽车产业向更高水平的创新和竞争力迈进。

第五章
产品用户价值链重构与
汽车产品服务化创新

在当今数字经济的浪潮中,差异化竞争已然成为市场竞争的核心。制造商迫切需要重塑产品用户价值链,以创新服务满足不断变化的消费者需求。在这个转型中,5G技术崭露头角,它不仅为传统工业品提供了高速互联性,还为构建各种平台提供了基础,更重要的是,5G技术催生了一种新的思维方式,将传统的汽车制造商变革为服务提供商,为用户提供更多、更智能的汽车相关服务。这种思维方式的转变,正是汽车产业迎接数字化未来的关键一步。

第一节　用户价值链与差异化

企业试图通过为用户提供标新立异的产品或服务,以此区别于竞争对手,塑造竞争优势。企业的此种战略行为便是差异化竞争战略。差异化竞争作为企业的基本竞争战略之一,其最主要的目标是通过改善产品的用户价值链,在市场竞争中获得优势。

一、用户价值链

审视差异化优势应该从分析产品的用户价值链开始,而不是分析企业自身的营销管理行为。营销管理的分析将在成本分析中被关注,因为这是企业可以控制的成本因素。

用户购买产品的原因是产品可以为其带来价值,很多用户购买产品会对其价格加以考虑,本质上是对产品的额外价值的考虑。因此,分析产品用户的价值是一种重要的战略基点。和企业一样,作为产品买方,用户使用产品也存在一系列的价值活动,形成价值链,这种产品买方的价值链简称为"用户价值链"。

产品通常存在两类用户,一类是企业或机构用户(简称 B 类用户),另一类是个人或家庭用户(简称 C 类用户)。虽然不少产品可能只存在 B 类用户,如机床的用户通常是制造业企业,光刻机的用户是芯片制造企业,很少有 C 类用户会去购买机床或光刻机。但是在社会经济系统中,个人或家庭才是真正意义上的消费者,因此分析 C 类用户价值链理所当然成为企业实施差异化战略的重点。尤其是在汽车产业中,私人消费市场一直是重要市场。

(一) B 类用户价值链

B 类用户价值链与企业价值链基本相同,它们均由价值活动(主要价值活动和辅助价值活动)和利润构成(如图 5.1)。企业的产品会直接影响用户价值链,但这是主要方式而不是唯一方式,企业很多价值活动都会直接或间接影响用户价值链。企业的出厂物流活动直接决定了用户的入厂物流活动,企业采用产品技术则间接决定了用户的产品技术。企业对产品出厂物流的优化,可以直接降低用户的运营成本;企业对产品技术的改进,则会提升用户的业绩表现。总而言之,企业价值链与用户价值链接触是多方位的,差异化战略强度和深度就在于对"用户价值链"改善的累积。

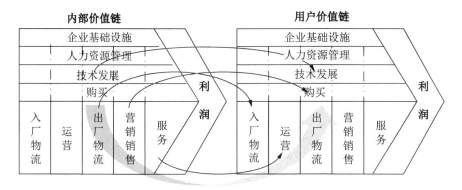

图 5.1　B 类用户价值链

资料来源:*Competitive Advantage：Creating and Sustaining Superior Performance*(Porter,1985).

(二)C 类用户价值链

对 C 类用户,我们通常不能像对 B 类用户那样对其价值活动进行清晰的描述。因此,产品额外价值在 C 类用户中更多地体现为用户对产品感知价值与价格之差,即产品(感知)价值相对于产品价格的"溢价"。这种"溢价"也被称为消费者剩余,被经济学家所广泛关注。

传统经济学理论认为,企业可以通过价格歧视等定价策略将更多的消费者剩余转为生产者剩余,企业或者按照地理空间划分消费者类型确定不同的价格(三级价格歧视定价),或者按照消费者购买数量确定不同的价格(二级价格歧视定价),但是,对每一单位产品确定不同的价格(一级价格歧视定价),以此达到将每一个消费者的剩余都占为己有的定价被认为仅仅是一种理想,在现实中难以实现。

然而,近年来不少企业利用大数据等数字技术进行歧视定价(俗称"大数据杀熟"),其定价行为已经越来越接近于经济学理论中的一级价格歧视定价。值得注意的是,尽管企业可以利用技术提升自身的定价能力,以此获得更多的消费者剩余。但是为了促进消费者的购买以及维护良好的客户关系,企业不应该占有所有的"溢价"。与顾客分享某些额外价值是必须的。为C类用户创造额外价值是差异化竞争战略的基点。

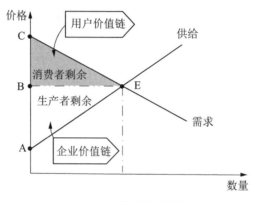

图 5.2　C 类用户价值链

二、差异化优势

企业通过满足顾客的特定认知或偏好,提供独特的产品或服务,以使其能够在众多竞争对手中脱颖而出,并激发顾客对其独特产品或服务的购买意愿和行为,这表明企业拥有差异化优势。

差异化优势通常具备两个基本条件,即"差异化"和"优势"。"差异化"强调了企业需要在某些方面与竞争对手不同,具有独特性,这可能涉及产品外观、产品质量、销售渠道、价格等多个方面,这是企业差异化优势的基础。"优势"要求企业不仅仅要与竞争对手产生差异,还需要将这种差异转化为长期的竞争优势,形成竞争壁垒。这意味着企业选择的差异必须具备竞争价值,同时必须具备资源和能力来实现这种差异。

创建差异化优势是企业为了适应日益激烈的外部竞争环境的一种战略选择。在数字经济背景下,新技术日新月异,企业的生态环境不断发生变化,新技术和新产品不断涌现。没有任何产品或技术是永远不可模仿或超越的,企业必须时时审视其经营战略和策略,以寻求特有的竞争优势,创造差异化优势,实现可持续发展。

三、产品用户价值链重构与差异化优势

创造差异化优势的方式众多,归根结底都是通过为用户创造额外价值,即重构用户价值链形成差异化优势,也只有这样的优势才具有持续性。可以从两方面展开,一是降低产品用户的成本,二是提升产品用户的业绩表现(如图 5.3)。

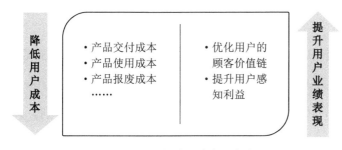

图 5.3 差异化的两种主要方式

（一）降低用户成本

产品的用户成本非常像一座漂浮在海面上的冰山,已知成本可能仅仅是冰山露出海面那一小部分,在海面之下却可能隐藏着更大成本,包括可预计成本和不可预计成本,这些都为企业实施差异化竞争提供了基础。

从产品生命周期对用户使用成本进行识别是一个比较全面的视角。从用户的角度看,产品生命周期可以分为交付、使用和报废三个主要阶段。因

此企业可以从降低产品交付成本、使用成本和报废成本三个路径来降低用户成本，增加产品的额外价值，达到差异化竞争的目的。

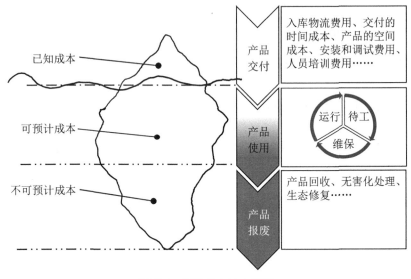

图 5.4　用户成本冰山模型

产品交付成本。大部分交付成本属于用户成本中的已知成本，这些成本通常会在交易过程中被充分考虑，甚至被写到交易合同之中，企业如果能够做到这部分成本的降低，通常可以被买方用户所直接辨别。典型的交付成本有以下几种：入库物流的费用。无论采用哪种交付方式，买方用户或多或少都需要承担部分入库物流的费用，入库物流费用是最直观的交付成本。有些产品的安装也需要费用，如果是对安装环境有要求的产品，还要计算产品的空间成本（如占地面积）。产品交付过程中可能还会发生人员的培训费用。交付过程中各种时间成本也是这个阶段需要考虑的用户成本。

产品使用成本。更多的用户成本发生在产品使用阶段，这个阶段发生的成本通常是被买方所预料的，属于可预计的成本。企业也该帮助用户对可预计成本进行测算，如在产品说明书中做出必要的说明，汽车制造商会对汽车的油耗、保养的周期做出明确的说明,帮助用户对产品使用能耗、日常维保进行预估,家电制造商会对产品的能级做出说明。根据产品的工作状态,产品使用阶段的成本又可以进一步分为运行成本、代工成本和维保成本。运行成本通常涉及人工费用、(能源)投入费用等。待工成本是指产品空置发生的机会成本,如装货期间货轮、重型卡车的空置时间等。维保成本将会涉及零部件成本,维修的难易程度等,汽车制造商会给车主在汽车维修期间提供备用车,降低用户的维保成本。维保的时间成本也是需要重点考虑,如光刻机的用户通常要求光刻机必须保持 7×24 小时的绝对稳定性运行,一旦出现故障停产,用户的损失极大,这也是 ASML 的光刻机能在全球独领风骚的一个重要原因。

产品报废成本。产品的报废成本属于不可预计性成本。这部分成本涉及产品报废后可获得残值,以及产品无害化处理等一系列不确定性问题。有些产品存在着发达的二手市场,产品的报废成本相对低一些,有些产品的报废处理需要满足生态保护的法律法规要求,如二次电池的报废,会相应提高产品报废的成本。大部分用户对产品报废的预计是不足的,主要是因为用户可能在产品真正损坏时才报废,产品的二手市场却是柠檬效应显著的市场,此外法律法规的不确定性也是这部分成本不可预计的原因。

（二）提升用户业绩表现

相比于降低用户成本,提升用户业绩表现可能会相对复杂一些。企业首先需要了解用户是从什么角度衡量所谓上乘业绩表现。一般而言,可以将用户业绩表现分为经济业绩和非经济业绩两大类。B 类用户会更加关注经济业绩表现,而 C 类用户会更加关注非经济业绩表现。租车公司购买汽车会更加在乎产品带来的营业收入(经济业绩),个人购买汽车则更加关注汽车所代表的社会地位或形象(非经济业绩)。

经济业绩是 B 类用户关注的重点,提升 B 类用户业绩表现,可以从像分析用户价值链一样去分析用户的顾客价值链入手(Porter，1985)，寻找制定帮助用户改善业绩的差异化战略。如汽车制造商为了达到提升出租车公司的业绩表现的目标，具体的做法应该分析出租车公司的顾客——出租车司机——的价值链，可以很快发现出租车司机使用汽车关注两个痛点问题，一是汽车的油耗，二是每天可以获得的订单量。因此，降低出租车的油耗(等同于降低用户成本)和帮助司机完成更多订单(等同于提升业绩表现)都可以帮助出租车公司改善经营业绩。通过分析用户的顾客价值链达到差异化竞争的一个典型案例是英特尔(intel)公司的 Intel Inside 计划。英特尔公司为电脑制造商提供补贴，激励用户在使用了英特尔 CPU 的电脑(尤其是笔记本电脑)贴上一个 intel 公司的标签，标签同时标明这款电脑采用了什么型号的英特尔 CPU，这一策略可以帮助个人降低使用电脑的兼容性成本(如降低购买搭载指定型号 CPU 产品的信息成本)，为电脑制造商提供了差异化优势的同时，也达到了英特尔(intel)公司与 AMD 的 CPU 差异化竞争的目标。

C 类用户可能会更多关注非经济业绩，即产品给其带来的感知利益。感知利益是来自用户的一种产品感觉评价，这也意味着非经济业绩难以精确衡量。并且感知利益的主体是用户，而不是企业。但是这不意味着企业对于非经济业绩的改善是束手无策的，反而应该将此作为实施差异化竞争的机会。企业通过价值信号改变用户的感知利益是一种典型的差异化竞争方式，广告和产品包装是最为典型价值信号方式。

第二节　数字化转型与用户价值链重构

数字化转型使得企业可以利用数字化技术、平台和思维改变与消费者互动的方式,促使企业更好地满足用户需求,强化产品差异化,以提升用户价值链中的差异化优势。

一、数字化技术与用户价值链重构

在工业经济时代,企业对消费者需求的识别是严重不足的,通常采用不断试错方式甄别消费者偏好(郭家堂和骆品亮,2016)。企业安排销售代表定期拜访客户不仅是为了维护客户关系,更是为了获得产品使用过程中的性能状态信息,以及客户对未来产品改进的希望。这种甄别消费者需求的方式效率低下,也缺乏对竞品和替代品的充分考虑。虽然企业也会从咨询公司渠道等获得外部数据进行补充,但终究是一种基于小样本的不完全归纳推断,存在着巨大的以偏概全误差。

数字技术的发展,提升了企业识别消费者需求的能力。互联网是众多数字技术中最为通用性和基础性的,它以无处不在和廉价的方式建立起了广泛连接,方便了企业与外部供应商、渠道和客户共享信息,帮助企业更加精确地预测市场需求的变化。现如今,利用互联网技术获得大量的用户行为数据已经是一种普遍的商业分析行为,并因此催生出了"大数据"(维克托·迈尔-舍恩伯格和肯尼斯·库克耶,2013)等更为先进的数据分析技术,对数据进行精细化加工和处理,可以更好地了解客户需求(吴义爽等,2016),挖掘长尾末端的经济效应(Anderson,2006),开辟竞争的蓝海,企业可以更好地避免为了差异化而差异化的盲目性。

越来越多的企业正在考虑如何为其产品内置各种传感器(Iansiti and Lakhani,2014),以此达到方便地获得产品使用过程中的各种数据(杨德明和刘泳文,2018)。服装业作为一个历史最为悠久的传统行业,在探索产品数字化转型上涌现出了不少前沿的公司。Ralph Lauren 公司成功地通过将银质的感应纤维内置于运动 T 恤(产品正式命名为 Polo Tech Shirt)中,实现了对用户的心率、呼吸状况、运动速度,以及能量消耗等状态数据收集,这些数据通过蓝牙功能发送给用户的 iPhone 或是 iPad 设备,帮助用户更好地了解自己的运动状态。与之类似的是耐克公司 Nike＋运动鞋,利用鞋内的感应器与用户的 iPod 相互通信,在 iPod 上存储并显示用户的运动日期、时间、距离、热量消耗值和总运动次数、卡路里消耗等数据。Levi's 也与 Google 达成合作意向,共同联手开发智能穿戴设备。这些都是一种意义重大的差异化战略行为。

5G 技术的商业化运营普及,企业远程实时监控产品运行状态,收集用户行为数据,动态调整或升级产品性能与功效,灵活高效地满足用户的多样化和动态性的需求变得更为可行(杨善林和周开乐,2015)。不仅如此,更多富有远见的企业正在将产品运行的监控数据与客户的环境数据(如气候数据、LBS 数据等)相集成,创造更加显著的差异化。如农业灌溉设备机械公司将湿度传感器上的数据与用户当地的天气预报数据结合,合理安排灌溉,使得用户设备的运行成本得到了进一步降低。

二、数字化平台与用户价值链重构

互联网所驱动的数字化促进了平台的兴起。在 2000 年左右,不少平台型企业崭露头角便获得了用户和资本的广泛认可,这些公司如 Google、eBay、百度和阿里巴巴等。如今在 3G 和 4G 技术的驱动下,互联网的入口端口也迅速从个人电脑拓展到智能手机和 iPad 等移动终端,移动互联网成为互联网重要组成部分,平台更是深入普通人的日常生活,出现在包括社交网络、电商、游戏、第三方支付、学习等各种应用场景中,不断改变人们的生活方式。主要社交平台(如推特[Twitter]、脸书[Facebook]、抖音或

TikTok、微博、微信）月活跃用户量都在 10 亿以上。

随着居民生活方式虚拟空间化，平台在全球商业竞争开始扮演着重要角色。平台塑造出了从单边到双边的全新产业链关系（陈威如和余卓轩，2013），提升企业对产品进行差异化能力。广告被产业组织理论认为是企业实施差异化的主要方式（Tirole，1988），比如在可乐产品市场上，可口可乐公司和百事可乐公司便成功地利用广告塑造出各自的差异化产品。但是，在工业经济时代广告是单向的，商家在大众媒体投入大量广告以期接触潜在消费者，并用滞后的事后销售量数据衡量广告的有效性，在这种模式下，商家或广告主一直被如何评价广告的效果所困扰，正如世界百货业之父约翰·沃纳梅克（John Wanamaker）所说的："我知道我的广告费有 50% 是浪费的，但我不知道是哪一半（Half the money I spend on advertising is wasted；the trouble is I don't know which half）。"这句名言也被誉为广告营销界的"哥德巴赫猜想"。数字技术为破解这个存在了 100 多年来的"哥德巴赫猜想"提供了可能。在数字技术赋能下，广告开启了双向互动模式。在 Google 等平台上，利用数字技术对受众者打开网站链接到离开网站实现全过程跟踪，以此帮助广告主迅速获得受众对广告信息做出的反应。在电商平台上，数字技术被应用于追踪消费者在线的消费行为，并通过要求消费者分享先前注册个人信息，有效而又廉价地构建与更新消费者数据库。在社交平台上，数字技术被应用于个人社交网络价值挖掘，发现潜在消费者（如在微信朋友圈的广告中，被用户点赞或评价过的广告也会显示在该用户所有好友的朋友圈中）。

平台是数字经济时代企业与产品用户或潜在用户沟通的重要工具（Hyatt，2012；罗珉和李亮宇，2015）。基于平台，企业与用户之间的信息沟通从传统的单向流动转变为双向互动，并且沟通的信息有迹可寻，提升了用户对产品的感知(张新民和陈德球,2020)(在这些感知中便包括了最重要的差异化感知)。在销售领域,购物网站或 App 为用户提供的一键式评价,激励购物者对商品进行体验评价,为后续消费者认知产品提供参考,也为制造商提供最为真切的产品市场反馈信息。在生活中,消费者基于 UGC(user generated content)平台撰写自己的"消费笔记",一边分享产品消费经验,一边传递生活方式,帮助他人提升产品认知。在研发领域,产品制造商开始利用平台留下的消费评价或笔记,挖掘和识别其中资深用户或"发烧友",邀请他们参与产品的研发和升级工作,确定产品的差异化发展方向。

平台为企业利用群众关系来建立无线增值提供了可能性(陈威如和余卓轩,2013)。平台促进了以产品为身份划分的社群关系——产品社群的普及(李善友,2015),赋予产品基于观念价值或情感价值的差异化属性。社群商业价值在数字技术的驱动下得到前所未有的挖掘(罗珉和李亮宇,2015)。作为一种拥有共同价值观的社会单元,社群蕴含着巨大的价值(Douglas,2010),但一直缺乏有效挖掘方式或技术。随着数字技术的发展,人们的社交空间开始从俱乐部模式向网络虚拟空间迁移,社群规模呈现几何级增长,形成了大量开放流量,得以被厂商识别并捕获,逐步构建起了一种成员黏度极强的产品社群。产品因此有了社群精神(community spirit)和社群情感(community feeling)(Worsley,1987),使得使用价值和物理价值相同的产品也会因为观念价值和情感价值不同而形成高度的差异化。比如说,同为安卓系统的手机,小米手机的"米粉"和魅族手机的"魅友"对手机差异化感知远远超过了产品功能的本身差异。

三、数字化思维与用户价值链重构

在经过互联网时代之后,人们对产品的认识已经发生较大改变,形成了不少数字经济时代独特的产品观念,典型的有用户思维、极致思维和简约思维等(卢彦,2015)。

（一）用户思维

消费者话语权在数字经济时代得到了史无前例的提升。值得注意的是工业经济时代并非没有消费者诉求,而是缺乏消费者表达诉求的渠道。工业经济时代的制造商通过经销商拓展市场和销售产品,消费者很难直接与制造商取得联系,制造商也理所当然地将购买的完成视作为与用户关系的结束。在数字经济时代,消费者利用数字技术可以轻而易举地找到产品制造商,并认为制造商是产品使用及其相关质量的真正责任人,与经销商关系不大。如在过去汽车出现质量问题,消费者会寻找 4S 店解决问题,如今消费者更多的是将问题通过网络方式进行传播,获得同类产品用户响应,并希望得到制造商的直接回应。换而言之,用户在使用产品过程中始终将产品与其制造商进行关联,购买是制造商与用户建立联系的开始,而不是结束,这种现象在网联化和智能化产品中更加明显。

在工业经济时代,制造商通常采用技术专属性(如发明专利)形成隔绝机制塑造产品的差异化特征。但是数字技术正在不断加快信息的流动,同时也打破信息流动的时间与空间壁垒,使得知识的溢出效应更强,如互联网上盛行着各种山寨现象便是一个明证。由此可见,数字化技术正在弱化技术隔绝机制。因此,数字经济时代,制造商塑造产品的差异化特征上应该从技术转向用户,即基于用户的体验、用户的参与,以及用户的情怀(卢彦,2015)等方式来形成竞争的隔绝机制。

（二）极致思维

极致思维是指在数字经济时代,企业应该将产品或服务做到极致,赢得用户的"尖叫"赞叹。表面上看,极致思维与迭代思维似乎是冲突的,因为迭代思维认为企业完成产品基本功能后便应该迅速推向市场。其实两种思维在本质上是统一的,迭代思维要求通过产品不断的迭代,以此达到产品的极致。

在工业经济时代,制造商经常会为同一产品推出系列型号。手机制造商诺基亚公司是一个典型,该公司为其手机设置了 11 个系列(数字 1—9 系列,E 系列、N 系列)手机,每个系列下又区分出不同的款式,据不完全统计,诺基亚前后为其中的 6 系列推出了 60 多个款式的手机,以此试探不同产品用户的偏好,却未打造出极致的产品。反观苹果公司,通过将 iPhone 打造到了极致,成功占领了手机市场,并超越了曾经的产业霸主诺基亚公司。在汽车产业,特斯拉公司也是将一台车做到了极致,迅速赢得了市场的"尖叫"。在数字经济时代,越来越多的企业已经意识到了极致思维的重要性。

(三) 简约思维

腾讯公司对简约思维有深刻的理解,该公司曾经依靠一款网络聊天软件(QQ)奠定了自己在互联网产业中的江湖地位,随着互联网内容的丰富,QQ 软件的功能不断增加,当3G 和 4G 技术在中国开始普及的时候,腾讯意识到社交软件的未来在移动互联网,用户需要的是一款能够在小屏幕上运行的简约社交软件,但是以电脑端为基础打造的 QQ 软件承载了太多的功能,无法做到简约,因此公司开发出了微信,并允许甚至是鼓励用户将 QQ 的信息迁移到微信上,延续了该公司在社交软件上独占鳌头的神话。

在汽车产业,特斯拉已经是产品简约思维的践行者和领导者。坐在特斯拉的驾驶座上,用户会惊讶地发现传统汽车的仪表盘、物理按键、空调出风口都消失了,取而代之的是一个大尺寸可触屏的中控屏(如图 5.5)。利用简约思维,特斯拉很好地与传统汽车进行了差异化,并被用户视作为革命性产品。

图 5.5 特斯拉 Model 3 内部图(局部)

资料来源:特斯拉(中国)官网(tesla.cn)。

总而言之,企业利用互联网技术,提升产品的性能,满足了消费者个性化的需求。企业基于互联网平台,提高与用户的信息交流效率,形成了产品社群关系,提高了用户差异化感知;企业采用互联网思维将产品做成平台,向第三方应用服务商开放,增加了服务的多样化。这些都有利于企业的产品增强,改善用户价值链,提升产品在市场上的差异化优势。

第三节 汽车用户价值链与差异化

汽车作为一种兼具工业品和消费品两种属性的产品,B 类用户和 C 类用户都是其重要的市场用户,但是两类用户存在较大差异。

一、汽车 B 类用户价值链与差异化

汽车产品的 B 类用户有物流公司、出租车公司和汽车租赁公司等服务

业企业。相比制造业企业,服务业企业的内部价值链相对简单,汽车的 B 类
用户的价值链主要活动有两个:运营和服务。运营主要是指以汽车为工具
开展的主营业务,如客运、货运以及汽车租赁等,服务是指围绕主营业务开
展的附加服务或者增值服务,如物流公司为客户提供实时的物流位置信息
查询,以及围绕货物运输途中的仓库存储或货物保鲜等服务。

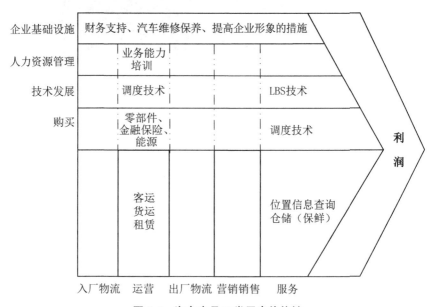

图 5.6　汽车产品 B 类用户价值链

对于 B 类用户,其购买和使用汽车的最重要影响因素往往不是产品的
价格,而是另外的两个因素,一个是使用产品过程中的成本,另一个是基于
该产品所能获得的营业收入(李刚和汪应洛,2017)。汽车制造商基于 B 类
用户价值链分析,展开差异化竞争,具体包括降低 B 类用户的用车成本和提
升用车业绩表现两方面。

降低 B 类用户的成本,目标是帮助 B 类用户创造成本优势,可以从以下
方面考虑降低用户的成本。第一,降低用车的能源成本。B 类用户对汽车

的能源消耗较为敏感,制造商可以对汽车"简配"来降低能源消耗,如采用手动挡代替自动挡。第二,降低零部件成本。B类用户用车频率高,单位年份内的行驶里程高,因此零部件成本也成了B类用户用车的关键成本。第三,降低汽车养护成本,B类用户用车频率和里程数还使得汽车的保养费用成为重要成本,为B类用户提供简单汽车保养技术援助,甚至可以考虑为规模较大的用户建立自己的汽车保养和维修技术中心,有助于降低B类用户汽车的养护成本。技术援助同时还有另一个战略意义,那就是使得用户形成技术依赖,增加用户的转换成本,一定程度上可以阻止竞争者抢占用户。

低用户成本与高产品的性能之间很多时候是"鱼和熊掌不可兼得"的关系。在当前①的电力价格和石油价格水平下,电动汽车在能源消耗成本上的优势明显高于燃油车,对降低用户的能耗成本具有显著的意义,但也因汽车电池面临各种困扰:电池续航能力有限、充电站数量不足或分布不均等,相应地降低了汽车的远途行驶能力。

结合用车情景进行综合考虑降低用户的成本显得尤为重要,制造商不应该以过度牺牲汽车的性能为代价。如在现有汽车电池技术和电能价格体系的条件下,可以为城市内运行的出租车公司提供电动汽车以此降低用户成本,但是该差异化竞争的方案不适合于长途运输的物流公司用户。另一个例子是,汽车制造商可以为出租车安装功率更低的发动机,出租车大部分行驶在城市市区,市区道路法律允许的最高行驶速度本身较低,并且道路拥堵程度较高,这种简配既不影响用户的日常用车速度体验,还可以大大降低汽车油耗成本。但是对于以高速路上行驶为主的物流公司用户,安装功率更低的发动机则是一个不可行的方案。

① 当前指的是21世纪初(2001—2020年之间)。

　　B类汽车用户是以盈利性为目的的用户,降低用车成本实质上是在帮助用户创造成本优势。用户成本易于感知,并且大部分可测算(如油耗成本等),降低用户成本被大部分汽车制造商作为差异化竞争的理想选择。

　　如果要帮助用户提升差异化,则可以从帮助用户提升其业绩表现着手考虑。但是在产业中,汽车制造商对提升B类用户的业绩表现重视程度还比较低。比如对于出租车行业,在打车软件出现以前,司机通常需要驾车游行于城市的每一个角落,以此"偶遇"每一个需要打车的客户,面临很高的空载率,只有少数对城市人员流动规律较为熟悉的经验丰富的司机才能获得较好的业绩表现。打车软件的出现增加了出租车司机和乘客之间的信息对称性,普遍提升了出租车司机的业绩表现。遗憾的是,首先推出打车软件的既不是汽车制造商,也不是出租车公司,而是互联网企业。其中的原因不大可能是汽车制造商的技术能力问题,因为打车软件所采用的基于GPS信号的汽车定位技术早被通用汽车的安吉星系统(On Star)所采用,并被其他汽车制造商所效仿,遗憾的是所有的汽车制造商均将这项技术应用于私家车,即C类用户,却没有将技术应用于提升B类用户的业绩表现方面。出现这种产业现象的一个最可能的原因是无论是在汽车制造商与出租车公司,还是出租车公司与出租车司机之间的产业链关系中,均采取了典型的"一锤子买卖"交易方式:(1)在汽车制造商与出租车公司的关系中,大型出租车公司都有自己的汽车保养、检修、置换等服务部分,产品的生命周期服务较少依赖于汽车制造商,因此汽车制造商将产品交付给出租车公司之后便与用户甚少联系;(2)在出租车公司与司机关系中,公司将汽车交付给司机之后便坐等每月的租金收入,公司的业绩不再取决于司机的业绩表现。因此,导致汽车制造商、出租车公司均对用户价值链中的服务活动单元的关注不足。

　　导致汽车制造商不重视提升用户业绩表现的另一个原因是微小的业绩

表现提升不易观察，有时候可能还会增加用户的成本。如在上海的出租车市场，汽车制造商曾经为出租车公司制造了一款适合于家庭集体出行需求的七座出租车，帮助出租车公司展开差异化竞争。但事实上出租车司机并不"买账"，主要原因是按里程计费是出租车普遍的计价方式，而不是按载客人数，因此七座出租车并没有帮助出租车公司或者司机提升业绩表现。而乘客数量的增加反而会提高行驶过程中的油耗成本。这款出租车在产品设计上也存在一个问题：为了增加两个位置，不得不牺牲备胎安置的空间，制造商取消了常规出租车应有的备胎。驾驶一辆没有备胎的出租车，行驶在路况较差（如道路维修）的地带，难免会增加司机的驾驶压力。而一旦发生轮胎故障，相比于更换备胎，其他相关成本（如拖车，终止载客等）会更高。①

由此可见，相比于降低用户成本，提升汽车产品的 B 类用户业绩难度更大一些，提升用户业绩表现往往也会隐藏着"成本陷阱"，需要更加重视对用户价值链的分析。

二、汽车 C 类用户价值链与差异化竞争

汽车 C 类用户主要指私家车用户群，盈利性不是这类用户购买汽车的首要目的，针对 C 类用户关注的重点通常是消费者剩余价值。经济学虽然提出了消费者剩余这个概念，也为分析消费者剩余价值提供了丰富的见解，但是由于这些结论普遍采取典型性消费者假设的分析技巧所得出，因此许多消费者特征被忽视，在指导微观层面的企业差异优化竞争的作用比较有限。

管理学，特别是在营销管理学和技术管理学等领域，受心理学和社会学相关理论和方法的启发，开始更深入地研究产品的感知价值以及影响这些

---

① 上海的管理部门规定出租车不允许中途甩客，如果没有这个限制条件，结果可能需要另当别论。

感知价值的因素。这一点可以从在现实生活中的汽车广告中得到体现,从中可以观察到不同的汽车制造商在它们的广告和市场传播中传递的价值信息是多样化的。有些制造商比较强调汽车的安全性,突出强大的安全功能和技术;另一些侧重强调汽车的易用性,如功能丰富、用户界面友好等;还有一些偏向于强调汽车的身份性或品牌价值,包括强调汽车的品质与特定生活方式或价值观的契合度。这种多样性反映了不同制造商对市场的定位和它们试图吸引的消费者群体的理解,对于市场竞争和产品创新至关重要。

对于目标市场是 C 类用户的制造商,重构用户价值链意味着制造商和相关企业需要重新审视它们如何在用户价值链上创造更多的感知价值,以满足不断变化的用户需求和期望。这可以通过建设强大的品牌形象、提供卓越的服务,以及推动前沿的技术创新来实现。一是强大的品牌形象可以使消费者对汽车产生积极的感知。汽车制造商需要建立独特的品牌标识和价值观,以区分自己与竞争对手。二是卓越的服务可以增强用户的满意度并形成口碑效应。消费者不仅期望购车过程是愉快的,同时还希望在使用汽车期间能够获得良好的售后支持,如及时的维护和维修服务、车辆保修计划、道路救援服务等。三是前沿技术创新可以根本上改善汽车的性能。汽车产业通常是各种新技术应用的热土,制造商需要不断利用新技术,改善汽车的安全性、便利性和环保性能。在数字化转型的时代,汽车制造业正经历着一场前所未有的技术革命。这一变革不仅改变了汽车制造的方式,也重新定义了汽车的本质和角色。

第四节　5G 驱动下的汽车用户价值链重构

网络连接已成为汽车产品发展的重要趋势。5G 技术正推动汽车成为移动互联网的重要接入点。这一趋势将汽车的功能进一步扩展。汽车从过去的"无屏"时代发展到了"有屏"时代,甚至演化为"巨屏"时代。随着自动驾驶技术的不断发展,车内的生活空间变得更加多样化。许多新兴汽车制造商正在积极宣传汽车作为"第四空间"或"第四屏"的概念,以赋予其产品更多功能和附加价值。例如造车新势力中的蔚来汽车和理想汽车,前者不断渲染其产品具备"全民 K 歌"功能,而后者则不断宣扬其汽车可成为"全家人的移动游戏厅"。

在此趋势下,汽车制造商不仅需要思考增加产品的联网功能,更要思考网联化汽车产品的差异化塑造,如果缺乏这方面战略考虑,在 5G 背景下,汽车制造商将面临"沦为"原始设备制造商(OEM)的风险。换而言之,全面研判 5G 的技术优势,并利用 5G 展开用户价值链的重构,在数字经济领域形成差异化已经是汽车制造商不得不面对的战略调整问题,具体的实践,则需要结合 5G 形成的产业数字化的"技术—平台—思维"三个维度展开。

一、基于 5G 技术的汽车用户价值链重构

5G 强大的网络性能在汽车制造业中的应用,为汽车制造商提供了重构用户价值链的机会。销售和售后是与用户价值链最密切的两个活动环节,5G 技术为提升销售和售后服务的质量提供了强大的工具。

一是销售体验的增强。在汽车销售中,传统的 4S 店要求较大的展示和服务面积,通常在城市远郊地带设立,虽然降低了销售的成本,却给消费者带来了极大的不便。利用 5G 技术建立数字化直销,汽车制造商能够将汽车销售带到距离消费者生活更近的地方(如购物广场、文化活动中心等),提供更便捷的购车体验。未来,随着数字技术的不断成熟,汽车制造商还可以通

过虚拟现实(VR)和增强现实(AR)等技术,提供更丰富的汽车购买体验,消费者甚至可以在家中进行虚拟试驾、个性化配置等操作,而无需亲临展示区域。这种数字化体验降低了对展示区域的需求,为汽车销售提供了更多的灵活性。

二是故障诊断和维护的在线化。在汽车故障诊断或排除中,传统的方式要求车主在发现汽车故障后联系 4S 店或官方维修站点,然后等待工程师通过诊断电脑读取故障码并进行排除。这种方式费时费力,维修费用高昂,同时也会影响车主的日常工作和生活。在 5G 背景下,这一传统的汽车故障排查方式正在经历革命性的改变。5G 技术推动了汽车的互联功能,为制造商提供了利用互联网为车主提供远程服务的可能。汽车制造商可以通过5G 网络远程访问汽车的诊断数据,实时监测汽车的性能和状态。当汽车出现故障或需要维修时,制造商也可以通过云端连接与车主交互,诊断问题,甚至远程解决一些故障。这不仅大大提高了故障排查的效率,还节省了车主的奔波时间。此外,这种远程服务还可以帮助制造商与车主建立更紧密的联系和信任关系。制造商可以在故障发生的时候及时响应车主的协助请求,改善车主体验,有助于提高客户满意度,这种新模式也为制造商创造了更多的商机,例如提供订阅制的远程维护服务或增值功能。

特斯拉在利用数字化技术提供产品便捷服务方面走在了行业的前列。一方面,特斯拉的在线化便捷式销售服务极大地降低了车主购车过程中的精力和时间成本,通过建立直接面向消费者的网站,按照统一价格在线销售汽车和服务,有效地克服了传统汽车销售 4S 店模式的"价格不透明"以及"靠售后盈利"的种种弊端。另一方面,特斯拉也在利用互联网技术获取汽车的运行状态数据。车主使用汽车过程中的刹车、充电、开门以及车窗升降等数据均会上传到制造商建立的服务器(或云端),系统可以根据数据判断车辆运行状态,很多时候处于云端的工程师比车主更早知道汽车的故障隐患,提前通知或联系车主配合故障排除,给车主带来了意想不到的用车体验。在此过程中,解决故障的方式也主要利用互联网展开,工程师通过远程诊断,在线帮车主消除故障,以及远程软件升级等,大大减少车主去往特斯拉服务中心(类似于传统 4S 店)的次数,节省了车主的时间。

二、基于 5G 平台的汽车用户价值链重构

在 5G 的驱动下,汽车移动通信能力得到进一步提升,汽车产业也将呈现出由"机械定义汽车"向"软件定义汽车"快速转型的趋势。汽车制造的技术能力已经开始从将上万个零部件拼合集成的能力演变成将上亿行代码组合运行的能力。在"机械定义汽车"时代,汽车制造的核心技术为发动机、变速箱和底盘。但是,在电动化趋势影响下,三大核心机械部件已经不再成为汽车制造的技术壁垒。在电动新能源汽车上燃油发动机被电动机所取代,复杂的机械变速箱被电控系统所取代,底盘成为电池承载部件,汽车硬件体系已经逐步趋于一致。制造商从硬件上打造汽车产品的差异化空间被无限挤压。软件将成为汽车的核心要素,丰富的"应用服务软件"是未来汽车的"灵魂"。

通过"借力"5G 平台赋能,是传统汽车制造商快速推进新能力形成的一条理想路径(陈威如和王节祥,2021)。以目前被产业界寄予厚望的 5G 应用场景车联网(Internet of Vehicles)平台为例,仅靠单一企业其实是难以实现真正的 V2X 汽车联网能力提升的[①],强大的车联网平台可能更加适合被定

---

① 目前,不少汽车制造商均推出了自己的车联网功能(代表性产品是通用汽车的安吉星系统),这些系统和功能诞生于 20 世纪 90 年代,虽然可以将汽车运行数据(油耗、胎压和位置等)传送到制造商构建的服务器,车主可以用手机 App 进行查看,但是这些车联网的联网能力非常有限,仅仅是未来车联网平台的一小部分功能。

义为一种"基础设施平台",需要作为一种公共产品由政府提供建设。作为生产单元的汽车制造商则需要考虑的是如何"借力"车联网平台,提升自身的产品的应用服务(App)能力,重构产品的用户价值链,打造"软件定义汽车"时代的差异化。

三、基于 5G 思维的汽车用户价值链重构

长期以来汽车被定义为一种从 A 地到 B 地的"代步工具"。美国互联网预言家凯文·凯利(Kelly,1994)曾经预言汽车将成为继家庭、办公室、咖啡馆之后的移动互联生活"第四空间"。凯文·凯利关于"汽车的第四空间"预言正在成为现实,消费者受数字化生活的影响所引发的汽车产品认知也会随之改变。

一方面,城市化程度不断上升,城市地理空间不断蔓延,普通上班族的通勤距离变得更远,待在交通工具空间的时间相对较长,越来越关注汽车空间内的生活品质(比如如何做到堵车不堵心)。

另一方面,3G 和 4G 网络的普及,移动互联网迅速崛起,很多城市居民的消费和社交行为都可以在汽车空间内借助手机完成(尽管交通法规不允许司机在驾驶过程中使用手机,但是产业界已经普遍认为自动驾驶甚至无人驾驶已经是不再遥远的未来)。

消费者的思维变化最为典型的是数字化思维,这对传统汽车制造商来说是一种挑战,更是一次产业转型的机遇。不得不承认传统汽车制造商长期远离消费市场:在人烟稀少的宽阔远郊地带建设工厂,在城市郊区建设 4S 店,这些传统的汽车企业选址模式都不利于制造商捕捉数字化社会中消费者思维的快速变化。汽车制造商需要尽快适应消费者思维的数字化转型的趋势,从中寻找战略基点,着力用户价值链的重构,塑

造差异化。

在汽车产业中,近年来不断崛起的造车新势力对亲近消费者尤其重视。一个典型现象是,城市人流密集的商场在传统上通常被服装、珠宝以及化妆品企业所占据,现如今已经镶嵌着不少造车新势力的产品展厅。在产品创新上,智能座舱也已经被不少造车新势力作为与传统制造商差异化竞争的战略基点。当前的智能座舱还主要聚焦于车载娱乐方面,但是随着5G网络商业化应用加深,智能座舱在重构用户价值链上将会有更多的想象空间,给制造商带来更多差异化竞争机遇。

第五节　5G驱动下的汽车产品服务化模式创新

5G将为汽车产业提供巨大市场并激发众多汽车产品创新。虽然传统汽车制造商在汽车制造领域已经积累了相当大的竞争优势,并且长期占据该产业的主导地位。然而5G所创造的汽车产业新市场空间大部分集中在应用部门,而对于长期远离消费市场的传统制造商其在应用部门的优势并不明显。在5G背景下,汽车制造商需要考虑如何借助硬件制造优势以及暂时拥有对汽车操作系统掌控能力,与那些可以利用5G优势轻松进入汽车产业应用部门的公司展开竞争。

企业之间的竞争是多维度的,但是具体到基于一项新技术展开的竞争行为,则可以从技术驱动所形成的社会经济影响的维度展开,即利用前文提出的数字化技术、数字化平台和数字化思维三个维度,基于5G实施产品创新行为。为了便于问题的分析,本节将在上一节的理论分析基础上进一步给出利用5G开展服务化创新的具体典型模式。

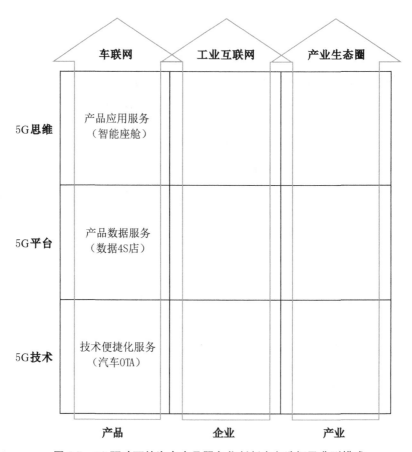

图 5.7　5G 驱动下的汽车产品服务化创新方向选择及典型模式

一、基于 5G 技术的技术便捷化服务创新：汽车 OTA

在互联网的助力下，汽车制造商在产品便捷服务模式上有着众多创新，如建立一个制造商自主网站，在区域市场甚至全球市场统一定价销售汽车；开发汽车选配手机 App，帮助消费者在生产可能集下进行最大程度的个性化定制。相比而言，汽车 OTA 在众多便捷服务模式中最为可圈可点的，它已经实质性地改变了汽车的产品属性，正如特斯拉公司的马斯克（Elon Reeve Musk）所言，基于 OTA 技术的汽车简直就是一台装着轮子的计算机。

（一）模式描述

OTA 是英文 Over-The-Air technology 的简写，中文译名是"空中下载技术"。在个人电脑领域空中下载（OTA）技术或联网软件更新已有 30 多年的应用历史，该技术后来也被智能手机所采用。

随着汽车行业的不断发展和技术的进步，OTA 技术已经成为汽车智能化不可或缺的一部分。利用 OTA 技术，汽车制造商可以在需要时通过远程方式为汽车的电子系统提供升级包，这些升级包可以改善系统性能或增强应用程序功能，从而提升用户的驾驶和用车体验。除了功能升级，OTA 技术还使车辆诊断、远程维护和安全升级等服务成为可能，进一步提高了车辆的智能性和安全性。

OTA 技术正在改变传统汽车维保服务的商业模式。制造商可以直接向车主提供服务，而不必依赖传统的经销商（4S 店），这有助于制造商更直接地与消费市场互动，满足用户需求，提供更便捷的服务，加强了与客户之间的联系。

（二）模式展望

OTA 技术为汽车行业注入了新的动力，推动了智能化和数字化的发展。它不仅提高了用户体验，还为制造商提供了更多的机会来创新和改进汽车产品，使整个汽车产业更具竞争力。

第一，汽车制造商借助 OTA 可以越过 4S 店直接向用户提供服务。长期以来，汽车功能升级需要车主将车辆送到 4S 店，由技术人员进行操作，这不仅浪费时间，也增加了不少费用。4S 店从这些简单的技术升级中获取了巨大的利润，而制造商却很难分得其中一杯羹。利用 OTA 技术，制造商可以通过互联网将新的软件和功能精准推送到车辆，车主通过简单的操作便可以达到复杂技术升级的自我服务。

第二,OTA极大地提高了车辆的性能。利用汽车OTA技术,汽车制造商可以在必要时候为汽车电子系统推送升级包,修复系统故障或者优化系统功能(如提升系统或应用程序的运行速度),实现车辆诊断、远程维护和安全升级等服务。一个典型的案例是特斯拉利用OTA技术为车主提供百公里加速升级服务。2022年6月,特斯拉为搭载4 680电池的Model Y车型推出加速升级包:零百加速从5 s提升至4.2 s。这种通常需要通过调整引擎功率、发动机进气等才能达到的汽车加速升级效果,居然无需任何专业技术人员的现场操作,只要一次OTA升级就能完成。

第三,OTA为汽车制造商增加新的盈利点。以前,当汽车产品售出后,整车制造商很难再从产品的售后上获得利润,售后服务大部分利润被4S店截留。OTA将改变这种状态,在前文提到的特斯拉加速升级服务的案例中,特斯拉为升级包设定了2 000美元解锁费用,从此项服务中获得了不菲的利润。

二、基于5G平台的产品数据服务创新:数据4S店

未来的城市,只会有越来越多的汽车。如何有效地保证出行效率是社会和政府关注的重点城市管理问题。如果能够解决马路上的汽车各行其是的现状,将大大提高城市出行效率。因此,需要发明一个技术体系帮助汽车与汽车之间实现联网通信(V2V),提升汽车之间的协调能力。

在这里,有必要将V2V与OTA进行一个比较区分(如表5.1所示),虽然两者都在强调汽车的联网功能,但是后者更偏向于汽车的在线化。一是在连接对象上,OTA需要汽车与汽车制造商的服务中心联网通信,V2V则在此基础上还进一步要求车与车之间的联网通信。二是在联网的时效上,OTA对汽车时时在线没有明确的要求,通常只需要在软件升级或故障排除

的时候启用联网功能即可。V2V 则要求汽车"永远在线",尤其是在行驶状态下可以与服务中心和同一路线段上的其他车辆联网通信。由此可见,OTA 利用的是 5G 高速度技术优势,V2V 不仅需要 5G 具备高速度,还需要低时延和泛在网,要实现对 5G 的这些技术能力利用,需要 5G 平台的支撑。

表 5.1　OTA 与 V2V 的基本比较

	OTA	V2V
联网对象	汽车与汽车制造商服务中心	汽车与汽车
联网要求	必要时联网	时时在线
5G 的支持	高速度	高速度＋低延时＋泛在网
5G 的关键	5G 技术	5G 平台

产业界对汽车产品创新提出了电动、网联、共享、智能等四大方向。其中网联不仅仅是连接到互联网那么简单,而是要求汽车产品能够在线化,成为一辆"跑在互联网上的汽车",换句话说,在线是网联的最高境界,也只有实现了在线,汽车产品才能成为智能的产品,因为智能需要数据,在线是获取数据途径。而真正有价值的汽车在线,需要一个统一的平台,把各个不同品牌的车都连接在一起。由此可见,OTA 主要是将 5G 作为产品服务化创新的技术,而 V2V 则是将 5G 作为服务化创新的平台。

（一）模式描述

车联网作为未来交通系统重要组织形式,一个非常重要的数据源便是汽车。反过来,数据又是汽车有效组织起来的物质基础。因此建立一个计算平台,有效地处理这些数据是车联网运行的关键,这样的计算平台可以称为数据 4S 店（赵福全等,2020）

数据 4S 店是汽车制造商利用 5G 平台进行服务化创新可以选择的一个典型模式。它是一种以数据为核心,为汽车制造商和车主提供数据管理、分析和服务的平台。类似于传统的汽车4S店，数据4S店致力于为在线化的汽车提供数据相关的服务，包括数据收集、存储、处理、分析和呈现等。

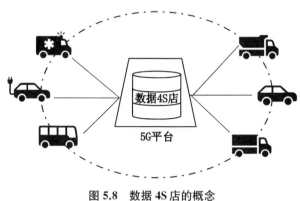

图 5.8　数据 4S 店的概念

(二) 模式展望

随着5G以及汽车网联技术的发展，数据4S店将成为汽车制造商和车主之间数据交流和价值创造的重要平台，成为未来交通系统智能化的重要组成部分。

数据4S店存在两种实现路径。一种路径是每一个汽车制造商分别构建自己的数据4S店，负责处理自己品牌车辆的状态、位置、驾驶行为、环境信息等数据信息，然后将数据上传至车联网大平台。另一种路径是由第三方数据服务商负责建设一个超级数据4S店，所有品牌的汽车统一使用这个超级数据4S店，这条路径不分生产厂商，不分车型，所有在线的车辆，都把数据汇聚到一个平台，汽车制造商投资较少。

以上两种路径的利弊是明显的。第一种路径一方面是保证了车联网的数据需求，另一方面也为汽车制造商保留了一些创新空间，即各个汽车制造商可以根据品牌或车型提供自己的个性化数据增值服务，但是每一个汽车制造商的投资较大，如构建计算中心等。第二种路径通过统一平台实现更广泛的数据共享和分析,能够更好地发挥平台的网络效应,同时也可以降低汽车制造商的投资成本。在第二种路径中,可能会让汽车制造商在某种程度上变成原始设备制造商(OEM),因此而失去了车联网背景下汽车产业的巨大获利空间。对于汽车制造商而言,选择第一种路径更具有战略意义,同时也意味着在5G驱动下,未来的汽车产业竞争异常激烈,因为平台竞争的一个最显著特征是"赢者通吃"。

三、基于5G思维的产品应用服务创新:汽车智能座舱

汽车从最早的艺术品演变成为工业品,如今进一步演变成为不少家庭的生活消费品,汽车座舱是汽车这100多年发展历史的缩影,经历了早期机械座舱,1970年代的电子座舱,以及2010年代的智能助理等主要发展阶段。未来在5G的驱动下,汽车座舱将朝着"人机共驾"和"第四空间"的方向演进。

在汽车发展的初期,座舱完全由各种机械和物理组件构成,这就是机械座舱。它只包含了机械控制元件,如方向盘、离合器、刹车踏板等,机械座舱已经成为历史。从20世纪70年代开始,电子技术全面融入了汽车产品中,汽车座舱内的电子元器件逐步取代了传统的机械元件,如电子手刹、数字仪表板、触控屏幕等。通过电子元件和系统来控制汽车功能使得驾驶更加轻松,电子座舱完全取代了机械座舱。未来,取代电子座舱的将是智能座舱。

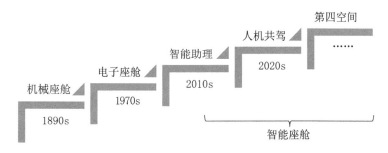

图 5.9　汽车座舱的发展历史与演变趋势

（一）模式描述

智能座舱可以被定义为一项综合的车内创新和升级，旨在提升驾驶或乘车体验。车联网作为物联网的一部分，通过智能座舱将有助于汽车与其他空间的全面互联，将汽车转变为一个"智能移动空间"。这个空间可以满足各种不同的生活场景需求，包括社交、学习办公、订餐、路线规划、旅行决策等。在智能座舱中，驾驶者和乘客可以享受到高级别的互联性。他们可以轻松访问互联网，与社交媒体互动，甚至远程办公，使得汽车不再仅仅是通勤工具，而是生活和工作场景的空间扩展。

智能座舱概念的核心在于将车辆与智能技术、物联网和云计算等技术融合，以提供更加丰富和便捷的服务，是 5G 思维的杰出代表。这一理念不再将汽车视为孤立的产品，而是将其纳入了数字生态系统的一部分，为未来的出行方式开辟了崭新的前景。

（二）模式展望

从 2010 年代开始，3G 和 4G 技术被成熟的商业化应用，汽车作为下一个移动互联网的重要入口被广泛关注，汽车座舱迈向了智能座舱的发展方向。结合 5G 的技术特征以及 6G 技术的预期效果，智能座舱将包含三个主要发展阶段。

第一，智能助理阶段。它是指汽车内置了人机对话系统的驾驶座舱。2010 年以后，汽车产品逐步融入了个人电脑的元素（如支持智能手机与汽车屏幕的互联等），利用 3G 和 4G 等网络可以获取互联网服务，能够理解和响应驾驶员或乘客的语音指令和操作，汽车座舱迈向了智能助理座舱的发展方向。智能助理在帮助驾驶员控制车辆功能、获取导航信息、播放音乐等方面，提供更人性化的驾驶和乘车体验。

第二，人机共驾阶段。它是指驾驶员与车辆自动驾驶系统之间进行合作共同驾驶的汽车座舱。在无人驾驶技术尚未完全成熟的情况下,人机共驾是一种将人类驾驶员和自动驾驶系统结合起来的方式,驾驶员可以在需要时接管车辆的控制。2020 年以后,不少造车新势力开始宣布实验自动或无人驾驶技术,并获得了政府的积极支持,如开放部分路段供自动驾驶实验使用。人机共驾座舱成了这一阶段汽车座舱发展的重点。

第三,第四空间阶段,未来的汽车座舱将是移动生活与工作的空间。智能座舱重点打造是让车主享受线上线下无缝联动体验的空间。如根据车主的需求和城市路况进行出行规划,轻松到达目的地。主动提供订餐服务,满足路上的用餐需求。根据车主的兴趣爱好推送个性化音乐和影视内容,为行程增添乐趣。更重要的是,在车上享受旅途的同时,智能座舱还会贴心地处理一系列工作事务,如自动接收并回复邮件、安排日程和提供视频会议等。

在汽车智能化的趋势中,智能座舱的重要性不言而喻。它不仅为驾驶者和乘客提供了更好的体验,还为汽车制造商和服务提供商创造了更多的差异化商机。

第六节　本章小结

差异化竞争对于汽车制造商来说是关键。差异化竞争战略的核心思想是通过满足用户的需求并提供额外的价值来脱颖而出,不仅降低用户成本还要提升用户的业绩表现,以在市场中获得竞争优势。产品用户可以分为商业用户和个人或家庭用户两大类,两类用户都是汽车产业的重要客户群。在数字经济大背景下,两类用户经常出现相互迁移。不同类型的用户有不同的需求和关注点。商业用户更加重视产品的使用成本,企业需要从成本的角度重构用户价值链,以实施差异化竞争战略;个人或家庭用户更加注重产品的感知价值,需要创造额外的价值来吸引和满足此类用户,以实施差异化竞争战略。了解并满足这些需求将有助于吸引和保留不同类型的用户,提高市场份额和竞争力。

数字化转型在技术、平台和思维三个维度上重构产品用户价值链,反向塑造企业的差异竞争优势。其一,数字技术使企业能够更有效地识别和满足消费者需求。互联网和大数据分析技术的应用允许企业更精确地预测市场需求,挖掘长尾效应,并集成传感器数据以了解产品使用情况,而 5G 技术的普及将使远程监测和数据收集变得更加实用。其二,数字平台的兴起重塑了产业链关系。互联网促进了社交媒体、电子商务和出行服务等平台兴起,改变了消费者的生活方式,引发了产品的销售方式变革,也为产品差异化竞争提供了新的机遇。其三,数字化思维影响企业的产品开发和市场策略。社会的数字化转型促进了用户权力的增强,用户对产品认知发生根本性变化,形成了数字化时代独有的产品思维模式,包括用户思维、极致思维和简约思维,这些思维影响着企业对产品的差异化竞争方式。如用户思维强调用户参与和体验,极致思维要求产品达到最高水平,而简约思维强调简化产品设计以满足用户需求。

5G 为汽车用户价值链的重构提供了丰富机遇,汽车制造商基于 5G 的技术、平台和思维,重新思考产品和服务的定位,以满足不断变化的消费者需求,塑造差异化,在数字经济领域取得成功。一是 5G 技术在汽车销售和售后服务中的应用为汽车制造商改善用户价值链,提高客户体验,并为增值服务创新打开了大门。以特斯拉为代表的造车新势力在数字化服务模式做了有益的探索,展示了如何通过 5G 技术来满足不断变化的消费者需求,提高汽车制造商竞争力的巨大潜力。二是构建5G平台,丰富汽车应用服务软件,不仅可以提供更多汽车的功能和体验,还可以实现个性化定制,满足用户的多样化需求,以适应"软件定义汽车"的趋势变化,在未来的竞争中取得差异化。三是形成5G思维,将汽车演变为与数字生活无缝连接的空间。5G的普及以及移动物联网的崛起,将使汽车成为物联网的一个重要节点,亲近消费者和敏锐捕捉消费者需求的能力变得至关重要。

　　汽车制造商利用5G重构用户价值链,为汽车制造商提供了服务化创新的潜在机会。汽车制造商以车联网为目标路径寻找服务化创新的模式,存在基于5G技术的技术便捷化服务创新、基于5G平台的产品在线化服务创新,以及基于5G思维的产品应用服务创新三种主要模式。汽车OTA(远程升级)、数据4S店(数据管理和分析平台)、汽车智能座舱是这三种模式下的典型代表。

第六章
企业内部价值链重构与
汽车生产服务化创新

数字经济的大背景下，市场竞争日趋激烈，价格竞争尤其突出，免费和补贴等非传统定价模式在互联网上成为常态性策略。价格竞争的关键是要建立成本优势，加强成本管理。

自 1985 年迈克尔·波特教授提出价值链理论（Porter，1985）以来，企业内部价值链分析为成本管理带来了全面视角。本章将致力于将这一理念应用于企业成本管理之中，阐述企业如何利用 5G 技术实现内部价值链重构，塑造成本领先的竞争优势。

第一节　内部价值链与成本优势

成本领先竞争是企业通过提高生产效率和降低成本来获得竞争优势的一种竞争战略。在成本领先竞争的战略下，企业可以将生产成本降到最低，从而以更低的价格提供产品或服务，吸引更多的消费者，从而实现市场份额的扩大。

一、内部价值链

企业经营的目的是将原材料、能源和人力等生产要素转化为产品或服务，并将其推向市场实现盈利，这一过程包含了企业的一系列内部活动环节，如研发、采购、生产、营销和销售等，每个环节都是企业创造价值的有机组成部分，彼此之间存在着紧密的价值联系，形成了价值链（Porter，1985）。

组织的内部生产经营活动可以划分为两大类，即基本活动和辅助活动（Porter，1985）。基本活动是指与产品或服务生产直接相关的活动，包括（原料或零部件）入厂物流、生产、（产品）出厂物流、营销销售和服务等环节，这些活动环节是企业实现产品或服务生产和推广的关键步骤，是企业运营的核心。

辅助活动是指组织为了支持和保证基本活动的顺利进行而开展的活动，通常包括人力资源管理、财务会计、技术研发和供应链管理等。虽然辅助活动不直接参与产品或服务的生产，但是对于企业的长期发展和生产经营的稳定性却至关重要。

基本活动和辅助活动之间是相互支持和协调的关系。企业需要根据市场环境变化，经常性地审视和优化其内部价值链各个环节，确保基本活动和辅助活动之间的衔接和协作。这种企业为了提高生产效率、降低成本、提高产品或服务的质量和竞争力，实现企业长期发展的战略目标，对生产流程、供应链管理、技术和人力资源等生产经营活动环节进行重新审视、优化和整合的组织行为，被称为内部价值链重构，它是组织内部结构的一种战略性调整。

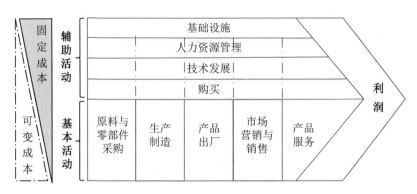

图 6.1 企业内部价值链活动与成本之间的关系

资料来源：改编自 *Competitive Advantage*：*Greating and Sustaining Superior Performance*（Porter，1985）。

二、成本优势

内部价值链重构目的是提高企业的竞争力和市场表现，核心则是降低企业生产成本，提高生产效率。生产效率在现实中可谓是妇孺皆知的概念，却往往缺乏可操作性。即便是在学界，探寻数学方法（如包络分析）为企业估算全要素生产率依然是前沿问题，产业界的管理者对这些方法知之甚少。原因有两点：一是生产效率是一个相对的概念，基准选择不同可能会得出不同的结论。二是生产效率是综合性概念，对其有影响的因素众多，例如生产设备、工人的技能水平、管理能力等，这些因素本身也是难以通过会计科目进行量化的，更不用提准确地检验其对生产效率的作用大小。

生产效率最大化和生产成本最小化在数学上是一个对偶问题。换言之，生产效率最大化问题可以转换为对生产成本最小化的问题得以求解。内部价值链重构的最终目的是塑造企业的成本优势，即以产业中相对更低的成本管理和运营企业，并以此获取更高的利润和市场份额的优势。

企业生产成本可分解为固定成本和可变成本两大类。厂房和设备的折旧,以及管理人员的工资费用等成本是企业在短期内难以改变的成本,被称为固定成本。其他随着在生产过程发生的成本,如原材料、能源、设备维护以及包装等成本是随着产品数量的变化而发生的变化,被称为可变成本。[①]

单位产品中的固定成本和可变成本比重变化具有如下关系。由于固定成本通常不随产品生产数量的增减而发生变化,因此,单一产品的成本中的固定成本的比重会随着产品产量的增加而降低。可变成本伴随着产品生产而发生,这些成本随着产品产量的增加而增加,因此单一产品中的可变成本比重会随着产品产量的增加而增加。

企业内部价值链中的辅助活动发生的成本大部分属于固定成本,基本活动发生的成本则大部分属于可变成本。企业可以从降低两类成本实施成本领先战略,即优化与重构基本活动环节降低可变成本,以及优化与重构辅助活动环节降低固定成本。

基本活动环节是可变成本发生的核心,从内部价值链的基本活动环节着手,通过优化和升级基本活动,可以有效地降低企业的可变成本。在采购环节活动中,企业可以通过建立供应商评价体系、优化采购流程、进行采购成本分析等手段,降低原材料采购成本。在生产环节活动中,企业可以优化生产流程、降低废品率降低生产成本。在销售环节的活动中,企业通过精细化的市场营销策略、建立客户服务体系、优化销售渠道、控制广告成本等手段来实现销售和市场营销成本的降低。在售后服务环节,企业通过建立售后服务网络(包括第三方服务外包)、提供在线帮助、优化客户服务流程等方式降低售后服务的成本。

降低固定成本的侧重点是辅助活动环节。内部价值链的辅助活动发挥

---

① 固定成本和可变成本是基于短期视角划分的,从长期看企业所有的成本都是可以改变的。

着支持性功能,如人力资源管理、财务管理、采购管理、信息技术管理等。这些活动虽然对于企业的生产经营活动至关重要,但是其成本相对固定且难以降低。改变固定成本这种特征的主要方式是发挥规模经济。规模经济是指在一定的生产规模下,单位成本随着产量的增加而逐渐降低的现象,单位产品中固定成本比重下降是实现规模经济的内因。在实践中,企业可以通过扩大生产规模,采用先进的生产技术和设备,以及优化生产流程等手段,实现规模经济效应,从而降低单位成本,提高企业的盈利能力。

规模经济的效应也有其限制。当企业的生产规模达到一定程度后,单位成本的降低效应就会逐渐减弱。此时,企业如果要继续降低成本,就需要通过优化和降低辅助活动的成本,减少不必要的开支,实现整体成本的降低。如精简组织架构,减少管理层级,优化企业流程。在人力成本不断上升的国家下,企业还可以采用先进的数字技术管理工具,提高财务、采购等辅助活动的效率,减少人力成本。

三、内部价值链重构与成本优势

企业获取成本优势的方式主要有两种,一是控制成本驱动因素,二是重构价值链。尽管波特教授已经绞尽脑汁地为产业界罗列出各种成本驱动因素[1],但是随着经营环境的变化,企业成本的影响因素是包罗万象的。企业所处的行业和区域存在着惊人差异,这将导致每个企业的影响因素存在巨大差异,并且有些影响成本的因素也会随着时代变化而发生改变。

可持久成本优势并不是来自价值链中的某一项活动,而是来自多项活动,成功的成本领先者需要从价值链中的多种来源获取成本优势。能够从

---

[1] 分别是规模经济、学习与溢出、生产能力利用模式、联系(包括内部联系+纵向联系)、相互关系、整合、时机选择、自主政策、地理位置和机构因素。

根本上改变企业的成本结构,获取持久性成本优势,更多需要依靠对内部价值链的重构。

　　重构价值链从根本上改变企业的成本结构,同时改变企业的竞争基础,本质上是企业的一种创新行为。在熊彼特创新理论中,创新包括了五个主要方面:(1)引进新产品或提供一种产品的质量突破的产品创新;(2)采用新技术和新生产方法的工艺创新;(3)开辟产品销售新市场的市场创新;(4)开拓或控制原材料或半制成品的一种新的供应来源的供应商创新;(5)实现企业组织的新形式的组织创新。可以发现,除了产品创新①,其他四个方面均直接与企业的内部价值链重构相关。

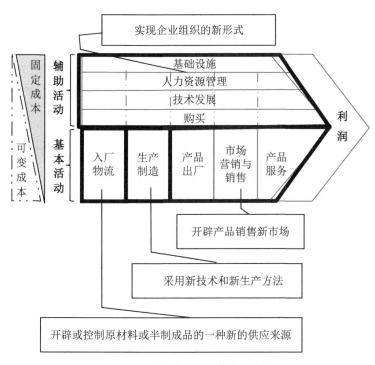

图 6.2　内部价值链重构主要方式

---

① 产品创新是属于用户价值链重构的行为,将在用户价值链重构部分论述。

（1）开拓或控制原材料或半制成品的一种新的供应来源的供应商创新。这是以优化入厂物流环节为目标的价值链重构行为。企业通过引入新的供应方式、采购模式、供应合作关系等，为企业提供生产和运营提供创新性的原材料、零部件甚至是服务或解决方案，从而对企业的价值链进行重构和优化。在全球化时代，供应商可否为企业提供更具创新性和竞争力的供应解决方案对帮助企业降低成本、提高质量、提升生产的灵活性和可靠性表现得越来越关键。

（2）采用新技术和新生产方法。这是一种着力于运营或生产环节优化的价值链重构行为。运营或生产是企业价值链活动的核心环节，它直接涉及产品或服务的实际制造，通过引入新的技术和生产方法，企业可以重新组织和优化其价值链。第一次工业革命所形成的机械化生产技术，第二次工业革命所形成的电气化生产技术，以及现代科技革命所形成的自动化生产技术都对企业的价值链产生了深远的影响，使得企业可以提高生产效率、降低单位产品制造的可变成本。

（3）开辟产品销售新市场的市场创新。这是以优化营销销售环节为目标的价值链重构行为。当企业进入新市场并扩大销售规模时，意味着企业可以通过批量采购、生产和供应链管理等方式降低单位产品的成本，实现规模经济，并在一定程度上优化整个价值链的运作。这种价值链重构会使企业能够更好地适应市场需求的变化，并实现持续的增长和发展。企业通常会直接销售取代间接销售，新建分销渠道以及采用新的广告宣传媒介等方式实现市场创新。

（4）实现企业组织的新形式的组织创新。这是以优化价值链中辅助活动环节为目标的价值链重构行为。价值链中除了基本活动环节，还有许多为主要活动提供支持和服务的辅助活动，这些活动由于不直接产生收入或利润,通常被视为是企业的成本中心,对它们的优化和有效管理同样对企业的盈利能力具有重要影响。对辅助活动环节的优化涉及组织创新,即企业通过引入新的组织形式、管理模式、决策机制等,对企业内部的组织结构和运营方式进行创新和改进。从手工作坊到工厂,到现代企业,再到跨国公司等具有革命性的组织创新与整个产业技术水平相关,通常涉及对传统商业模式和组织结构的颠覆性改变,比较不容易发生。但是微小的组织创新行为在企业内部却经常发生,企业通常会针对特定问题或挑战进行较小规模的创新举措,旨在提高效率、优化流程、改善业务操作等。这些微小的创新行为可能不会引起产业范围的巨大变革,但对企业内部市场的成本效益具有重要意义,并且微小的组织创新的累积叠加,可以形成企业持续创新和改进的动力,也可以为企业未来的发展奠定基础。如 IBM 是一家拥有 100 多年历史的企业,通过不断推行企业组织创新,成功应对了市场变化和技术发展的各种挑战,长期保持行业领先地位。

第二节　数字化与内部价值链重构

内部价值链重构是一种企业自发性行为,但是其驱动力主要来自市场环境因素,如产业技术、市场竞争程度,消费者的需求以及资源的成本等因素的变化。产业技术变革是极为关键的市场环境变量(Porter,1985)。

纵观人类科技发展历史,可以发现重大的内部价值链重构均发生在技术革命时期,从而引发组织变革。第一次工业革命时期,组织的内部价值链重构目标是(生产的)分工,即将生产过程分成多个环节并有效地分配给具有不同的专业化优势的工人完成,从而引发了工厂制度的确立。第二次工业革命时期,内燃机和发动机是一项主要技术,它们有效地支撑着工厂向大规模方向经营,组织内部价值链重构的目标是将分工和专业化的优势从工厂生产延伸到组织的内部管理,提高管理的效率,形成了一种基于专门经理人控制的部门结构的管理体系——职能型组织结构。在现代科技革命时期,自动化控制技术是一项主要生产性技术,促进了柔性生产方式的诞生,内部价值链重构的目标是管理的分权,以便让组织更加灵活地适应快速变化的市场环境,最终形成了下属部门享有高度自主权和灵活性的组织结构——事业部制。

在数字技术变革的当下,以互联网为基础的数字技术逐渐从消费领域向生产领域渗透,尤其是在 5G 技术的支撑下,高速率、低时延和海量连接的泛在网络尤其适合于生产领域的应用场景,数字技术正在逐渐演变为产业通用技术。

一、数字化技术与内部价值链重构

数字技术是有效支撑企业实现信息化、自动化和智能化生产方式的产业技术。在数字技术的帮助下,企业可以进行全面的内部价值链重构。

第一,数字技术有助于使企业生产运营更有效率。数字技术降低了企业运营和生产过程中信息协调、传递和加工的成本(杨蕙馨等,2008),提升各部门传达命令和执行决策的能力。企业利用大数据等技术进行市场调研和经济分析,可以获取更为准确的信息,对市场需求做出相对准确的预判,减少决策的失误(王永进等,2017)。

第二,数字技术有助于使生产运营成本更低。以企业的空间组织成本为例,多地经营的企业利用数字技术构建统一信息协调系统解除了地理空间障碍,优化母公司与子公司或分公司之间的管控模式、业务协同和资源调度。库存成本也是一种重要的空间成本，一直困扰着企业的运营和生产。利用数字技术，企业可以即时了解订货、生产、销售和库存情况（杨惠馨等，2008），完善企业的"即需即供体制"，降低库存成本。

第三，数字技术使得企业对生产要素的组合更加高效。将不同生产要素进行有机结合，生产出多样化的商品，满足消费者的需求是企业的基本功能。资金流、物流和信息流是商业运行中生产要素流动的最基本流量，数字技术有助于企业将资金流和物流转化为信息流，映射到生产中各个环节（罗珉和李亮宇，2015），构成各类资源的互补系统（汪淼军等，2006），有助于生产要素更加紧密结合，消除生产过程的冗余和浪费。

二、数字化平台与内部价值链重构

平台是数字经济的一个显著特点。作为一种有形或无形的载体，平台基于一定的规则，在企业内部、企业间或产业链上下游中利用复用、连接和协同等方式来实现资源优化，产生经济效应。在内部价值链重构中，平台可以作为整合内部业务和流程、提升管理协同、支持数据分析和决策等方面的关键基础设施。

20 世纪 80 年代末，以 ERP 为代表的信息系统平台被广泛地被应用于企业管理，彼得·德鲁克（Peter F. Drucker）曾据此认为信息技术将对企业管理带来深刻的影响，提出"新型组织"的概念，强调以专家为基础的知识管理在企业管理中的重要性。

在互联网等数字平台上，知识管理不再局限于特定的专家，而是每一个个体都可以对知识进行创造、分享、整合、记录、存取和更新，实现了隐性知识与显性知识的群化和内化，使得企业的规划、运营与投资行为从传统主观经验发展成为决策的诊断和理性的权衡。随着越来越多的企业开始利用数字技术,资源开始不断地在数字平台上集聚(王如玉等,2018),数据逐渐演变成一种重要的人造资源(杨善林等,2016),一种关键的生产要素(Jones and Tonetti,2020),促进了企业运营和生产的数字化转型。企业利用数字平台,构建一个与现实生产生活平行的虚拟空间,使得现实世界在虚拟空间中得到逻辑再现(李海舰和陈小勇,2011),数字孪生(digital twin)应运而生,推动企业的运营和生产向智能化演进。

三、数字化思维与内部价值链重构

随着数字技术广泛地普及到地球各个角落,深入生产生活的方方面面,企业的形态、员工工作方式、商业模式等都因数字技术的普及而发生巨大的改变。数字技术的发展和应用改变了企业的管理反映,这种反映经过沉积内化而成为人们思考和解决问题的认识方式或思维结构,即数字化思维。数字技术已经成为新一轮科技革命的时代标志,相应地,数字化思维不单单是个人思维,而是成了客观需要的社会思维,对内部价值链重构形成了重大的影响。

(一) 平等化思维

数字技术的崛起已经彻底改变了传统的组织结构和管理方式。从第一次工业革命开始,组织结构从工厂、企业、集团和跨国公司依次演进,规模不断扩大,但是这些组织结构都是典型的以管理者为核心,通过分工和控制来实现组织的目标的层次化结构,是一种科层制的组织结构模式,其运营方式是垂直的,其管理模式是命令式的。

在数字技术的赋能下,员工的个人力量得到了更多的强化。员工和组织不再是单向的从属和雇佣关系,而是更加平等和合作的关系。组织内部员工对自我管理、自我驱动、相互学习和经验分享的需求不断增加,上下级之间也逐渐从集中控制走向自主式管理。

这些变化促进组织内部的平等化思维的兴起，它要求组织精简管理层次或加速管理层次的角色演变，通过缩短管理链条，扭转员工的"打工者"心态和消除被动工作状态。倡导企业内部的跨部门的沟通与协作，以激发个体在决策和创新方面的潜力。鼓励业务流程再造，减少流程切割和碎片化，提高协同的效率。

（二）开放性思维

随着全球化和互联网的发展，传统封闭的组织结构逐渐变得不再适应现代企业的发展。企业更加倾向于以开放的心态对待外界，积极寻求各种资源的合作和互动，通过开放的方式与外部世界进行交流、合作和共赢，实现企业的可持续发展。以开放思维获得竞争优势的产业案例已是屡见不鲜。比如，在手机业务领域，苹果公司的开放思维使其能够吸引第三方开发者为其 iOS 平台创建各种应用程序，从而为 iPhone 创造了广泛的生态系统，这一策略使其在市场竞争中占据了领先地位，与此形成鲜明对比的是诺基亚公司过于封闭的战略，导致其逐渐失去市场份额。在社交网络领域，脸书（Facebook）采用了开放性思维，允许第三方开发者创建应用程序和整合功能，这使得其社交平台不断壮大，吸引了更多用户。与之相反，Myspace采取了相对封闭的策略，错失了与开发者和用户互动的机会，最终导致其市场地位的下滑。

这些案例表明，在不同产业中，采用开放性思维能够帮助企业获得竞争优势，吸引更多的用户和创新，从而在市场竞争中脱颖而出。在数字经济时代，企业更加需要运用开放的理念和思维来打破传统的封闭模式，使企业更加具有创新性和竞争力。开放思维倡导企业通过开放的方式来获取外部的知识和资源，而不是仅仅依靠内部资源。通过与外部企业、组织或个人进行合作,共同创新和共享价值,从而获得更多的机遇和更强的竞争力的开放思维,其优势在内部价值链的创新活动中体现尤其明显,Chesbrough(2003)据此提出开放式创新(open innovation)的概念,强调企业应该将自身视为一个开放的系统,通过与外界的交流、合作和协同来实施创新,获得更高的创新效率。

(三) 分布式思维

在数字化时代,随着各种数字技术的普及和发展,信息流的去中心化已经是趋势。根据信息流的去中心化范围和方式可以将企业的管理分为三个主要阶段(如图 6.3)。

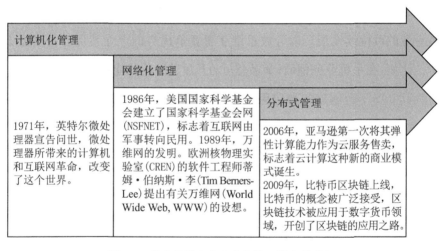

图 6.3 信息流的去中心化与管理的变革进程

第一阶段是计算机化管理阶段,开始于 20 世纪 70 年代,由于英特尔微处理器的问世,计算机进入了微处理器时代,企业的管理呈现出计算机化,企业内部各部门的计算机相互连通构建起来的局域网,使得信息可以在组织内部快速流动。

第二阶段是网络化管理阶段,始于 20 世纪 90 年代,由于互联网开始在民用部门普及,使得信息的流动范围不再局限于组织内部,而是可以跨越组织边界,实现信息对内对外的快速交流。

第三阶段是分布式管理阶段,从 21 世纪 10 年代开始,由于云计算、区块链等数字技术的兴起,信息实现分布式存储和共享,有效地促进了企业与客户、供应商、合作伙伴之间的信息交流和共享,从而更好地应对市场需求。相应地,企业的管理模式也从传统的集中式逐渐向去中心化的模式转变,越来越多的企业开始探索采用扁平化的网络型组织结构来提高组织效率和创新能力。

在信息流去中心化的影响下,网络型组织结构是指将组织内部视为由多个节点(即人员、团队、部门等)组成的网络,节点之间依靠信息技术或数字技术进行连接和协作。与传统垂直层级结构不同,网络型组织结构更加扁平,信息和决策更加去中心化,能够更好地适应快速变化的市场和环境。典型的网络型组织结构包括虚拟组织、平台组织、生态化组织等。

在数字化思维的影响下,越来越多的企业开始转向无边界发展(李海舰等,2014)。这些企业利用数字化思维优化内部组织结构,缓解科层制组织可能导致的内部信息垄断和管理金字塔等现实管理难题(Hamel and Zanini,2018)。打破企业内部纵向和横向层级边界,建立更加扁平化管理体系,实现资源的内部优化;打破企业对外边界,利用众筹、众包、众智等方式解决研发、制造和营运中的技术性或管理性难题(李海舰等,2014),实现资源的全球整合。企业从一个传统的封闭组织转变为互联网时代资源配置的开放平台,对资源的利用更加合理(郭家堂和骆品亮,2016)。

第三节 汽车制造商的内部价值链及其重构

在汽车工业的百年发展史中,大约每隔四十年就会出现一次生产制造革命,这些革命性的变革对整个行业产生了深远的影响。从 20 世纪 10 年代开始,福特引入了流水线生产模式,这一革新使得汽车制造变得更加高效和规模化。在 20 世纪 50 年代,丰田引领了精益生产的潮流,采用"多品种,小批量"的生产方式,大大提高了生产的灵活性和效率。20 世纪 80 年代,大众引入了平台化和模块化的生产模式,使得不同车型之间共享组件和技术,降低了成本并提高了生产效率。每一次的生产制造革命都使领先者在市场竞争中获得了明显的优势,推动了整个汽车行业的发展。

一、汽车制造商内部价值链

(一) 基本活动

入厂物流,是指将汽车零部件和钢板等原材料从供应商处运输到整车制造厂,并分配给相应的生产线的物流过程。汽车是一个集成度极高的复杂产品,普通汽车的零部件为 1 万—2 万个,高端汽车零部件可达 3 万多个,将上万个零部件准确准时地分配给相应生产线,价值链中的入厂物流环节重要性不言而喻。入厂物流可以进一步分为厂外物流和厂内物流两大单元。厂外物流包括供应商的配送和运输,以确保及时供应零部件和原材料到达生产线。厂内物流涉及零部件的运输、储存和分配,以满足生产线上的需求。

整车制造,作为汽车制造商核心的生产活动单元,具体包括冲压、焊接、

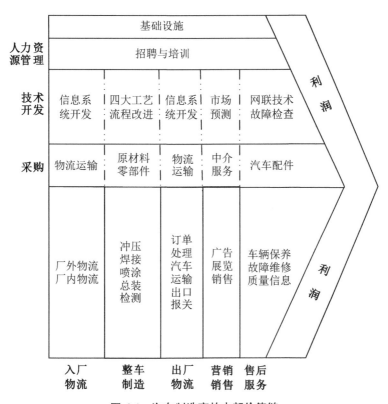

图 6.4　汽车制造商的内部价值链

喷涂、总装和检测五大单元。首先,利用冲压模具对金属板材进行切割、成形和弯曲,制造汽车车身。接着,通过焊接将金属零部件连接在一起,形成汽车的整体结构框架;然后,对汽车车身和零部件涂上涂料以提供外观装饰和保护,提高汽车的美观度和耐久度;再然后,通过车身装配、发动机安装、底盘组装、电气连接等步骤将各个零部件组装成最终的汽车产品;最后,对最终产品进行一系列测试和评估,以确保汽车的质量、性能和安全性达到规定的标准和要求。可以发现,上述五个生产单元相互关联,紧密合作,形成一个完整的生产流程,每个单元的质量和效率都对整车生产的结果有重要影响。

出厂物流，是指将已完成的汽车从制造厂出口并运输到经销商、零售商或最终客户的物流过程。包括出厂计划、车辆装载与运输、交付。如果产品需要出口到其他国家或地区，其中还会包括出口相关业务。与入厂物流一样，出厂物流也需要与其他环节，如生产计划、销售预测和库存管理等进行协调，以实现整体的供应链协同和优化。

营销销售，主要涉及汽车产品的推广和销售等方面。汽车作为一种耐用品，被企业或个人长期持有和使用，具有资产属性。相比于其他产品的购买，企业或个人购买汽车行为相对审慎，制造商通常不惜重金通过广告、宣传活动和品牌合作等手段，提升品牌知名度和认可度，促进销售和提高市场份额。此外，销售渠道管理也是极为关键，由于经销商在销售过程中担任重要角色，负责与潜在买家互动、提供产品信息、进行销售谈判和提供售后服务。有效的渠道管理可以确保经销商具备必要的知识、技能和资源，以提供优质的销售和服务体验。

售后服务，复杂耐用品的售后服务在价值链中的地位相对突出。由于汽车产品的复杂性，车主在使用过程中需要专业的技术支持、维修和保养服务。因此，制造商需要建立完善的售后服务网络，提供及时的技术支持和培训，以满足用户的持续产品使用需求。同时，复杂产品的开发和创新方面需要大量信息，其中用户使用产品反馈信息极为重要，制造商通过售后服务与用户保持长期联系，了解产品在实际使用中的表现和问题，并及时做出相应的改进和调整。这种信息反馈有助于提高产品的竞争力和市场适应性。

(二) 辅助活动

采购。主要汽车制造商集团在战略选择均采取了全产业链模式确保供应链的可靠性、质量控制和成本效益，但是仍然需要从外部采购许多零部件、原材料和服务。一是汽车制造是一个高度专业化的领域，涉及大量的零部件和技术,整车制造商的核心竞争力更加体现为系统集成能力,拥有丰富经验的供应商(如博世等)在零部件生产上更为专业。二是全球为数不多的汽车制造集团依然形成了激烈的市场竞争,通过采购活动可以发挥零部件生产的规模经济,可以更加有效地降低成本。三是汽车制造商通过与供应商的合作,进行技术创新和开发,可以共同分摊研发成本和分担研发风险。由此可见,有效的采购管理,可以帮助汽车制造商获得成本优势、高品质的零部件和材料以及控制技术风险,从而提升企业的竞争力和业绩。

技术开发。价值链理论中技术开发是一个内涵广泛的辅助活动,它包括传统的产品研究与开发(research and development,简称 R&D)活动,同时还包括其他创新行为,如入厂物流的优化,业务流程再造,等等。在汽车产业中,技术开发包括汽车制造商开发新产品、新工艺和新技术,同时也包括推动的业务流程再造的一系列技术开发行为,如 C3P 技术应用(CAD、CAE、CAM、PDM)。

人力资源管理。汽车制造是一个技术和知识密集型产业,对人才的技术要求较高,人力资源管理需要招聘、培训和发展高素质的工程师和技术人员,以满足不断变化和进步的制造技术需求。汽车制造涉及大量的机械设备和生产线,人力资源管理还需要关注职业安全和健康,制定相关政策和程序,确保员工的健康与安全。此外,汽车产品技术具有复杂性,需要通过人力资源管理有效地促进良好的团队协作和沟通,以实现高效的生产和协调各个环节。

企业基础设施,是为其他价值链活动提供支持和保障的企业内部支持功能活动。与大部分产业的企业相同,汽车制造业企业的基础设施包括管理、财务、会计、法律、公共关系等单元。汽车制造是一个高度复杂的过程,涉及多个工序和组装步骤,质量管理是汽车制造商价值链基础设施活动中关键单元,完善的质量管理体系和持续改进机制是汽车制造企业竞争优势的一个重要来源。

汽车制造业从诞生那一刻起,质量管理便是重点之一。在手工作坊制造汽车年代,汽车质量依赖工匠的经验和技巧,质量控制主要依靠人工检查和修正。20世纪初,福特发明流水线生产将汽车制造带入大规模生产时代,制定规范和标准、抽样检验和纠正措施等质量控制方法开始被引入到汽车制造中。20世纪50年代,以丰田为代表的日本汽车制造业提出了精益生产理念,积极提倡以全面质量管理思想指导生产和进行质量控制,精益生产的概念日益同质量管理紧密结合,并被其他产业所效仿,ISO9001《质量管理体系要求》和ISO9004《质量管理体系业绩改进指南》都吸收了精益生产的基本理念和要求。

二、汽车制造商对内部价值链重构的方式

汽车产业的发展历史非常悠久,它在20世纪初崭露头角,并迅速成长成为工业的关键部门之一。随着工业化的进展和各种技术发明和诞生,汽车制造商不断重构内部价值链以适应市场需求和技术进步,同时也为其他制造业的发展提供了借鉴。

(一)基于业务流程优化的重构

在汽车工业的发展过程中,众多工艺流程的创新不仅改变了汽车制造的方式和效率,也为其他制造业提供了借鉴和启示,对整个制造业的发展和演变产生了深远的影响。其中典型的是"流水线""准时化+自働化"以及"平台化+模块化"。

一是利用"流水线"从生产规模化中获得成本优势。汽车制造商福特通过采用流水线工作方式,成功地实现了大规模、高效率的汽车制造。流水线

生产通过将生产过程分解为一系列独立的工序,并将产品在不同工人之间流动,以达到高效的生产目标。由于大规模生产,制造商可以实现规模经济效益,降低了单位产品的制造成本,表现出了显著的成本优势。

二是利用"准时化＋自働化"从生产精益化中获得成本优势。面对大规模生产带来的产品和零部件的高库存和资源浪费问题,汽车制造商丰田公司构建了精益生产体系,旨在通过优化生产过程消除浪费,实现用最少的投入降低生产的成本。准时化和自働化是精益生产体系的两大支柱。准时化强调按需生产,避免库存浪费;自働化强调工人不是机器的看守人,机器的自动化技术与人的能动性要相互配合,以此提高生产效率。精益生产虽然发源于汽车制造业,却被广泛应用于各种制造业企业,帮助它们降低成本,是工业界极为推崇的一种生产组织体系。

三是利用"平台化＋模块化"从生产标准化中获得成本优势。为了进一步发挥大规模制造带来的成本节约优势,同时兼顾消费者对产品的不同需求,"平台化＋模块化"在汽车产业率先得到应用,大众汽车是这种模式的最主要倡导者和践行者,这与该公司在全球年销量近千万辆汽车的规模密切相关。平台化是一种在汽车设计和制造中采用共享平台策略的方法。汽车平台包括底盘、发动机、电气系统等核心部分,以及可个性化定制的外观和功能特征。通过平台共享,汽车制造商能够在短时间内开发出多个车型,降低研发时间和成本。模块化是一种将整车或其组成部分进行模块化设计和制造的方法。这意味着将汽车的各种部件和系统划分为独立的模块,这些模块具有标准化、可互换和可组装的特性,使得不同型号的汽车可以共享相同的模块,从而降低了制造成本,并简化售后服务。"平台化＋模块化"进一步提升了组件和技术的标准化,显著降低了汽车研发和生产的成本。

（二）基于组织结构优化的重构

通过引入新的组织结构、管理方式和工作模式，重新设计和优化企业内部的运营和管理方式，以适应市场的需求和技术的发展，被认为是企业组织的创新行为。这些行为一个最大的影响是改变了价值链内部联系关系，尤其是辅助活动与主要活动的关系。

福特公司开创了现代汽车制造的先河，建立了以流水线为核心的组织结构——福特工厂管理模式。工厂管理模式非常强调分工的作用，却忽视了价值链的内部联系，因此在工厂组织结构中各个活动之间的联系非常薄弱，每个环节的工人只专注于自己的任务，他们的工作与其他环节的工作并不直接相关。

通用公司和丰田公司从组织结构创新上对福特工厂管理模式进行了反思和改进。通用公司采用了更综合和多元化的组织结果，强调业务单元和职能部门之间协作和整合的重要性。如技术开发活动需要与生产部门密切合作，以确保产品设计的可制造性和生产效率。技术开发部门还需要与营销销售活动以及服务活动的部门建立联系，以了解市场需求并进行产品创新。

丰田的组织结构强调不同职能部门的员工在项目中密切合作，分享信息和资源，共同解决问题和实现目标。这种跨功能协作促进了组织内部的流程整合和协同工作，提高了生产效率和质量。

汽车产业的管理模式逐渐从福特的工厂管理转向更加综合和多元化的通用管理和丰田管理模式。这一演进过程反映了汽车产业对于提高生产效率、适应市场变化和全球化竞争的需求，以及不断发展的管理理念和实践。

第四节　5G 驱动下的汽车制造商内部价值链重构

汽车制造商利用 5G,可以从技术、平台和思维三个维度展开内部价值链重构,从而形成更高效、更灵活、更智能、更个性化的汽车制造和业务运营方式,满足不断变化的市场需求,提高竞争力,推动汽车产业的数字化转型。

一、基于 5G 技术的汽车制造商内部价值链重构

传统汽车工厂以人为核心来建立和组织生产线,机器通常只负责执行某些适合的任务。然而,现今的汽车工厂已经发生根本性的变化,它们以机器为核心,高度智能化和自动化已经成为这些工厂的重要特点之一。5G 技术在这个变革中扮演了关键的角色,通过强连接、高速率和低延迟等技术优势,助力于无人工厂的运营,实现更高的效率、更低的成本,并促进融合创新和精细管理。这种技术的融入为汽车制造带来了内部价值链重构新的机遇和竞争优势。

第一,5G 技术与汽车制造的各个环节实现深度融合,以提高效率和生产质量。5G 被全面应用于工厂的生产与制造,推动汽车制造变得更加高效。这种提升生产效率的方式主要得益于 5G 技术的高速传输和低延迟特性,这使得实时数据传输和远程控制成为可能,比如在需要多台机器人协同工作的环节,如冲压、焊接、喷涂和总装等,通过 5G 网络和 PLC 控制系统,使机器人和自动化设备能够更快速地响应和执行任务,从而提高了整体生产效率。

第二,借助 5G 技术,一系列措施将被采取以减少资源浪费,降低运营成

本。一是5G与线边物流的结合。通过连接线边物料供应和仓储管理,实现定时、定点、定量的物料供应,降低生产延误和物料缺失的情况,可以减少不必要的停工和资源浪费。二是5G技术减少了对人力的依赖。机器人和自动化设备在5G的支持下变得更加独立和智能化,从而减少了对人工劳动力的需求,降低了劳动力成本。三是5G技术还通过实时监测和预测性维护减少了设备故障和停机时间,提高了生产的连续性。工业设备、摄像头、传感器等通过5G网络连接到云平台,设备的运行状态可以得到实时监测,设备状态的监测和维护成本得到了降低,确保了生产过程的连续性和安全性,减少了停机损失。

第三,发挥5G融合技术优势,改善生产过程,为工厂带来更多的智能化和自动化机会。5G技术可以与人工智能、物联网、大数据等技术相结合,推动工厂的数字化转型。基于5G技术,将云计算、物联网、AI、大数据、区块链等新一代数字技术应用于汽车制造领域,提升汽车产业的"云网边端"一体化能力,充分发挥技术融合的"乘数效应",创造更多的新应用、新业态、新模式,促进传统汽车制造转型升级。

第四,通过5G技术实现对工厂的精细管理,有助于消除各类生产安全隐患。5G在提升制造业安全性方面发挥了关键作用,包括监测和管理生产过程中的潜在风险,以确保工作环境和产品的安全性,这对于需要高度精确和安全的汽车制造领域极为关键。

二、基于5G平台的汽车制造商内部价值链重构

5G发展的核心任务之一是在生产端打造各种数字化平台。通过平台汇聚内外部资源,赋能行业用户数字化转型。汽车产业正在经历数字化浪潮,业务和客户数据呈现大幅增加的趋势,为更迅速、更准确的商业决策提

供了坚实基础。新业务迅猛扩张和传统业务的数字化程度上升，也对汽车企业传统的决策和管理方式提出了新挑战。汽车制造商开始意识到采取创新的平台战略来重新组织和优化内部的生产和业务流程以适应日益数字化的市场需求和技术变革的重要性。

第一，利用5G平台破解业务运作流程的固化。随着数字技术的兴起，客户个性化需求愈加凸显，汽车制造作为一个历史悠久的产业，企业内部的部门通常拥有相对完善的线性业务流程，这种传统的流程和决策通常只对直接下游环节负责，大部分生产环节缺乏与客户的沟通，难以适应新的数字化环境和客户需求的变化。因此需要汽车制造商打破传统业务运作流程的固化，建立起新的业务运作流程体系，以便各环节均能与客户直接互动，提供更多的数字化服务和支持。平台的双边或多边特征可以实现一边支持各个部门之间的密切协同合作，另一边与客户相连，识别和满足客户需求，形成各个环节均以客户为中心的模式转型，这包括销售、营销、客户支持、研发、生产等各个环节。

第二，利用5G平台破解管理信息系统的老化。汽车企业需要在信息系统中实现数据的闭环，以便更好地支持业务的持续提升。汽车制造业是较早践行自动化生产的产业，许多汽车制造商早在20世纪70年代便开始建设管理信息系统，但是这些系统主要是以支持业务流程流转而建立，显然无法实现数据闭环，导致新的结果数据难以快速回收，对问题的再定位和发现的支持不够。因此，汽车制造商需要借助5G平台，实现更灵活的系统开发和更新，提高信息系统的适应性和反应速度，从而更好地支持业务的数字化转型。

第三，利用5G平台破解管理组织层级的僵化。传统的汽车制造企业通常采用分层、部门化的管理结构，不同部门之间信息共享有限，决策层级较多,决策过程相对缓慢。这种结构在应对市场需求的迅速变化时常常显得不够灵活。使用 5G 平台消除部门之间的信息孤岛,促进跨部门的信息共享和协作,帮助中层管理者更迅速地获取市场趋势和客户反馈,从而能够更敏捷地调整业务策略和产品规划。

三、基于 5G 思维的汽车制造商内部价值链重构

传统汽车产业是典型的"生产者驱动型"生产模式,即制造商根据有限的市场需求信息进行预测,生产一定数量的汽车将其推向市场。在这种模式中,制造商面临技术和市场双重风险,为了降低风险,在生产过程中制造商普遍采取了标准化制造方式以确保大规模生产的效率和经济性。20 世纪 50 年代,日本汽车制造商开始探索汽车制造模式的改进,并形成了"订单驱动型"的精益生产模式,较好地解决了制造商的库存风险问题,不过汽车作为标准化的产品结构并没有得到实质性改变。无论是"生产者驱动型"生产模式还是"订单驱动型"生产模式,产品的设计和制造还都是由制造商单方面决定,消费者的需求只是作为参考。

图 6.5　汽车制造模式的演变

虽然,汽车制造商早已意识到必须更加关注消费者需求,以提供更具吸引力和有竞争力的产品,但是,产业技术始终无法很好地支撑汽车制造模式的变革。5G 的普及将会深化互联网的覆盖,为汽车制造商利用 5G 探索根据消费者的需求和选择生产特定的汽车配置的定制化生产方式提供可能。

这种具有革命性的生产模式被称为"消费者驱动型"生产模式。

"消费者驱动型"生产模式,强调以消费者为中心,将消费者需求和偏好置于产品设计和制造的核心位置,制造商致力于提供个性化的产品选择和定制化的服务,以满足消费者的多样化需求。在"消费者驱动型"生产模式中,消费者将被"邀请"全方位地参与汽车生产过程。在汽车制造的研发设计环节,消费者可以参与产品的研发和设计阶段,提供他们的意见、需求和建议;制造商可以通过市场调研、焦点小组讨论、用户测试等方式与消费者进行互动,了解他们的偏好和期望,从而设计出更适合市场需求的产品。

在整车制造环节,消费者可以参与到产品的制造过程中,如选择产品的特性、配置和定制选项等。制造商可以提供个性化定制的选择,让消费者根据自己的需求和喜好来定制产品,增加产品的价值和满意度。

在营销和销售环节,消费者通过提供口碑推荐、参与社交媒体讨论、分享产品体验等。制造商可以通过与消费者的互动和参与,建立更紧密的关系,增加产品的曝光度和销售机会。

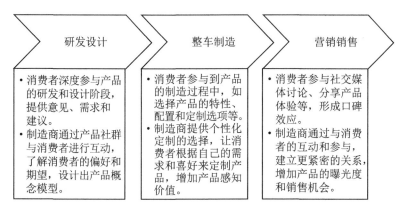

图 6.6 "消费者驱动型"汽车制造模式

第五节　5G 驱动下的汽车生产服务化模式创新

5G 将推动汽车制造向更智能、高效和满足多样化需求的方向发展。基于 5G 驱动的内部价值链重构下的服务化创新模式为汽车制造商带来了更大的灵活性、效率和柔性化生产的选择。本节将具体介绍 C2B、汽车中台和 C2M 三种典型的服务模式创新。

C2B 模式是一种基于 5G 技术的标准化定制服务创新。C2B 将消费者置于汽车定制的中心。传统汽车制造通常限制了车型配置的选择，但 C2B 模式通过互联网和 5G 技术，允许消费者更灵活地选择、配置和购买个性化的汽车产品。这符合长尾经济的理念，使得更多消费者可以找到符合其需求的汽车。5G 技术的高速连接和低延迟为实现这一目标提供了支持，消费者可以直接与制造商进行互动和定制。

汽车中台是一种基于 5G 平台的协同制造服务创新。基于 5G 构建的汽车中台，使得数据在各环节之间更容易共享，帮助制造商更好地监控生产过程、优化生产计划，以及提供智能制造和工业互联网服务。汽车中台提供了标准化接口、共享数据和协同工作流程，整合汽车产业链上的各种资源和功能，促进了不同参与方之间的协作和合作，以提高生产效率、产品质量和供应链管理。

C2M 是一种基于 5G 思维的个性化需求服务创新。这种模式通过数字技术和互联网平台，将消费者深度融入产品的制造过程，实现更高程度的个性化定制。消费者可以直接参与产品设计、配置和制造，从而满足其多样化的需求。C2M 模式代表了汽车产业向个性化和智能化方向的发展趋势，提

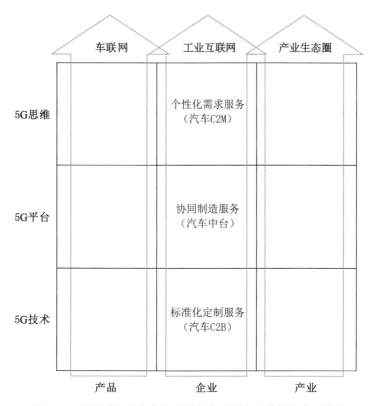

图 6.7　5G 驱动下的汽车生产服务化创新方向选择及典型模式

高了生产的灵活性和效率,有望满足不断增长的个性化需求。

一、基于 5G 技术的标准化定制服务创新:汽车 C2B

传统汽车通常由汽车制造商定义高配、中配和低配等车型配置,这限制了消费者的选择机会和条件。成本显然是汽车制造商实施这种车型配置策略主要考虑因素。一是规模经济因素,汽车制造涉及大量的资本投入、复杂的供应链管理和高度专业化的生产设备,是一个极其强调规模经济的产业,在传统工业经济中,销售额主要集中在少数热门产品或服务上,而较冷门的产品或服务销售额相对较低,难以实现规模经济。二是空间展示成本,对于很多消费者汽车的意义超越了普通消费品的范畴,它既是一种消费品,也是一种具有资产和实用性的重要物品,这种综合性的意义使得许多消费者购买上更倾向于到 4S 店做全方位的体验,实体 4S 店由于空间和成本的限制,往往只能提供有限的产品展示,过多的车型势必增加空间成本。三是营销成本,不同车型具有不同的目标客户,虽然传统媒体通常具有相对固定的读者、观众和听众群体类型,但是依然无法像个性化数字媒体那样进行精确的受众定位,在媒体能力有限的背景下,制造商提供更多的车型势必会增加营销的成本。

(一) 模式描述

随着互联网的兴起,传统经济的小众产品在互联网平台上被称为长尾产品。在互联网平台上,虽然个别产品或服务的销量可能较低,但是由于市场规模庞大,这些传统长尾产品或服务的总销量仍然可观,这为长尾经济这种新模式提供了条件。由于不受物理时空的限制,互联网使得消费者可以更容易地找到和购买他们感兴趣的长尾产品,而生产商也可以更容易地将这些长尾产品推向市场。在此背景下,一种基于定制化理念,为客户提供更丰富选择的 C2B 模式悄然兴起。

在汽车产业,制造商已经意识到了从传统的以车企为中心、用户被动接受的 B2C 模式,转向以用户为中心、主动定义产品的 C2B 模式的重要性。这种转变对于汽车产业来说,带来的影响远不止个性化定制,而是在汽车产业中的一次重大服务创新。

(二) 模式展望

C2B 定制的不只是产品,更多的是服务,即制造商给用户在购车前、购车中以及购车后提供更好的服务体验。通过 C2B 服务,汽车制造商可以更好地理解消费者需求,提供产品或服务的需求定制,增强用户满意度和忠诚度。

购车之前的定制化推荐。C2B通过在线平台和应用程序提供个性化的购车建议和信息。消费者可以根据自己的需求和偏好，通过平台获取有关汽车型号、配置、价格、用户评价等相关信息，并进行比较和选择。

购车过程中的人性化选配。C2B可以让消费者通过在线预约试驾、定制汽车配置、选择购车方式等，根据自己的需求和偏好进行个性化购车服务。此外汽车制造商还可以基于虚拟现实（VR）和增强现实（AR）技术，让消费者在虚拟环境中亲身体验自己所定制的汽车配置。

购车之后的个性化服务。C2B服务可以提供个性化的售后服务和支持。消费者可以通过在线平台或应用程序获取汽车保养、维修和保险等相关信息，并进行个性化的预约和服务安排。此外，汽车制造商也可以提供远程诊断和车辆健康监测功能，通过车辆数据和智能技术，实时监测车辆状态，提供个性化的故障诊断和维修建议。

二、基于5G平台的协同制造服务创新：汽车中台

未来的制造业将呈现出平台化的趋势，这意味着大部分生产环节都将建立在平台上。为了确保这些不同的平台能够协同工作，必须对业务、数据和技术进行抽象，以消除它们之间的壁垒。

在这个背景下，中台的概念应运而生。中台通过对业务、数据和技术的抽象，实现了服务能力的复用，从而构建了企业级的服务能力。有了中台，企业能够迅速构建面向最终消费者和客户的前台应用程序，以满足各种个性化特征的前台需求，为数字化转型提供重要的支持和明确的路径选择。

（一）模式描述

事实上，中台是一种协同制造服务模式，该模式将不同参与方整合在一起，共同协作完成生产任务。具体到汽车产业，中台集成了各种资源和功能

的平台,促进汽车制造商、供应商、合作伙伴和服务提供商之间的紧密协作。中台通过提供标准化的接口、共享的数据和协同的工作流程,使各参与方能够高效地进行协同设计、协同制造和协同交付。

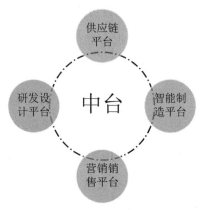

图 6.8　中台模式

(二) 模式展望

作为一种协同制造服务模式,汽车中台通过整合参与方的资源和功能,提供数据共享和协同工作的平台,促进了汽车产业链上各环节之间的紧密合作和高效协同,为汽车制造和服务提供了更加智能和高效的解决方案。

在汽车中台模式下,不同参与方可以通过共享数据和信息,实现更紧密的协作。例如,汽车制造商可以将产品设计和规格信息传达给供应商,供应商可以根据这些信息进行零部件的生产和供应。同时,供应商也可以将生产进度和质量数据反馈给汽车制造商,以便及时调整和改进。汽车中台还可以支持智能制造和工业互联网的实现。通过在中台上集成传感器、物联网设备和人工智能技术,可以实现车间的自动化监控和数据采集。这样的实时数据可以帮助参与方进行生产计划的优化、质量控制的改进和供应链的协同管理。

除了生产环节,汽车中台还可以扩展到售后服务和车辆管理领域。通过连接车辆和云端平台,汽车制造商和服务提供商可以实时获取车辆的运行数据、故障诊断信息和维修历史，以提供更精准的售后服务和管理支持。

三、基于 5G 思维的个性化需求服务创新：汽车 C2M

随着数字技术的支持以及成熟应用，满足小众消费者的个性化需求和挖掘消费者更深层次的消费成为制造商的新目标。电商平台（如亚马逊，淘宝网）较早注意到"尾部"消费者的商业价值，在与传统零售渠道竞争中采取了"满足'尾部'消费者"的竞争策略并获得巨大的成功，随即提出以由用户驱动生产的反向生产模式来实行产品的个性化制造的新模式（C2M），引起了制造商的强烈共鸣。

（一）模式描述

C2M，全称"从消费者到生产者"（customer to manufacturer）。C2M 模式的基本运营方式是平台利用互联网等数字技术，收集消费者多样化需求信息，展开"消费者画像"，同时结合生产条件，将需求市场进行进一步细分，并将信息反馈给制造者生成订单，制造商根据订单随即展开产品的生产。

在此过程中，用户深度参与产品的制造过程被认为是 C2M 模式的"核心"。未来，在 5G 技术的支持下，通过产品工业互联网平台，消费者可以更加直接地参与产品的制造过程，实现个性化程度更高的产品定制。

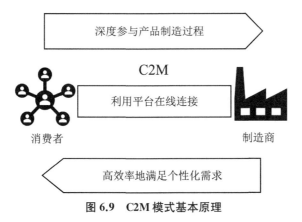

图 6.9　C2M 模式基本原理

（二）模式展望

5G 的商业化运营至今,汽车制造商已经开始试水适合于个性化定制的 C2M 制造模式,通过各种中台,用户可以对汽车的外观(轮毂、方向盘等)、动力、娱乐、影音、舒适性配置等进行一定的参数调整。如中国汽车制造商的新势力岚图,将自身定义为"用户型科技企业",极力打造个性化定制生态,推出了"前装"+"后装"的汽车定制服务,即采用"前装"方式解决好用户共性需求,然后利用"后装"实现对每位用户的个性化需求的满足。

近期看,C2M 对汽车产业的一个改善是库存成本与消费者需求之间的平衡。汽车产业向来注重库存成本的控制,库存控制给消费者购车体验带来了不少困扰,如对于热门车型,购车合同签订付款后可能还需要等待较长时间才能提车,等待时间过长。甚至这也给不少 4S 店提供了钻空子的机会(如明目张胆地要求消费者加钱缩短提车周期);对于普通车型,消费者也担心购买到库存车的问题。[①]C2M 模式的一个显著优势是可以实现产品低库存。C2M 的起点是消费者需求的发起,因此提前预测市场需求周期波动。

中期看,C2M 可以帮助汽车制造商解决好生产资源不匹配、生产计划执行率低等问题。制造商依据历史数据和经验来制定排产计划的传统生产模式,正面临着消费者个性化需求不断放大的挑战,当消费者逐步养成了产品个性化定制的消费习惯后,历史数据和经验将会越来越无法反映当下的需求与市场变化,工艺流程不确定性和供应链协同响应难度均会加大。传统汽车公司已经着手改造现有产线,传统汽车制造商吉利公司选择与互联网企业腾讯开展共研 C2M 套件战略合作。而对于缺乏产业的历史数据和

---

① 在汽车销售行业,车辆从出厂到卖到客户手上六个月以上为库存车,库存车可能存在油液、电子元件、电瓶、橡胶密封件和轮胎等因为长时间停放,并且没有得到周期性检测和维护,出现受潮老化等问题。

经验的造车新势力,C2M 模式可以帮助车企把握市场需求,分配生产设备利用率。

长期看,C2M 则可以帮助汽车制造商实现"用户定义汽车"的造车愿景。在汽车产业,时下最为普遍的看法是"软件定义汽车"(software defined vehicles,SDV)。软件定义汽车是指汽车制造商在模块化和通用硬件基础上,利用数字技术为核心的软件技术帮助用户实现汽车性能的个性化定制。如 2021 年,特斯拉公司对该公司的 Model 3 长续航全轮驱动版车型推出加速提升包服务(全名为"Acceleration Boost"动力性能加速升级包),该升级包软件价格为 1.41 万元(人民币),实现升级的车辆的百公里加速从原先的 4.6 秒提升到 4.1 秒。软件定义汽车的本质是满足用户的个性化需求,其最终目的还是为了实现"用户定义汽车"。未来,在 5G 的支撑下,甚至在 6G 等进一步驱动下,汽车产业的工业互联网会更加迅速普及,产业链上下游均可与消费者点对点的连接,利用 C2M 实现"千人一车"到"千人千车"的制造模式转型指日可待。

第六节　本章小结

内部价值链重构是一种创新行为,包括开辟新的供应来源、采用新技术、拓展市场和改进组织结构等重构方式。企业通过优化内部价值链活动和重构组织结构,降低生产成本,提高竞争力,实现成本优势。企业的内部价值链是将生产要素转化为产品或服务并推向市场以盈利的一系列内部活动。这包括基本活动和辅助活动,它们相互支持并形成了紧密的价值链。优化基本活动可降低产品的可变成本,如采购成本、生产成本和销售成本。

优化辅助活动可降低固定成本,如人力资源管理、财务管理和信息技术管理等成本。

数字化转型通过技术、平台和思维三个维度推动企业内部价值链重构,帮助企业更好地适应数字经济时代的需求,提高成本领先战略优势。数字技术在内部价值链重构中扮演重要角色,可以提高生产运营效率、降低成本,通过大数据分析等方式改善决策过程,有助于优化生产要素的组合。数字平台在内部价值链重构中起关键作用,可以支持业务流程的整合、管理协同、数据分析和决策,帮助企业与外部世界更好地互动和合作,实现资源优化。数字化思维是一种新的管理反应方式,受数字技术发展的影响,平等性、开放性和分布式等思维也在企业员工中流行,要求组织内部采取平等化、开放性和分布式管理,以适应快速变化的市场和信息流去中心化的趋势。

汽车制造商的内部价值链是一个庞大而复杂的体系,需要高效的协作和管理,以满足市场需求,提高生产效率,并确保产品质量和客户满意度。汽车制造业的不断演进和创新为整个制造业领域树立了榜样,推动了整个制造业更广泛的生产优化和组织创新。汽车制造商典型的内部价值链的重构有两种。一是基于业务流程优化的重构。福特引领了流水线制造的革命,将汽车制造变得更加高效和规模化,流水线制造将生产过程分解为独立的工序,通过大规模生产降低制造成本;丰田推动了精益生产,通过准时化和自働化来消除浪费,提高生产效率,降低成本;大众采用了平台化和模块化的生产方式,共享核心平台和模块,以降低研发和制造成本,同时满足不同市场需求。二是基于组织结构优化的重构。福特创造了流水线制造,建立了以生产分工为核心的工厂管理模式;通用公司建立了以管理分工为核心事业部制,采用了更多元化的组织结构,强调协作和整合,以满足市场需求。丰田强调跨功能协作，不同部门的员工在项目中密切合作，共享资源和信息，促进了内部流程整合，提高了效率和质量。两种重构使汽车制造商能够适应市场需求的变化，提高生产效率，降低成本，在全球市场竞争中保持竞争优势。这些重构对其他制造业也产生了深远的影响，许多制造业借鉴了汽车产业的最佳实践来提高其自身的生产和管理效率。

5G技术重构了汽车制造商的内部价值链，以提高效率、降低成本并推动创新和管理的精细化。5G的高速传输和低延迟特性允许汽车制造商将其应用于生产和制造的各个环节，包括冲压、焊接、喷涂和总装等。通过5G网络和PLC控制系统，机器人和自动化设备能够更快速地响应和执行任务，提高整体生产效率和产品质量。5G技术与线边物流的结合使物料供应和仓储管理更加高效。定时、定点和定量的物料供应减少了生产延误和物料缺失，从而降低了停工和资源浪费。此外，机器人和自动化设备在5G的支持下变得更加智能，减少了对人力的依赖，降低了劳动力成本。实时监测和预测性维护通过降低设备故障和停机时间，提高了生产的连续性。5G技术与人工智能、物联网、大数据等技术相结合，推动了汽车工厂的数字化转型。新一代数字技术如云计算、物联网、人工智能等被应用于汽车制造，提升了汽车产业的数字化能力，创造了新的应用、业态和模式，推动了传统汽车制造的升级。5G对于汽车制造的安全性提升也有显著作用，利用5G监测和管理生产过程中的潜在风险，确保工作环境和产品的安全性。

利用5G平台来重新组织和优化汽车制造商的内部生产和业务流程，以适应数字化市场需求和技术变革。一是打破业务运作流程的固化。随着客户个性化需求的增加，传统的线性业务流程已经显得不够灵活。5G平台可以帮助汽车制造商打破这种固化，建立新的业务运作流程，使各个环节能够与客户直接互动，提供数字化服务和支持。平台的多边特征可以促进各部门之间的协同合作,并将客户置于核心地位。二是打破管理信息系统的老化。汽车企业需要在信息系统中实现数据的闭环,以支持持续的业务改进。5G平台可以提供更灵活的系统开发和更新,提高信息系统的适应性和反应速度,以更好地支持数字化转型。三是解除管理组织层级的僵化。传统的分层、部门化管理结构可能导致信息孤岛和决策缓慢。5G平台可以促进跨部门的信息共享和协作,使中层管理者更容易获取市场趋势和客户反馈,从而更灵活地调整业务策略和产品规划。

5G思维带来了生产模式的变革。传统汽车制造业为典型的"生产者驱动型"生产模式,基本运行模式是制造商根据有限的市场需求信息进行生产,采用标准化制造方式,这种模式在数字化时代存在着技术和市场风险双重挑战。5G促进互联网的更深入覆盖,为制造商提供了根据消费者需求进行定制生产的可能性,形成了"消费者驱动型"生产模式。在"消费者驱动型"生产模式中,消费者可以参与产品的研发、设计、制造和定制,使产品更适应市场需求。消费者通过提供口碑推荐、社交媒体互动等方式参与产品的营销和销售。

利用5G汽车制造商可以实施三种服务化创新模式,即基于5G技术的标准化定制服务创新、基于5G平台的协同制造服务创新和基于5G思维的个性化需求服务创新。基于5G技术的C2B模式正在改变传统汽车产业,实现标准化定制服务创新。传统车型配置受制造商限制,而C2B模式以消费者为中心,提供更多选择。这种模式借助互联网的长尾经济思想,让消费者更容易找到并购买个性化的汽车产品。基于5G平台的汽车中台模式正在推动汽车产业实现协同制造服务创新。这个模式通过整合各方资源和功能,促进了汽车制造商、供应商、合作伙伴和服务提供商之间的协作和合作。它提供标准化接口、共享数据和协同工作流程,以高效完成协同设计、协同制造和协同交付任务。汽车中台模式有望加强汽车产业链上各环节之间的合作和协同,提高生产效率和产品质量,同时促进汽车制造和服务的智能化和高效化。基于5G思维的C2M代表了汽车产业中的个性化需求服务创新,利用数字技术和互联网平台来满足消费者的多样化需求。这个模式的核心是通过消费者参与产品的制造过程,实现个性化程度更高的产品定制。C2M模式代表了汽车产业向个性化和智能化方向发展的趋势。它将消费者更深层次地融入汽车制造过程,提高了生产的灵活性和效率,有望满足不断增长的个性化需求。

第七章
产业价值链重构与汽车产业服务化创新

在前面的分析中，我们通过对产品用户价值链和企业内部价值链的分析，说明了在数字经济大背景下，企业如何利用数字技术在行业内寻求相对有利的竞争优势。然而，如果数字技术深刻改变了一个产业，那么原有产业中的企业就可能面临被颠覆的风险。

2014年，诺基亚手机业务被微软收购后，时任首席执行官（CEO）约玛·奥利拉（Jorma Ollila）无奈地感叹道："我们并没有做错什么，但不知道为什么，我们输了！"这句话深刻揭示了产业创新对产业在位霸主企业所带来的颠覆性冲击，约玛·奥利拉的感叹被产业界广为流传，成为数字经济时代企业战略选择的名言警句。

纵观全球企业发展，诺基亚手机业务的衰落并非个例。在产业发展的过程中，许多曾经的行业领先者都面临类似的命运，摩托罗拉手机业务、柯达的胶卷业务，以及雅虎的互联网业务都经历了类似的辉煌与衰落，这些企业黯然离场的一个共同原因都是受到产业创新的巨大冲击。

波特教授在竞争优势理论中用了很多篇幅论述企业如何通过价值链分析来追求相对有利的竞争地位。值得注意的是，他同时还指出企业应该首先进行产业结构的分析，即选择具有吸引力的产业。如果企业面临来自外部的具有颠覆性的产业创新的冲击,那么基于产品用户价值链和内部价值链的重构形成的诸多竞争优势都有可能会被颠覆,因此分析产业创新带来的产业价值链重构便更加关键。不在创新中爆发,就可能会被创新消灭,在面临产业创新颠覆的情况下,企业应该选择积极参与产业创新,再次成为新兴产业的领导者。

充分利用数字技术参与产业创新,企业可以获取新的竞争优势和市场机会。这包括探索新的商业模式、开发创新的产品和服务、拓展数字化的供应链和分销网络等。企业可以在数字经济的浪潮中保持竞争力,并在新产业中占据主导地位。

第一节 产业价值链与产业创新优势

企业对用户价值链和内部价值链的重构塑造了企业的竞争优势,产业价值链重构将塑造一个国家在特定产业上的竞争优势,产业竞争优势是国家竞争优势的主要表现。

一、产业价值链

一个产品或服务从研发设计、原材料采购、生产制造、分销流通到最终消费的全过程中涉及的各个环节之间相互依赖、相互协助的上游下游链条关系通常被称为产业链(Hirschman,1958)。产业链是一个综合而且广义的概念,以其为基础引申出了各种子链概念,如供应链、产品链、创新链、人才链,等等。

产业链的核心是价值创造。产业链包括了多个增值环节,具体包括产品设计、原材料或零部件生产、组装转配与加工、销售分销以及售后服务等环节,每个环节都为产品或服务增加了价值,每个环节都对产品或服务的最终交付产生影响。

价值创造是考察产业链各个环节互动关系的基本视角,本章将基于价值创造的视角对产业链做如下定义,产业链是指在同一产业内所有具有连续追加价值关系的活动所构成的生产上下游关系,为了便于区分其他学者研究所采用广义产业链概念,将这种从价值创造视角所定义的产业链命名为产业价值链。

产业价值链一个广为人知理论是"微笑曲线"(smiling curve),该理论由宏碁集团创办人施振荣先生提出,认为产业价值链中的各个环节对产品的加工、转化和创造所增加的价值或者说对产品附加值的贡献是不均等的,处于产业链两端环节的研发设计、销售与服务等具有较高的附加值,而处于产业链中部生产制造环节的附加值相对较低。

附加值不均等在产业链中是一个普遍存在的现象,但也需要注意产业链各个环节的相互依赖和协作关系。产业链的形成是由于各个环节和参与者之间的相互依存和合作关系。每个环节的输出作为下一个环节的输入,形成了物质、信息和价值的流动。供应商提供原材料和组件,生产者将其加工制造成最终产品,分销商将产品推向市场并进行销售,最终消费者购买和使用产品。产业链的健康发展需要合理的附加值分配机制,以激励各个环节的创新和努力,实现共享价值和可持续发展的目标。

二、产业创新优势

国家竞争优势的一个重要表现是产业的竞争优势。[①]产业竞争优势指

---

① 产业是一个没有主体的概念,在讨论产业竞争优势的时候需要明确主体,如一个国家,一个城市。本章的主体的是国家,因此本章的产业竞争优势特指一个国家在某一产业上的竞争优势,即国家产业竞争优势,为了论述方便,正文中均采用产业竞争优势的改变。

的是一个国家的产业或行业在全球范围内相对于其他国家所具备的能力和资源,使其能够在市场中取得持续性的市场卓越表现。在全球产业竞争中,各国为了提升本国产业市场份额,采取了多种竞争方式,但是只有那些有助于持续性市场卓越表现的能力和资源才可以被称为产业竞争优势,找出这样的能力和资源并不复杂。资源显然是一个非常重要的因素,要素禀赋相关理论对其已经做了详细论述,同时考虑到一个国家在中短期内改变其资源禀赋①的可能性较小,因此我们重点讨论的是能力因素。

产业竞争优势体现为多维度,基于能力的产业竞争优势也是由多方面因素的驱动,如技术创新、专利和知识产权、成本效益、供应链管理等,而高质量的营商环境和品牌知名度也可以被看作是一种软实力能力因素,这些因素共同作用于一个国家的产业在竞争激烈的市场环境中的地位。

在众多能力因素中,创新被广泛认可和重视,一个国家能够在某一产业上拥有科学、技术、研发和设计等创新能力,将会使得其产业在全球市场上具有持久的竞争力和影响力。企业层面的通用竞争优势是成本优势和差异化优势,产业层面的通用竞争优势则是产业创新优势。

产业创新优势通常表现在技术、组合、组织和市场四个方面。技术优势是产业创新优势的核心,但是仅仅拥有技术优势的国家未必拥有产业的创新优势。纵观历史,没有充分发挥好技术优势的案例比比皆是。比如说阿兹特克人发明了车轮,但其使用仅限于儿童的玩具,没有将其应用于交通和运输领域。古希腊人发明了小型蒸汽机,但却将其视为珍贵的古物而不是推动工业发展的机器。罗马人发明了灌浇混凝土技术,但由于加工过程的

---

① 近年来,不少学者还注意到了市场规模也是产业竞争的一种优势,如中国和印度等人口大国,其消费市场规模也是独特的,其他国家难以模仿而表现出了规模经济等优势,这显然是产业发展的一个非常重要的因素,但是由于市场规模同样是一个国家短期内难以改变的因素,因此本章对此并未加以详细讨论。

失传,该技术在几个世纪后才被重新发现和应用。

技术要发挥优势依赖于组织将技术应用于生产制造,并将产品推向市场,因此产业创新优势还与组合、组织和市场等因素密切相关。能否基于技术优势形成组织、组合和市场等多方优势对产业创新优势的塑造至关重要,一个国家的产业创新优势通常是建立在技术、组织、组合和市场四个方面上的综合发展和提升。

图 7.1　产业创新优势的 T-COM 模型

技术优势,是指一个国家或地区在某个产业或领域中拥有先进的技术、专利或核心知识产权,并且能够不断推动产业技术的进步和创新的一种能力优势。技术优势是产业创新优势的核心和基础,各个国家都试图通过不断投资和支持技术创新,培育和壮大技术创新的优势,推动产业的发展和升级,提高本国在全球产业竞争中的地位和影响力。

组合优势,是指一个国家或地区在特定产业上,对各种要素资源的整合和利用更加高效所表现出来的竞争优势。虽然一个国家或地区在短中期内是难以改变其要素禀赋结构,但可以不断改进要素的组合方式。通过发挥要素组合优势,一个国家或地区可以在特定产业领域获得竞争优势,提升经济发展水平和国际竞争力。

组织优势，是指一个国家或地区拥有具有较高产业链控制权和协调能力的企业或组织，从而能够有效地组织和整合产业链资源形成竞争优势。在追求产业竞争创新优势时，不仅需要具备先进的生产技术和产品，还需要建立适应性强、灵活性高的组织结构，以更好地支持和推动创新和发展。培育产业链链主，能够促进资源的高效利用、产业链的稳定运行和创新能力的提升，对于国家或地区的产业发展具有重要意义。

市场优势，母市场是产业发展的一个重要基础，国家或地区在某一产业上的市场优势可以成为企业投入研发和创新的动力，推动产业向高附加值、高技术含量的方向发展。当一个国家或地区的市场规模庞大且消费者需求旺盛时，将会诱导企业加大技术创新和产品改进的力度，在开放的国家或地区，市场优势还可以吸引外国投资和技术引进，促进技术和知识的传播，带来技术创新和产业升级的机会，加快国家的产业发展进程。

三、产业价值链重构与产业创新优势

尽管产业价值链如此重要，它与竞争之间的关系通常得不到正确的认识。人们倾向于基于"微笑曲线"的描述，将产业价值链的两端视为高附加值环节，中间视为低附加值环节，因此掌握研发和营销被普遍认为是通向高利润的路径选择，产业朝"微笑曲线"的两端发展也被认为是升级的表现。

产业链是由于不同环节之间的相互依赖性和协作性而形成，产业链中的每个环节的产出都作为下一个环节的输入，形成了物质、信息和价值的流动。各个环节的效率和质量对整个产业链的运行和发展都起着重要作用。从长期动态的角度看，产业价值链中根本不存在所谓低附加值环节，优化和协调产业链中的活动环节能提高产业整体效率、降低成本，这些才是增强产业竞争力的理想路径。

产业内和产业外富有洞察力的企业将会从现有产业价值链中寻找关键环节，通过连续性创新，在市场上取得商业成功，实现产业链价值升级，甚至形成一个新的产业。这一连续性创新过程被称为产业创新（芮明杰，2019），它是一个复杂的过程，需要企业不断进行技术创新、组织创新、组合创新和市场创新等各方面的努力，以适应市场变化和满足消费者的需求。与企业竞争优势相同，具有持久性的产业创新优势通常是来自产业价值链的重构。

产业价值链重构是指重新审视和设计对产业链的关键环节，寻求创新的机会和改进的空间，以推动产业创新的行为。产业价值链重构通过改变现有产业的"游戏"规则，或者重新划定产业间的界限实现产业价值的升级，甚至创造全新的产业。它以产业链的关键环节为突破口，实现对整个产业价值链重新设计和重新组织，以适应新的市场需求和技术变革。

基于新"游戏"规则的产业价值链重构，是指以引入新技术、创新应用和商业模式的方式，重新设计和重组产业的价值链环节，从而改变产业的运作方式或规则。新"游戏"规则包括工艺流程升级、供应链协同、实质性的产品改进，以及渠道或商业模式的设计等。这些规则的改变将现有产业转变为更加高效、灵活和创新的产业形态，为企业带来更多的增长和成功机会。

重新划定产业界限的产业价值链重构，是指通过改变现有产业的边界和界限，创造新的产业交叉点、增值机会和增值能力，以实现产业创新。这种产业价值链的重构有三种主要方式。一是将原本相对独立的产业进行融合，创造新的产业交叉点，例如，将航空产业与航天产业融合，形成航天航空产业链的整体优势。二是通过在产业价值链中延伸和增加新的环节，增加产业价值创造的机会。例如，将汽车制造业延伸到金融等服务领域，形成汽车金融业务。三是将新兴产业与传统产业进行整合,提升产业增值能力。例如,将人工智能与医疗健康产业结合,形成智慧医养产业。

第二节　数字化与产业价值链重构

数字化为产业价值链带来了深远而广泛的影响。它改变了传统产业的运作方式和市场格局,重新定义了产业链中各参与方的价值关系,并给产业带来了新的商业模式和增值机会。数字化技术通过降低搜寻成本、合约成本对产业价值链的重构做出重要影响。数字化平台的兴起推动产业链的变革,生产方式由传统的"标准＋集中"转变为数字时代的"定制＋分布",产业链关系也从上下游的链条式协调转变为生产网络协同。数字化思维正在推动产业的全面变革,使现代产业更好地适应数字经济时代的要求,促进了创新、合作和价值创造。

一、数字化技术与产业价值链重构

在产业价值链中,各个环节和参与方之间进行交易是产生价值的重要过程。产业价值链涵盖了从原材料采购到最终产品销售的整个价值创造过程,其中涉及多个企业之间的交易和合作。

产业链中的交易通常面临各种信息不对称的挑战。数字化技术的应用和发展对降低这些交易成本具有革命性的意义。例如,通过互联网和电子商务平台,企业可以更轻松地搜索和获取所需的信息,降低搜寻成本;通过智能合约和区块链技术,可以实现更高效的合同签订和执行,降低协商和执行成本。数字技术改变了产业价值链中的信息流动和交互的方式,提供了更高效、更便捷的交易环境,从而降低了整个产业链上的各种交易成本。

交易成本是指进行交易所需的各种成本,包括搜寻成本、协商成本、签约成本、执行成本等(Williamson,1975;1985)。这些成本直接影响着交易的效率和顺利进行,同时也影响着参与方的利益和决策。交易成本理论(Coase,1937;Harler and Curt,2000;Hart,1995;Williamson,1975,1985)为产业界理解产业链的运作机制、优化产业链的管理和协调提供了重要的理论基础和分析框架。从交易成本的角度看,数字技术对产业链的主要作用是降低市场中的信息不完全和信息不对称程度,进而降低交易成本,包括搜寻成本和合约成本。

(一) 数字技术降低搜寻成本重构产业价值链

最早的数字技术也被称为信息技术,降低搜寻成本是其天然优势。传统经济模式下,产业链中的各方参与者需要花费大量时间和资源来搜索、筛选和比较产业中供应商产品。这些搜寻成本包括了信息收集、市场调研、价格比较等。然而,数字技术的出现和广泛应用改变了这种情况。

第一,数字技术使得信息能够以前所未有的速度和规模被获取和传递。无论是通过搜索引擎、社交媒体、新闻网站还是其他渠道,人们可以轻松地访问各种信息资源,不再需要费时费力地查阅文献或舟车劳顿前往实体信息机构(如图书馆),这极大地降低了搜寻信息所付出的成本。

第二,数字技术使得资源的匹配变得更加精确和高效。尤其是互联网的发展,使得交易双方可以利用电子商务平台和在线市场寻找潜在交易对象,消费者可以快速找到符合其需求的产品或服务,供应商也能更准确地将产品和服务推向潜在客户。这种匹配的提高有助于消除市场上的信息不对称,因为交易双方都可以更清晰地了解市场上的供需情况。

第三,数字技术赋予了个体用户生成内容(user-generated content,

UGC)能力。用户生成内容通过提供各种信息和观点,不仅帮助用户更好地了解世界,还减少了信息不对称,为社会中的各种活动提供了更多的透明度和可信度。例如,通过在线评论、社交媒体上的分享以及博客文章,用户可以提供关于产品、服务和品牌的反馈和建议,这有助于其他人更好地做出决策,减少了信息不对称的问题。

(二)数字技术降低合约成本重构产业价值链

数字技术为产业链各参与方提供了更高效、更便捷的合同签订与执行方式,促进了产业合作发展。在传统经济中,合同的签订和执行通常需要大量的纸质文件、复杂的程序和时间成本,同时也存在着合同履行过程中的风险和不确定性。数字技术的应用极大地简化了合同签订和执行的过程。

第一,数字技术使得合同的签署过程变得更加便捷和高效。通过电子签名和加密技术,交易双方可以在线上完成电子合同的签署,无需纸质文件,更加无需传统的邮寄流程,不仅消除了传统签约过程中的时间和地域限制,也提高了签约的安全性和可靠性,促进商业活动的便利性,尤其有助于提升全球价值链中各种跨境交易的便利性。

第二,数字技术有助于合约监督。在传统经济中,企业的信息往往需要企业主动披露才可获得,这些信息也往往只在有限的渠道传播。如今通过数字技术的应用,任何企业的资信状况、履约记录、技术水平、产品质量、声誉等信息都可以由第三方参与发布、存储和传播,增加了企业信息的透明度,发挥着监督作用。数字技术还提供了更多的合约管理工具和平台,如在线合同管理系统和电子商务平台使得买家和卖家可以更好地跟踪合同的执行进度、记录交易数据、管理履约情况等。这些工具和平台为买家和卖家提供了更多的合同管理和监督手段,提高了合同执行的效率和可靠性。

第三,数字技术催生出了智能合约的概念和实践。基于区块链技术的自动化合约,可以自动执行合同条款并保证合同的可靠性和安全性,利用智能合约在区块链上建立信任关系,并实现合同条款的自动执行,从而消除了合同执行过程中的中介和信任问题,降低了合约成本和风险。区块链技术通过去中心化实现了合约的集体维护、全程留痕与可以回溯,保证了合约信息的真实与不可被篡改性,即使在没有第三方的情况下也可以可靠执行交易合约,极大地降低了合约成本。

二、数字化平台与产业价值链重构

在经济学的双边市场理论中,平台是描述一种经济模式或商业模式的概念。平台(如淘宝网)通过提供一个交易和互动的场所(有可能是虚拟场所)作为连接供给方和需求方的中间组织,促成供求双方之间的交流、交易和价值创造。具体而言,平台发挥着两个主要角色功能:一方面是吸引供给方(厂商)加入平台为需求方(消费者)提供各种产品或服务;另一方面吸引需求方(消费者)加入平台寻找和获取所需的产品或服务。中国古代的集市便是一种典型的平台,集市作为一种在特定的时间和地点,集聚买卖双方以及各种商品和服务的交易场所,为商人和顾客提供了交流和交易的机会,促进了商品的流通。

由此可见,平台并非数字经济所独有的,但其威力却是在数字技术的赋能下才得到真正的发挥,这种威力便是网络效应。平台网络效应是指随着平台一边的用户数量增加,将会吸引另一边更多用户加入,从而增加供需双方的互动和交流,促进信息流动,可以进一步提升平台和参与者价值的效应。典型的科技公司,如微软、谷歌、苹果、阿里巴巴和腾讯等公司都是利用数字技术构建虚拟平台,吸引和集聚用户并撮合其中有供需需求的双方达成交易,并通过收取交易手续费、广告费、订阅费等方式获得收益。

平台的网络效应创造出数字经济领域的虚拟集聚、超大规模经济以及范围经济,形成了对产业价值链的重构作用。

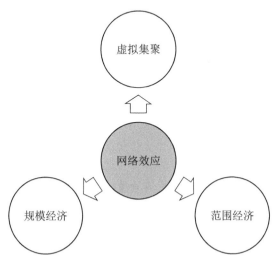

图 7.2 平台的网络效应

(一) 平台虚拟集聚促进产业价值链重构

平台的网络效应使得虚拟平台上的活动和交易更为活跃和丰富,形成的正向循环促进了虚拟集聚的产生。传统的产业价值链通常是线性的,沿着从供应商到生产商、分销商再到最终消费者的路径进行,以地理空间为载体的集聚主要是基于产业链的上下游集聚。在数字经济时代,产业链各环节的线上交易更加频繁,形成了以平台企业为中心的虚拟集聚,改变了传统价值链交易的线性模式。

一是缩短供需对接环节。在传统产业价值链中,供应商生产产品或提供服务,需要通过中间商或零售商将其销售给消费者。而在以平台为中心的虚拟集聚中,平台企业作为中介连接器,提供了虚拟交易场所,使供应商和产品用户能够直接展开交易和互动。如汽车的零部件供应商,以前需要

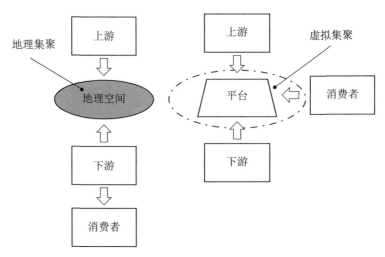

图 7.3　平台虚拟集聚

通过 4S 店将零部件销售给汽车用户,4S 店的加成比例非同一般,2014 年中国保险行业协会、中国汽车维修协会在京联合发布国内常见车型零整比系数研究成果,首次披露了 18 种常见车型的"整车配件零整比",有 10 款车型整车配件零整比超过了 400%,最高为 1 273%,最低是 271.6%。[①]利用互联网的电商平台,零部件供应商可以直接接触到消费者,将产品直接销售给用户,并通过在线视频等方式指导用户完成汽车基本零部件更换,消费者可以以更低的价格获得零部件产品和服务。

二是消费者参与产业集聚。这使得消费者更直接参与到生产活动中,消费者与产业链各环节的生产者之间的关系得到了重构,如参与产品创新和设计。消费者可以通过平台提供的反馈渠道、评价和建议,直接向生产者表达需求和意见。同时也使得生产者更加了解市场需求,可以根据消费者的反馈进行产品改进和创新,提供更符合消费者期望的产品和服务。有些

---

① 数据详见 http://www.iijnews.com/auto/system/2014/04/14/010696345.shtml 的新闻报道(2023 年 7 月 9 日访问)。

企业(如小米公司)甚至主动邀请消费者参与到产品的创新和共同设计中。这种消费者参与的集聚模式使得产业价值链更加开放和协同,生产者可以更准确地了解消费者的需求,根据需求进行定制化生产,提高产品的市场适应性和竞争力。

（二）平台规模经济促进产业价值链重构

网络效应形成的良性循环一边激励着平台将用户规模做大,一边激励着用户加入更大规模的平台,这种增长效应推动着平台不断壮大,实现更大规模的发展。

平台的规模经济带来的大量数据汇聚和数字化技术的应用,将会对传统产业链的主导者产生影响,并有可能改变主导者的地位。传统产业价值链通常由少数掌握核心技术的企业或组织所主导。由于掌控着产业中的关键核心技术,这些企业在供应链中具备较强的谈判地位,通过控制关键技术和关键资源的供给,从而影响产业链中其他参与者的行为和地位。在数字经济时代,数据作为继土地、劳动力、资本和技术之后的第五大生产要素,不仅在数字经济中占有重要地位和作用,而且对传统生产方式的变化也产生了重大影响,催生出了诸多新产业、新业态和新模式,它对产业价值链重要性不言而喻。掌握大量数据资源的企业在产业链中开始扮演重要的角色,传统产业链的主导者可能会面临竞争压力和地位的挑战。

平台企业是数字经济时代最主要的数据资源掌握者,使其有潜力成长为产业价值链的主导者。经过20多年的互联网业态发展,平台在各个领域都积累了大量的数据,如用户的行为数据、消费偏好、交易记录、供应链信息等。平台通过对数据资源的掌握使其在产业链中的供应链管理、创新设计和市场预测等方面占据独特的竞争优势。一是通过优化供应链、物流管理和数据共享等手段,提高整个产业链的效率。二是整合各方资源和创新能力,整合供应商和用户的需求,推动产业链中的合作创新,引领新的商业模式和市场趋势。三是应用数字化技术进行深入的数据分析,实现更准确的市场预测和决策支持,引导产业链的发展方向。

(三) 平台范围经济促进产业价值链重构

平台为了激发网络效应通常采取多边化发展策略。一旦平台通过双边用户发挥网络效应,实现用户规模的突破,为了巩固竞争地位,通常会在原有业务的双边用户基础上,吸引更多的平台参与者(例如供应商、开发者、广告商等)加入,提供更加丰富的产品和服务,进一步满足用户不同方面需求,从而构建起多边关系网络甚至是生态体系,最大可能地实现范围经济。

范围经济是指厂商通过扩大经营范围和增加产品种类,实现多种产品的生产,从而降低单位产品成本的经济效应。企业生产之所以会存在范围经济可以挖掘,通常是因为现有单一产品的市场需求无法满足企业充分利用资源的需求,尤其是没有实现最大化利用生产设备、厂房、土地等固定资产,使得生产多种产品共享这些资源是有利可图的,例如企业内部不同产品部门之间共享企业的基础设施、研发中心和服务中心等从而降低了单位产品固定成本。在传统经济中,这种资源共享主要局限于企业或集团内部,不同企业之间的合作和资源共享相对有限,限制了范围经济的发挥。

平台范围经济为资源共享提供了更广阔的空间。首先,平台上聚集了大量交易的主体,其中不乏在生产设备、工厂空间或技术专长等相似度极高但是彼此之间产品竞争关系不强,甚至可能还是互补品关系的主体,他们可以通过平台将自身冗余的资源提供给其他企业或个人使用,从而获得租赁费或服务费等额外收益,其他参与者则能够以更低的成本获得所需的资源,提高资源利用率。其次,平台通常会为资源共享提供交易机制,如便捷的支付机制、信任机制和评价体系等,可以降低信息不对称和交易风险,增强平台上资源共享的信任度和效率,从而促进共享。最后,针对有些需要大规模的投资和资源才能建设和运营的基础设施,例如数字化转型中的数据中心、云计算设备等,大部分主体难以单独承担如此庞大的投资和风险。平台作为一个中介机构,可以主动提供或者集合多个主体参与基础设施的建设和运营,并将其共享,实现基础设施的投资规模经济。

平台的范围经济最主要是降低了资产的专用性,这对产业价值链的重构起到了重要作用。资产的专用性导致市场交易中的"敲竹杠"(hold up)问题,使得有实力的企业倾向于将产业价值链中的各个环节纳入自己的控制范围内,形成高度一体化的集团式组织。汽车产业是一个典型,在福特主义生产方式中,供应链的高度一体化使得企业集团控制了几乎所有主要生产环节,因此需要大规模同质生产,以及支持大量专用性固定资产的投入,并降低平均生产成本。在平台的范围经济作用下,资产的专用性大大降低,不同的企业和参与者可以共享和利用彼此的资源,包括生产设备、技术专长、供应链网络等。这样一来,企业不再需要投入大量资金来购买和拥有专用的资产,而是可以通过共享平台上的资源,按需使用,在产业中形成了一种柔性专业化,产业价值链的经营活动也可以从一体化组织分散于平台上独立的供应商组织,推动产业链的分散化和产业链结构的合理化。

三、数字化思维与产业价值链重构

数字化思维对产业价值链的重构产生了深远影响。它推动了数据驱动、客户导向、创新与合作以及供应链优化等变革,使得现代产业更加适应数字经济时代的要求。一是跨界竞争思维,数字化推动了不同行业的融合和竞争,产业内的企业可以引入新的商业模式和服务,创新产业链,而数字化也催生了跨界竞争模式,破坏了传统产业格局。二是价值共创思维,数字技术实现了点对点的链接,打破了传统产业链模式,消费者,甚至是产业竞争对手成为价值创造的主要参与者,彼此形成了共生关系,推动产业的创新,实现共赢发展。三是数据要素思维,数字化凸显出了数据的重要性和价值。数据不再是简单的信息载体,而是一种战略性资源和核心生产要素,这种思维方式推动了数据在整个产业价值链中的广泛应用,价值链中的每个环节都与数据形成了关联,导致了产业价值链的重构,使其更加智能化和高效化。

(一) 跨界竞争思维

自 20 世纪 70 年代起,产业发展的融合现象逐渐显现,表现为不同产业之间的边界逐渐模糊,并形成新的产业形态。最初计算机和通信领域是产业融合的主要领域,后来扩展到金融、物流等服务行业,并逐步渗透到制造业和农业;如今数字技术已经在不断地促进产业融合快速发展和扩散,成为推动产业价值和经济增长的关键因素。

数字化打破传统的行业边界,促使不同行业之间的交叉和融合,使得市场竞争同时体现为行业内的竞争和行业之间的竞争愈发激烈,催生跨界竞争模式。产业内具有破坏性创新能力的企业将不同行业的理念、策略和实践相结合,跳出传统行业边界,以跨领域的方式进行竞争和创新,进入原本非自身领域的市场,开展新的业务活动。

跨界竞争思维已经成为数字经济时代产业创新的重要动力。从产业端看,数字技术将打破传统产业的壁垒,使得不同产业之间的创新和合作变得更加容易。借助先进的通信技术和互联网大平台,产业内的企业可以引入新的商业模式、产品和服务,实现多元化发展,从而在不同行业中展开竞争。从市场端看,数字经济时代更加强调用户体验和个性化需求的满足。跨界竞争思维将不同产业的用户需求进行整合和分析,通过提供更好的用户体验和解决方案来获得竞争优势,这促使企业在产品设计、服务交付等方面进行创新和改进。

跨界竞争思维在产业中的应用常常形成破坏性创新。破坏性创新是一种通过引入新的技术、商业模式或产品,彻底改变现有产业格局和市场规则的创新方式,与渐进式创新相比,破坏性创新对产业发展影响是颠覆性的。

一是来自产业技术的颠覆。基于数字技术的引入,彻底改变传统产业的运作方式。互联网企业将人工智能、区块链等新技术应用于传统行业,如零售、金融、餐饮等,改变了这些行业对物理空间(如实体店)的高度依赖性,从而对产业的在位者带来了巨大的冲击和变革。

二是来自商业模式的颠覆,跨界竞争意味着将在本产业获得成功的商业模式应用于被跨界的产业,从而改变了被跨界的产业市场交易规则,或者提供了全新的服务模式更好地满足用户的需求。例如,共享经济的兴起改变了传统产业基于产品所有权观念的交易方式。

三是来自新市场创造的颠覆,即利用数字技术通过将不同产业领域产品或服务有机结合开创全新的市场,并将传统产业市场覆盖。如智能手机将通信技术、计算机技术和消费电子相结合,创造了全新的移动互联网市场,进而覆盖了传统的数码相机市场、音乐播放器市场、固定电话市场、银行ATM机市场……表7.1罗列出了被数字化技术冲击的部分传统产业。

表 7.1　被数字化跨界竞争改变的行业

编号	行　　业	冲击的来源	冲击的结果
1	钟表/手表	手机	衰退
2	功能手机	智能手机	濒临消亡(保留了老人机市场)
3	数码相机	智能手机	衰退

编号	行　　业	冲击的来源	冲击的结果
4	胶卷制造	数码相机、智能手机	濒临消亡
5	照片冲印	数字技术、数码相机	濒临消亡
6	有线电视	新媒体	衰退
7	固定电话、公用电话	手机	衰退
8	纸媒	互联网普及	衰退
9	实体书店/租书店	电子书	衰退
10	印刷品	电子书、数字媒体	衰退
11	录像带/光盘	数字媒体	衰退
12	图书馆/档案馆	数字媒体	衰退
13	录音工作室	数字音乐、混音技术	衰退
14	书信、邮票	电子邮件	濒临消亡
15	工业样品、小组件制造商	3D 打印技术	未来替代
16	燃油汽车	新能源汽车	未来替代
17	银行的柜台/ATM 机	智能手机、移动支付	衰退
18	台式电脑	手提电脑、平板电脑	衰退
19	文具/办公用品	无纸化	衰退
20	港口及其运营	自动化技术	衰退
21	传统人力资源外包服务	互联网平台、AI 技术	衰退
22	电视购物	互联网、电商	衰退
23	网吧	互联网普及	濒临消亡

(二) 价值共创思维

数字化作为一种思维,促进了共创、共生和共赢理念的盛行(李海舰等,2014)。工业经济时代,产业链以单向的线性关系为主,消费者处在产业链的末端被动接受标准化的产品或者服务;产权、契约、联盟等硬连接是产业链上下游最主要衔接方式,并对第三方进行苛刻地排挤,中小型企业由于不具备规模优势而丧失产业话语权,在这种模式中任何价值创造过程的延时都有可能无法满足消费者需求的变化,加剧销售不确定性的风险;任何影响产权、契约、联盟的唯一性行为都有可能波及供应链的稳定(冯华和陈亚琦,2016),供应链关系维护成本居高不下。

数字化为产业走出上述困境提供了哲学指导。第一,数字化让消费者史无前例地参与到产业链的价值创造。在数字经济时代,消费者不再被动接受产品或服务,而是产品研发、设计、生产和营销各个环节的主要参与者,消费者意志成为价值链的主导力量,企业与消费者之间关系从简单的客户交易关系转变为价值共创关系。第二,数字化突破了时空约束,实现了物理时空和经济时空的契合(冯华和陈亚琦,2016),产业链的组织方式趋向于扁平化,产业链各方实现了点对点的链接,研发者与制造者利益诉求相通,采购商与供应商利益诉求相通,消费者与生产者的利益诉求相通,产业演变成了多方共生关系。第三,借助数字技术,中小企业既可以通过满足消费者小众化、个性化、碎片化的需求实现自身的价值(冯华和陈亚琦,2016),也可以彼此抱团,通过资源共享、风险共担、利益均沾实现共赢发展。

(三) 数据要素思维

每一次新的生产要素出现都伴随着社会生产力的飞跃,推动社会经济形态变革。纵观人类发展历史,关键性的生产要素从最初的土地演变成了工业革命时期的石油、电力,以及现代科技革命时代的技术与知识,新型生产要素的出现极大地推动了人类社会的发展进步。在数字经济时代,大数据、云计算等数字技术的迅速发展和广泛应用,推动了基于数据的相关技术突飞猛进,提供了更强大的数据处理、分析和利用能力,加强了数据的影响力和价值化。

数据作为一种生产要素已得到广泛认可。世界主要经济体高度重视数据要素,美国政府指出数据是战略性资源需要加以利用,中国政府明确提出数据是最具时代特征的生产要素。[①]数据作为新要素,对生产、流通、分配、消费活动和经济运行机制、社会生活方式、国家治理模式将产生重要影响。基于数据要素思维是未来产业创新的重要趋势。

数据具有三个基本特征。一是数据要素具有可复制性,即数据可以在不损失原始拥有权的情况下被无限复制和重复利用,这意味着一旦数据被获取和处理,额外的使用并不会导致额外的成本。二是数据要素的非竞争性,数据可以被多个人或企业同时使用,而不会相互排斥或消耗,即数据的使用和利用不会消耗或排除其他人或企业对同一数据的使用。三是数据的跨时空流动性,传统的生产要素流通成本非常高(如石油),有些(如土地、劳动力)甚至是难以流通的,但是数据却可以在不同的时间和空间跨度内进行高速度的传输、交换和共享。

数据拥有两个独有经济属性。基于三大基本特征,数据作为新的核心生产要素和不可或缺的基础资源,表现出了传统生产要素所不具有的两个经济属性。一是数据的边际成本近于零。边际成本是指增加一单位生产要素所需的额外成本。对于数据而言,一旦数据被生成或收集,其复制和传输成本非常低,几乎可以忽略不计。数据可以在多个平台和应用程序之间轻松复制和传输,额外的物理资源或人力成本几乎可以忽略不计,这意味着在已经产生的数据基础上,获取更多的数据并不需要投入大量成本,使得数据的边际成本接近于零。二是数据的价值倍增。数据可以被记录、存储和保留,以便拥有访问权的用户在未来的特定时间点进行使用并更新,因此数据

---

① 详见《"十四五"数字经济发展规划》。

的价值在其应用和利用过程中得以倍增。

具有独有经济属性的数据成为新型生产要素，改变了国家或地区发展产业的优势。首先，数据为产业发展提供了新动能。数据作为新型生产要素，对生产方式变革具有重大影响。比如，通过充分利用数据要素，提升资源、劳动力和资本等传统生产要素匹配度，避免要素的浪费和低效率配置；通过数据要素的运用促进不同产业、企业间的合作与协同创新，提升产业链的创新活力。其次，数据蕴含着产业竞争的新优势。将数据要素与其他生产要素有机结合，优化经济发展的结构和模式，可以培育新模式和新业态，推动传统产业的转型升级。最后，数据催生出了新产业，通过将数据作为关键要素推动数字产业化，在利用海量数据的同时也催生出了数字产品制造业、数字产品服务业、数字技术应用业等新兴产业，为经济发展提供了新的增长点。

第三节　汽车产业价值链及其重构

汽车作为现代生活的重要组成部分，在经济和社会方面产生了广泛而深远的影响。在各国城市化进程中，人们越来越意识到汽车的普及和使用对城市发展具有巨大的推动作用。汽车扩大了人们的生产与活动空间，促进了城市的发展和扩张。它带来了城市基础设施的建设，推动了商业和服务业的发展，同时也提升了人们的生活质量和便利性。

从汽车产业价值链审视汽车产业，可以更全面地理解其在经济和社会中的重要地位。一是产业链上下游带动效应强。汽车产业带动了相关产业的发展，从钢铁、橡胶、塑料等原材料供应商到发动机、轮胎和轮毂、电子元器件等零部件生产商,形成一个庞大的供应链网络。同时,汽车销售和服务的增加也带动了商业和服务业的发展,有助于经济的多元化和繁荣。二是就业创造效应巨大。汽车产业链本身便提供了大量的就业机会,包括工人、工程师、设计师、销售人员等各类职业。此外,汽车产业还对相关服务行业的就业也起到了拉动作用。随着汽车数量的增加,维修保养、售后服务、加油加气、道路救援等就业人口也大幅增加,同时,汽车的普及也还带动了旅游业、餐饮业、住宿业等相关领域的繁荣,为就业人口提供了更多机会。三是技术创新示范效应明显。汽车产业是现代科技创新的重要领域之一,为了提升汽车的性能、安全性、节能性和环保性,汽车制造商和相关企业长期进行大量的研发和创新,不仅推动了汽车产业自身的发展,也促进了其他相关领域的技术进步,如新材料技术、能源技术、自动化生产技术和智能化制造技术等。

一、汽车产业价值链

汽车产业价值链庞大而复杂,涵盖了从原材料到最终消费者的各个环节和参与者。各个环节的协同合作和高效运作,对于整个汽车产业的发展和竞争力都至关重要。传统的汽车产业价值链由五个主要环节构成:设计与研发、零部件制造、整车生产、销售以及售后服务。每个环节都与众多其他产业相关联,甚至延伸至服务业的金融、物流等主要部门。

研发设计 → 零部件制造 → 整车生产 → 营销销售 → 售后服务

图7.4 传统汽车产业价值链的主要环节

　　研发设计,是汽车产业价值链的最上游环节,对下游各个环节有着决定性作用。在研发设计环节,汽车制造商和相关企业进行大量的研发工作,不仅致力于开发新的技术和创新,还关注汽车的外观设计、人机交互界面等方面的改进。此外,还需要重点考虑汽车在高速行驶过程中的各种安全问题。研发设计虽然需要大量投资,但是一旦成功,取得的规模经济是明显的,在专利保护法律法规日益完善的今天,研发设计的成果可以被多个制造商所共享,因此研发设计环节的附加值较高。

　　零部件制造,是汽车制造业的核心技术密集环节,它涉及高度复杂的制造过程和先进的生产技术。在零部件生产过程中,各个环节的精密加工、质量控制和协同配合都至关重要。零部件制造是汽车制造业中的一个特殊环节,它既为整车生产环节提供零部件,也为售后服务环节提供维修所需的零部件。一辆普通汽车通常由上万个零部件构成,这使得零部件生产环节与多个产业部门密切相关。零部件制造环节不仅具有经济意义,还对整个汽车产业的发展和竞争力起到重要的支撑作用,汽车品牌商通常主动掌握着关键零部件的核心技术。零部件制造是汽车制造业的核心技术密集环节,也为汽车产业增加了较大的附加值。

　　整车生产,是汽车制造过程中的最后一个环节,涉及将各个零部件组装成完整的汽车产品,直接关系到汽车产品的品质、安全性和可靠性。整车生产环节不仅涉及技术和工艺的要求,还需要协调和管理各个生产环节,确保生产线的高效运转和产能的优化,同时也需要考虑生产成本、人力资源、供应链管理等方面的因素,以实现经济效益和市场竞争力。整车生产环节对于汽车制造商来说具有重要的意义,汽车制造商高度重视在整车生产环节上进行持续的技术创新和工艺改进,以提高生产效率和产品质量,满足消费者的需求和市场的竞争。

营销销售,是汽车制造业中至关重要的环节,它涉及将汽车产品引入市场,并与消费者进行交互和销售。同时,营销销售环节还是汽车制造业向服务业延伸的重要起点,汽车制造商通过与金融、保险等服务业部门的紧密合作,可以为消费者提供全方位的购车和用车体验。

售后服务,涉及车辆销售后为车主提供各种支持和服务。传统汽车产业价值链中的售后服务主要是指维修与保养、零部件供应、汽车保险等为了确保车主在使用汽车过程中获得良好体验的服务内容。但是,随着汽车普及率越来越高,售后服务环节的内涵进一步扩大,汽车文化与运动、二手车及汽车租赁等也已经被视为是售后服务环节的主要业务,随着新业务的增多,售后服务环节逐渐形成了一个相对独立的市场,即汽车后市场。随着车联网技术的发展,车载信息娱乐系统、智能驾驶辅助系统、车辆远程控制等技术和服务,为汽车制造商和消费者提供更多的便利和智能化体验,汽车后市场被认为是汽车产业价值链中利润丰厚的"蛋糕",产业链中的各方都致力于将其做大。

二、汽车产业价值链重构与产业创新

汽车产业被誉为是工业中的"工业",不仅是因为其产业链长、关联度高,具有很强国民经济的带动力,更是因为每一次汽车产业价值链重构所引发的产业创新,几乎都为后来的工业生产管理奠定了基础,极大地提高了制造业的生产效率。如福特主义、丰田主义,以及大众的平台+模块化生产模式等,这些创新提高了制造业的生产效率,通过工艺流程优化、供应链协同和员工参与,实现了生产效率和质量的提升。

(一)福特主义:基于产业链生产流程重构的产业创新

福特的流水线生产汽车产业价值链重构引发的一次伟大的产业创新。

一提到流水线,所有人都会想到汽车制造商福特公司或者福特本人。也许有人会对福特作为流水线模式首创产生疑问①,但毋庸置疑的是,正是福特将流水线成功地应用于汽车制造,推动了巨大的产业创新,建立起了汽车工业体系,从而也影响了整个制造业部门,开启大规模生产时代,诠释了规模经济的优势。

在福特主义之前的手工作坊时代,平均而言,组装一辆汽车需要 728 个工时。福特汽车公司生产线的设计将工期缩短至 12.5 工时。由于成本的大幅节约和产量的快速增加,汽车价格开始下降,并迅速在民众中得到普及,美国的汽车产业表现出了强大的竞争优势,一举超越欧洲,成为世界汽车工业发展的中心。

以流水线为代表的福特主义生产方式主要是对产业价值链中的工艺流程进行了有效的重构,在劳动专业化分工、全产业链一体化以及产品标准化生产三个主要方面实现了产业创新。第一,福特流水线发挥了劳动专业分工的比较优势。通过流水线生产将劳动分工进一步细化,大幅提升了生产效率(Smith,1776)。福特将汽车的生产过程分解为一个个简单可重复的任务,每个工人只需完成自己分工范围内的特定操作,不需要具备全面的生产知识和技能,使普通工人可以更快速地掌握自己的任务,参与复杂产品的生产,这种分工细化重构的产业工艺流程促进了生产效率的提高,并降低产品生产的成本。

第二,福特流水线采取了全产业链模式确保生产过程的协调和流畅。

---

① 早在 1769 年,乔赛亚·韦奇伍德便在埃特鲁利亚陶瓷工厂实行了一种精细的劳动分工和工序流程安排。这种工作方法将制陶的整个过程分解为多个专门的工序,并由不同的工人负责完成。每个工人负责一个具体的工序,形成了一条有序的流程,这种工作方式类似于后来被称为"流水线"的生产模式。通过实行流水线生产,韦奇伍德实现了工序的专业化和效率的提升。每个工人只需专注于自己的工序,可以更加熟练和高效地完成任务。此外,通过规定固定的工作节奏和统一的劳动管理,工人们的工作也更加协调和有序。

福特建立了高度垂直一体化的生产模式,通过企业集团控制几乎所有生产环节,从原材料采购到最终产品交付,形成了产业链的内部化。在福特时代,信息通信技术仍处于萌芽阶段,尚未发展到今天的高度,市场交易中存在着信息不对称和交易规则不完善的问题。这种通过企业家组织协调生产资源的方式比起市场价格机制协调更加有效(Coase,1937)。此外,当产品制造过程中所需的资产专用性过强的时候,外部市场投资相对不足,因此零部件生产也高度依赖于企业内部的投资来实现(Williamson,1975,1979,1985)。福特采取根据自身的需求和目标,以内部制定计划和指令的方式分配资源、协调生产流程,并及时调整和优化生产过程,实现了汽车的高效生产。至今我们依然能够感受到汽车制造业中大企业发展全产业链模式的产业特征。

第三,福特流水线采取了标准化制造模式。福特通过同质化生产,实现了产品的标准化,降低了生产成本,提高了产品的质量一致性,满足了大众市场的需求。虽然生产"大量单一的标准化商品"早在1814年已经出现在纺织业,一个代表性案例是沃尔瑟姆工厂生产的单一款式的白床单。但是,人们通常认为大规模标准化生产是不可能应用于汽车这样的复杂产品的,因为汽车的生产需要花费大量的时间进行细致地组装零件、锉削和调整,以确保它们可以协同工作。福特的流水线打破了这种偏见,利用流水线将标准化应用于汽车生产,成功地实现了以较低的成本生产大量相同规格的汽车,充分满足市场的数量需求。

福特主义的实施在当时引起了巨大的关注和影响。福特主义的思想和方法像藤蔓一样蔓延开来,最终渗透到汽车产业的各个生产流程中,并扩展到整个重工业。其他行业也纷纷效仿并推广生产流水线,不断完善这一生产方式。生产流水线成为工业化的标志,是现代社会最伟大的产业创新之一。

（二）丰田主义：基于产业链供应商关系重构的产业创新

日本由于自然资源匮乏的现实，以丰田公司为代表的日本企业没有完全照搬福特主义的生产模式，而是将福特制与弹性生产方式相结合，创造出了一种"精益生产"的新模式，旨在通过消除浪费、提高生产效率和质量，以最小的资源投入来满足多样化市场需求。爆发于 1973—1974 年的石油危机，使得世界各国的制造业开始意识到过度依赖有限资源和廉价原料以及能源的不可持续性。丰田公司的精益生产模式，引起了广泛关注并被认可，被称为丰田主义（Toyota Production System，简称 TPS）。

丰田主义提倡实施"精益生产"原则，包括流程改进、库存控制、质量管理和持续改进。追求在生产过程中实现高效的价值流动，以满足客户需求，并在整个供应链中共享这一目标。"准时化"（JIT，Just In Time）和"自働化"（VC，Visual Control）是丰田生产方式的两大支柱，都是源自丰田对汽车产业价值链中的供应商的关系重构和优化。

重构零部件供应商关系提升生产的"准时化"。丰田主义对准时化提出了很高的要求——"在需要的时间供应需要的数量和需要的零部件"。为了实现这个标准，丰田公司采取了倒过来运送的管理方法，即最后的总装配线根据生产计划依次向前一道工序领取生产所需求的各种零部件，一直追溯到原材料供应部门，这种管理方法蕴含着博弈论中求解纳什均衡的思想。丰田主义将建立长期稳定的供应商合作关系作为重点，鼓励供应商积极参与产品设计、工艺改进和成本控制，共同寻求创新和提升价值。这是对福特主义中一体化的产业价值链模式的零部件供应商关系重构的产业创新。

重构企业与工人的劳动关系实现生产线的"自由化"。在某种程度上，工人也是企业的一类供应商。工人为企业提供劳动力和技能提供服务,在生产过程中扮演着重要的角色,他们通过劳动和技术知识,将原材料转化为最终产品或服务,为企业创造价值。福特主义通过分工实现的劳动简单化,工人通常只需执行狭窄的、重复性的任务,缺乏对整个生产过程的综合理解和参与,削弱了工人在生产过程中的自主性和决定权,这种办法显然不利于工人技能的提高和能动性的发挥。为了区别于传统流水线上的机械"自动化",丰田生产方式提出了"自働化"的概念,在这个概念中构建了一个新型汉字——"働",突出"人"+"自动化"的特征,强调人与机器的结合。一是鼓励员工主动发现问题、分析原因,并采取措施解决问题。二是注重员工的参与和发展,鼓励员工提供改进意见和参与问题解决,强调团队合作和共同学习。三是注重培养员工的技能和能力,通过培训和发展计划提升员工的专业水平和自我管理能力。

由此可见,丰田主义是在吸收福特制中的标准化和流水线作业等合理内核的基础上,通过对供应商(包括员工)关系重构对整个产业价值链进行了创新性的调整和变革,实现了产业创新。在丰田主义中,供应商(包括员工)被视为合作伙伴而非简单的交易对象,强调供应链的整合和协作,建立稳定的合作关系,并通过共同的目标和持续的改进,提高生产效率和产品质量。这种创新性的调适和变革使丰田生产方式在实践中展现出其独特的优势和价值,并成为其他公司、其他产业追随的榜样。

(三)大众模式:基于产业链研发设计重构的产业创新

第二次世界大战结束后,全球社会逐渐进入了一个市场需求向多样化发展的新阶段,这对工业生产提出了新的要求。单品种、大批量的流水生产方式难以实现多品种和小批量的产品生产。为了适应这样的时代需求,汽车制造业也开始探索开发更多的车型,以通用为代表的美系车企首先运用了平台化的概念。

但是真正将这一概念发扬光大的是德国大众公司。在大众之前，美国的汽车企业率先使用了平台，虽然在不同车型上采用了相同零件共用的策略降低了成本，但造成了汽车外形相似的问题，并且车身方面的零件共用容易破坏汽车形象的美感。这种简单平台的概念容易使车企陷入平台化就是只改车身外壳而不变革技术的误区，对企业的长期发展不利。

20世纪80年代，欧洲的一些汽车集团下的不同品牌的车型拥有相同的底盘，平台概念从同一品牌下的不同车型延伸到同一集团的不同品牌。大众对平台化的运用是提高与汽车外观无关的零部件（如车轮、底板、制动、动力系统、悬挂等）的共用率。

平台化和模块化对汽车研发成本产生了显著影响。平台化使汽车制造商能够共享核心平台的开发成本和资源。通过构建通用的底盘、动力系统和电子架构等核心平台，汽车制造商可以在不同车型之间共享部分设计和工程成果，减少了重复的研发投入。这种平台化的设计方法降低了研发成本，提高了开发效率，并使得汽车制造商能够更快速地推出新车型。模块化使汽车的研发过程更加高效。汽车系统和部件被设计成独立的模块，可以独立开发、测试和生产。这种模块化的设计方法降低了开发成本，加快了研发周期，并增加了产品质量的可控性。同时，模块化还使得汽车制造商能够更加灵活地对车型进行配置和定制，以满足不同市场和客户的需求。

通过"平台化＋模块化"，汽车制造商可以减少重复的研发投入，提高研发效率，降低研发成本。这使得更多的资源可以用于创新和技术研究，推动汽车行业的进步和创新。平台化和模块化促进了供应商的参与和合作，提高了整个产业的竞争力。

第四节　5G 驱动下的汽车产业价值链重构

以 5G 为代表的新型基础设施不断完善，持续深度融合人工智能、信息通信、智慧城市和交通等技术将成为汽车产业创新的核心方向。其目标是创造更加安全、舒适和高效的出行方式以及物流解决方案。这一趋势还将重新塑造汽车及相关产业生态和价值链（如图 7.5 所示）。

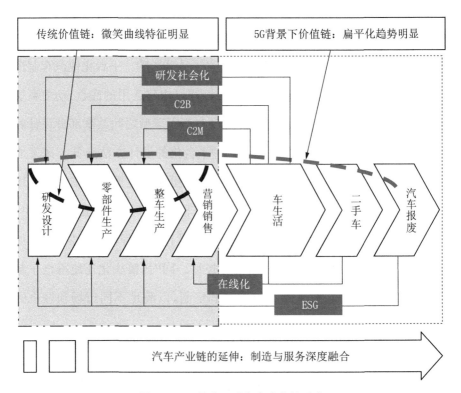

图 7.5　5G 技术驱动汽车产业链形态

一、基于 5G 技术的汽车产业价值链重构

5G 的发展在生产领域带来的最大革命之一是智能制造。智能制造的引入有望打破价值链"微笑曲线"中的"制造"环节低附加值的"诅咒"。价值链"微笑曲线"的基本含义是指在一个产品产业链各环节中,产业链前端的研发设计环节,以及产业链后端的销售服务环节的产品附加值明显要高于中间的生产制造环节的附加值,因此在所有环节中,获得的利润最低的是制造环节。如苹果公司通过研发设计产品、线上和线下渠道销售,以及内容服务平台(App Store)销售获得产品大部分利润,而为苹果制造的代工厂获利却相对微薄。目前,汽车行业内的代工厂相对罕见,但并不能排除未来代工厂普及的可能性,一方面是汽车的电动化转型,造车门槛大大降低,可能会促进第三方代工厂的兴起;另一方面是汽车智能化转型,传统汽车制造商如果无法实现转型,可能会在车生活的生态中处于劣势地位,存在沦落为代工厂的可能。

幸运的是 5G 不仅驱动汽车产品的电动化、智能化转型,还赋能于生产领域的制造智能化转型,以个性化定制的生产模式将彻底改变传统制造模式,C2B、C2M 等新制造模式将会打破传统产业价值链中各个环节之间的上下游层级关系,转而成为各个环节均能直接面对消费者,使得制造环节可以走出在产业链中被两头挤压的困境。

在 C2B、C2M 等新制造模式中,产品研发和设计的主要思想是来自消费者的诉求反馈,研发设计对产品附加值的贡献度将下降;由于是消费者主动定制驱动产品生产,销售与营销等活动重要性可能会下降。能够将消费者个性化需求以产品形态方式得到实现的制造环节变成了新制造模式关键活动,制造环节对产品附加值贡献度将被提升,即"微笑曲线"的曲度将会得

到缓解,甚至被拉平,这种现象也被称为价值链扁平化特征。

二、基于5G平台的汽车产业价值链重构

在工业经济时代,无论是经济学理论,还是政府政策,以及企业的战略规划都给人留下了明显的"就制造谈制造"嫌疑。数字技术的发展,最早促进了通信、广播电视和报纸期刊等传媒行业出现了相互交叉,产业融合开始成为一种经济现象(张来武,2018)。自从互联网商业化运营以来,便不断地推动制造与服务融合(江小涓,2017)。

互联网不仅是一种数字技术,自身也是一种数字平台(郭家堂和骆品亮,2016),在促进产业融合上具有显著的网络效应威力。2010年之后,世界各国互联网普及率不断上升,移动互联网兴起,基于互联网技术的数字技术不断诞生,互联网的应用也从消费领域进入了工业领域,国民经济中产业结构和微观生产单元中的制造与服务融合的特征更加明显。在服务业中,机器代替人工是一种重要的表现。传统零售业不仅借助线上线下结合(O2O)实现了新业务模式,更是在实体店布置了琳琅满目的自助式结账终端,方便顾客自行扫码结算与支付。业务线上化比率非常高的一个行业当属金融业,如今的用户只要通过金融机构的手机应用软件并进行适当的授权,基本上可以实现足不出户自助办理大部分消费金融业务。服务业企业还借助管理、销售渠道,以及丰富的数据资源,开始向制造业延伸,采取贴牌生产或品牌联合等方式嵌入生产制造环节。在制造业,制造商利用数字技术开展服务业相关的多元化经营战略。利用产品构建平台开展服务业是其中的一个典型,电视机制造商利用产品终端优势开始开展电视内容服务业务(购买版权分发给产品终端用户)、手机制造商构建应用程序平台为消费者提供生活服务(如苹果的手机支付),这些业务与消费者生活息息相关,也

为制造商带来了源源不断的收入。更为重要的是利用这种战略，制造商可以深度锁定消费者的二次购买机会，提高了产品复购率。2022 年，美国的投资公司 Piper Sandler 发布了《第 44 次半年度青少年盘点调查》结果，这项调查对美国 47 个州 14 500 名青少年进行了调查，结果显示 88％的使用苹果 iPhone 手机的被调查者称更换手机的时候还将继续选购 iPhone。①

　　5G 在工业领域的应用本身便是一种制造与服务的深度融合，但是产业和学界更加看重的是 5G 作为一种通用技术对制造与服务融合的赋能作用。5G 将会催生出更多平台，为制造与服务深度融合创造空间。互联网商业化运营后，互联网企业推动了电商平台、媒体平台的兴起，使得原本相互独立的产业出现了市场融合。3G 和 4G 技术驱动移动互联网兴起，促进了产品平台的诞生，推动了产品相互融合，如一部智能手机就融合了功能手机、相机、音乐播放器、录音笔等多种产品功能为一体。5G 将在传统消费互联网基础上发展工业互联网，催生出更多平台，如工业互联网平台、车联网平台、物联网平台，等等，这些平台的诞生将会推动市场、产品和生产的全方位融合，为制造与服务深度融合创造空间基础(矫萍和陈甬军，2022)。

图 7.6　互联网发展对产业融合的影响

---

① 数据来自：https://www.businesswire.com/news/home/20221011005310/en/，北京时间 2022 年 12 月 1 日访问。

制造与服务融合在汽车产业存在已久。面对福特流水线大幅度提升生产率的竞争冲击下,通用汽车前首席执行官艾尔弗雷德·P.斯隆采用了细分战略,其中对消费者的购买方式进行细分便是斯隆的一大创举,即成立汽车金融公司为消费者购车支付提供金融服务,不仅解决了汽车销售端的痛点,也为通用公司开拓了一项可盈利的业务,此后,汽车金融成为汽车制造商的一大业务。如今,数字技术蓬勃发展,不少互联网企业纷纷加入了造车大军,表现出了汽车制造与服务融合的蓬勃生机。

在5G背景下,汽车制造与服务融合表现为三点。第一,市场融合方面,产业界冠以汽车为"第四屏"的美誉,汽车将会成为移动互联网新的入口终端。第二,产品融合方面,从20世纪80年代开始,汽车采用的电子元器件越来越多,一辆传统汽车已经需要500—600颗左右的芯片,新能源汽车需要的芯片量更大,达到2 000颗左右[①],足以说明汽车产品正在超越其作为机械产品的概念,深度融合于电子产品。第三,业务融合方面,车联网将是5G平台应用的一个重要领域,基于车联网平台,汽车产品将向智能化演进,汽车后市场的所有业务都将围绕车生活实现深度融合。

三、基于 5G 思维的汽车产业价值链重构

汽车消费的主力群体正迎来"Z世代"(Generation Z)。"Z世代"指的是那些在互联网虚拟世界与实际生活相融合的条件下成长起来的新一代消费者。这一代人一出生便接触各种数字化产品,并且以其鲜明的在线消费特点而闻名,直播销售、短视频、共享汽车等基于互联网而兴起的新行业和新业态不断强化着"Z世代"消费者对产品多元化和个性化需求的诉求。

---

① 数据来自《"芯片荒"席卷全球,一辆汽车到底需要多少芯片?》的产业新闻报告,详见腾讯网 https://new.qq.com/rain/a/20220422A02KKN00(2022 年 12 月 1 日访问)。

　　"Z世代"消费群体的上述需求特征要求汽车制造商必须以迅速的反应来确保产品的竞争力，及时地了解、分析和满足消费者的需求成为其中的关键。以此，产业链的各个环节都必须更加注重消费者的参与，这种以消费者为中心的参与方式完全颠覆了传统汽车产业的垂直分工生产模式。基于5G的赋能，制造商、消费者和其他利益相关者在价值创造、传递和实现等环节上进行广泛而深入的参与，最终促进了产业链终端的闭合。

　　这种终端封闭的趋势代表了一个汽车产业价值链在数字化时代适应和演变的方式，其中消费者的参与程度至关重要。这种新的价值共创和合作模式使得产业链更加灵活、创新，并能更好地满足不断变化的市场需求。

第五节　5G驱动下的汽车产业服务化模式创新

　　5G将推动汽车产业向提高城市交通的效率、安全性和可持续性方向发展。基于5G驱动的产业价值链重构下的服务化创新模式将为汽车产业向开放合作、价值共创的生态化发展提供路径选择。本节将具体介绍无人驾驶、汽车数字孪生和智慧交通三种典型的服务化创新。

　　无人驾驶是一种基于5G技术的汽车智能化服务创新。5G技术是无人驾驶领域的关键性支撑技术。5G网络的高速、低延迟和超大容量将显著提高无人驾驶汽车的性能、智能化程度和安全性，支持汽车驾驶自动化的商用和普及。在无人驾驶中，汽车制造商将为用户提供更多出行便利和乐趣，包括高速无线连接和多功能应用，推动智能交通系统的升级，提供更智能高效的出行体验。

　　汽车孪生是一种基于5G平台的虚拟现实服务创新。基于5G平台，汽车制造商将实体汽车与虚拟数字模型相对应,从研发到售后服务,通过实时监控和个性化建议提高汽车产品的质量和用户体验,促进了产品全生命周期管理的服务闭环。

智慧交通是一种基于5G思维的解决方案服务创新。5G在交通领域触发的创新,将改变交通管理、汽车驾驶和交通基础设施。这种革命性的变化包括实时的智能交通信号控制、车辆互联和自动泊车等。汽车制造商需要采取开放的生态思维,与各方建立共生关系,参与生态系统治理,积极投入研发和创新,以成为智慧交通生态圈的领导者,引领生态圈成员共同创造价值和实现共同进化。

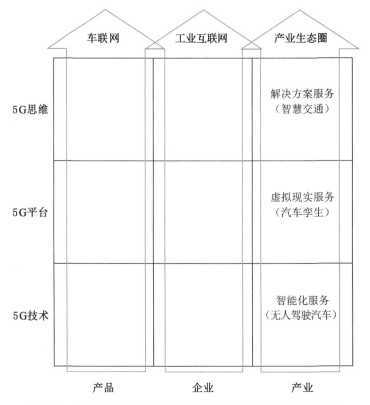

图7.7　5G驱动下的汽车产业服务化创新方向选择及典型模式

一、基于 5G 技术汽车智能化服务创新：无人驾驶汽车

全球汽车技术及产业的重要发展趋势之一便是汽车驾驶自动化。5G 技术正在不断地深度融合到汽车自动化驾驶领域，推动汽车智能化服务的创新，无人驾驶服务是未来汽车智能化服务的典型模式。

（一）模式描述

无人驾驶被广泛认为是未来出行的主要趋势之一。近年来，国际及主要汽车产业国家（或地区）的标准法规组织广泛开展汽车驾驶自动化分级研究。美国 NHTSA 于 2013 年提出 5 级划分，包括无自动化、特定功能自动化、组合功能自动化、有条件自动化和完全自动化；德国 BASt 则按驾驶员参与程度分为 5 级，涵盖仅驾驶员、辅助驾驶、部分自动驾驶、高度自动驾驶和完全自动驾驶；国际 SAE 发布 J3016 标准，使用 0—5 级分类法，包括无自动化（0 级）到完全自动化（5 级）的 6 个级别。其中，SAE J3016 标准的影响最大，被包括中国在内的全球汽车产业广泛应用。

驾驶自动化根据用户的自主程度不同，可以分为六个级别（如表 7.2）。其中，4 级驾驶自动化和 5 级驾驶自动化属于无人驾驶范畴，在 4 级中汽车将实现完全自主决策，不需要人为干预，驾驶员已经成为乘客。在 5 级中，汽车将还具备更强的感知能力、决策能力和交互能力，能够在任何可行驶条件下（包括极端情况下）保持车辆的稳定性和安全性。

无人驾驶需要汽车具备根据实时数据进行自主决策和行驶的能力，从而实现车辆自主化和智能化运行。5G 网络作为下一代移动通信技术，具有极高的传输速率、低延迟和超大容量等特点。这些优势将会对无人驾驶的发展产生巨大的影响。

表 7.2 驾驶自动化级别及其系统激活后用户的角色

级别	驾驶自动化	定义	用户角色		
			在驾驶座位的车内用户	不在驾驶座位的车内用户	车外用户
0 级	应急辅助,emergency assistance	系统不能持续执行动态驾驶任务中的车辆横向或纵向运动控制,但具备持续执行动态驾驶任务中的部分目标和事件探测与响应的能力。			
1 级	部分驾驶辅助,partial driver assistance	系统在其设计运行条件下持续地执行动态驾驶任务中的车辆横向或纵向运动控制,且具备与所执行的车辆横向或纵向运动控制相适应的部分目标和事件探测与响应的能力。	传统驾驶员	远程驾驶员	远程驾驶员
2 级	组合驾驶辅助,combined driver assistance	系统在其设计运行条件下持续地执行动态驾驶任务中的车辆横向和纵向运动控制,且具备与所执行的车辆横向和纵向运动控制相适应的部分目标和事件探测与响应的能力。			
3 级	有条件自动驾驶,conditionally automated driving	系统在其设计运行条件下持续地执行全部动态驾驶任务。	动态驾驶任务后援用户		
4 级	高度自动驾驶,highly automated driving	系统在其设计运行条件下持续地执行全部动态驾驶任务并自动执行最小风险策略。	乘客	乘客	调度员
5 级	完全自动驾驶,fully automated driving	系统在任何可行驶条件下持续地执行全部动态驾驶任务并自动执行最小风险策略。			

资料来源:根据中国的《汽车驾驶自动化分级》(GB/T 40429-2021)整理。

（二）模式展望

5G 网络的高速、低延迟和超大容量等特点，将极大地提高无人驾驶汽车的性能、智能化程度和安全性。首先，5G 高速传输技术使车辆能够快速传输和处理数据，提高响应速度和行驶效率。5G 网络实现了车辆与云端的实时数据交互，使无人驾驶的车辆能够迅速应对特殊情况，增强了行驶安全和智能性。其次，5G 网络的低延迟和高可靠性是实现无人驾驶大规模商用的关键。通过 5G 网络，车辆能够实时接收传感器数据，更准确地感知周围环境，车辆可以实时与其他车辆、行人和城市设施通信，共同创建更安全和高效的交通环境，实现大规模的商用。最后，5G 网络提供高水平的安全保障。在紧急情况下，5G 网络迅速响应，缩短了救援车辆的响应时间，提高了救援速度，为城市交通安全问题提供了全面高效的解决方案。

汽车 4 级和 5 级的驾驶自动化将跟随 5G 的发展，逐步向商用化和普及化的方向发展。未来的汽车驾驶员将从司机转变为乘客，汽车制造商需要重点考虑的是随着 5G 网络的不断发展和完善如何为用户的出行和生活带来更多便利和乐趣的出行服务。如通过 5G 网络提供高速无线连接，支持车载娱乐、信息娱乐和智能交通系统等多种功能，扩展应用领域。

5G 网络和汽车产业的融合将会带来巨大的变化，这种融合将会极大地促进智能交通系统的发展。以 5G 网络为基础的智能交通系统，具有更高的传输速率、更少的传输延迟、更完善的数据处理能力和更安全的连接性。这种系统将重新定义人们的出行方式，带来更加智能和高效的交通体验。

二、基于 5G 平台的虚拟现实服务创新：汽车数字孪生

在 5G 平台支撑下，制造商借助人工智能、区块链、云计算和大数据等数字技术系统构建网络、平台、安全体系，打造人、机、物全面互联，推动线下物

理产品、服务组合与线上数字虚体、服务组合的互动。数字孪生是数字化时代的重要技术和手段,将在未来的发展中发挥越来越重要的作用。

（一）模式描述

汽车制造不断地融入更多的产业技术,使得汽车集成度不断上升,如今的汽车已经是一个拥有上万个零部件的复杂品。基于5G网络,汽车制造商可以在汽车产品中融入更多的数字化技术（尤其是 AR 和 VR 技术）,为每一辆汽车从设计开始到运行过程创建数字模型,形成一个数字化的副本。

汽车数字副本与实体世界中的汽车一一对应,并具有相同的结构、特征、属性、行为和运行方式,从而可以用于模拟、监控、优化和预测实体世界中的汽车制造和运行的行为和过程。汽车的数字孪生在产品的研发、制造和运营等各阶段均能发挥重要作用。在研发环节,数字孪生技术用于快速设计和测试新车型,将车型的虚拟数字孪生与不同应用场景下的测试相结合,使得汽车设计团队可以更加敏捷地进行设计和测试,并在整个汽车研发过程中加速创新。在制造环节,数字孪生技术可用于优化制造过程,包括厂房、生产线和产品配置的优化。制造过程中的传感器可以将数据同步到数字孪生模型中,实时监测制造工艺和设备状态,预测设备故障,从而提高生产效率和降低成本。在销售环节,数字孪生汽车可以提供更丰富和个性化的客户体验。潜在买家可以自定义汽车的颜色和内饰,以及在虚拟空间中体验汽车性能。同时还可以在虚拟环境中体验汽车驾驶,激发购车的欲望。在售后服务环节,利用数字孪生监控车辆的实时状态,支持车辆诊断和故障预测,以及个性化的保养建议,提高汽车的使用寿命。

（二）模式展望

汽车数字孪生的一个重要意义在于实现了产品全生命周期管理的服务闭环。随着越来越多的数字技术诞生、发展和成熟,制造业和服务业的融合趋势愈加明显,产业发展出现了"基于产品的服务延伸"和"基于制造的服务整合"的"相互融合"特征。制造业服务化从传统的注重产品的功能服务(如提供零部件更换、维修等)拓展到了强调产品制造与产品使用的无缝对接的产品全生命周期管理的服务。全生命周期管理服务(LM)是对制造领域的产品生命周期管理(PLM)与服务领域的服务生命周期管理(SLM)的有效整合,强调制造企业的产品和服务的系统性,即两者不再是孤立的对象,而是不可分割、互为依托的系统。

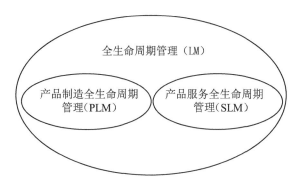

全生命周期管理(LM)

产品制造全生命周期管理(PLM)　　产品服务全生命周期管理(SLM)

图 7.8　产品制造—服务全生命周期管理模式

全生命周期管理模式的一个重点是要消除产品与服务的隔阂,构建产品服务融合的全生命周期管理流程。全生命周期管理已经引起了传统汽车制造商的重视,因此筹建起了越来越多的 4S 店。即便如此,在传统的商业中,传统汽车业通常面临着一个挑战,即汽车销售意味着将汽车的相关权益转移到车主手中,导致制造商在汽车售后阶段难以实施有效的产品管理以及提供个性化的服务。

数字孪生汽车技术的出现有望改变这一格局。数字孪生汽车利用传感器和数据收集技术,将车辆的实时运行数据传输到数字模型中,这个数字模型就是汽车的数字孪生。这个数字孪生模型不仅包含车辆的物理特性,还包括车辆的行为、性能和健康状态等方面的数据。基于这个汽车的数字孪生，制造商可以实时监控车辆的运行状态，包括引擎性能、车辆健康状况和驾驶行为等。这使得制造商能够更好地理解车辆的使用情况和性能，并提供个性化的建议和服务。例如，如果数字孪生模型检测到车辆的某个部件需要维修，制造商可以提前通知车主，并安排维修，以避免突发故障。特斯拉等公司已经在尝试利用数字孪生模型不断收集车辆数据，用于检测异常情况并提供纠正措施。汽车数字孪生技术为制造商实施全生命周期管理提供了可能，将为汽车产业带来服务模式创新的机会。

三、基于 5G 思维的解决方案服务创新：智慧交通

5G 技术的广泛应用引发了各行各业的创新思维，智慧交通作为其中的重要领域之一，正在经历着深刻的变革。早在 20 世纪 90 年代初，美国作为世界上最大的汽车拥有国，面对日益增长的汽车以及不断恶化的城市交通堵塞与空气污染，提出了智能交通（ITS，intelligent transportation systems）的设想。2010 年之后，人工智能、云计算、大数据、移动互联网等大量新兴数字技术诞生，驱动着更多的传统行业向智能化方向转型升级，5G 使得智能交通可以进一步融合这些新兴数字技术，促生出了智慧交通的新理念。

（一）模式描述

在驱动智能交通向智慧交通升级的众多技术中，5G 无疑是关键性的基础技术。在交通管理方面，基于 5G 的高速、低延迟的数据传输，交通信号可以实现实时的智能控制，根据道路流量和拥堵情况进行动态调整，优化交通流畅性；交通管理中心可以更快速地获取和处理交通数据，实时监控交通状况，迅速做出调度和决策。在汽车驾驶方面，基于 5G 的特大规模连接，使车辆能够实时互联，共享交通信息，实现车辆之间的协同和智能导航，未来还

会进一步支持无人驾驶的实现。在交通基础设施方面，基于5G低延迟通信，停车场可以实现实时的车位监测和导航，引导车辆快速找到空闲停车位，改善城市"停车难"顽疾，未来再结合人工智能技术，汽车可以自动规划行驶路线和自动停入空闲泊位，实现真正意义上的"自动泊车"。

智慧交通作为智慧城市的重要组成部分，自身便是一个庞杂产业生态圈，包括了智能交通信号控制、智能公交、智能交通管理、智能停车以及车联网等众多系统。可以发现这些系统都是围绕打造"更聪明的汽车"而建立的。汽车制造商作为更聪明汽车的生产者，理应责无旁贷地着眼于为智慧交通提供解决方案的理念开展服务创新，并通过服务创新成为智慧生态圈的舵主型企业。

（二）模式展望

产业生态圈构建的一个关键是如何建立一个机制对各种参与者进行有效的利益创造、协调和分配，实现生态圈价值的最大化和各参与方的"共同进化"。汽车制造商若要成为生态圈舵主型企业，关键是要切换思维，即从传统的"链式思维"转向"生态思维"，实现从价值分配到价值创造的理念跃升。

一是汽车制造商应该从封闭走向开放，建立与智慧交通各参与方有序的共生关系，创造出真正有价值的生态系统。要实现智慧交通理念，需要汽车实现V2X功能，其中的V表示汽车（Vehicle），X表示任何与车交互信息的对象，典型的有其他汽车（V，Vehicle）、行人（P，Pedestrian）、交通路侧基础设施（I，Infrastructure）和网络（N，Network）等。由此可见，单一品牌的汽车制造商无法构建智慧交通，所有的汽车制造商联合也未必能够构建真正意义上的智慧交通，只有通过开放，建立有序的共生关系，吸引更多的主体参与价值共创才是正确的方向选择。

二是汽车制造商应该致力于生态圈的治理,强化各参与主体之间的互生关系,使得各方能够相互依赖并分享价值。产业生态与大自然生态类似,各参与者之间是互生关系,难免会出现个别参与者短视逐利而发生污染生态的事件,汽车制造商应该积极参与产业生态圈的治理,如制定和执行规则、标准和政策,以确保生态系统的协同运作,解决潜在的冲突、提高效率和创造共享价值。苹果公司之所以能够成为智能手机和移动互联网生态圈的舵主,与该公司对生态圈的治理参与有很大的关系。

三是汽车制造商应积极投入研发和创新,打造新的赛道或领域形成再生关系,以创造更多的价值机会。产业的生命力来自创新,汽车产业有着对技术创新不断追求的传统,100 多年来,制造业不少技术和理念的创新来自汽车产业,未来进入产业生态圈发展模式后,创新依然是汽车制造商主导生态圈的最大法宝。

第六节　本章小结

基于产业价值链重构形成的产业创新优势是国家竞争力的重要组成部分,它们影响着一个国家在全球市场中的地位和影响力。产业价值链是一个产品或服务从研发设计、原材料采购、生产制造、分销流通到最终消费的全过程中涉及的各个环节之间相互依赖、相互协助的上游下游链条关系。其核心是价值创造,包括了多个增值环节,每个环节都为产品或服务增加了价值,同时对最终交付产生影响。产业价值链中各个环节的附加值分配通常是不均等的。处于链条两端的环节,如研发设计和销售与服务,通常具有较高的附加值,而中部的装配生产环节的附加值较低。然而,产业链的各环节相互依赖,需要合理的附加值分配机制以促进共享价值和可持续发展。

产业创新优势是国家或地区在特定产业或领域中相对于其他国家所具备的能力和资源,使其能够在市场中取得持续性的卓越表现。产业创新优势体现为多维度,包括技术、组合、组织和市场等方面的因素。技术优势是产业创新优势的核心,指的是在某个产业或领域中拥有先进的技术、专利或核心知识产权,并且能够不断推动产业技术的进步和创新的一种能力优势。组合优势是指在整合和利用各种要素资源上更加高效所表现出来的竞争优势,通过优化资源组合,一个国家或地区可以在特定产业领域获得竞争优势。组织优势涉及具有高产业链控制权和协调能力的企业或组织,它们能够有效地组织和整合产业链资源形成竞争优势,推动创新和发展。市场优势是一个国家或地区在特定产业上的市场规模和需求旺盛程度。市场优势可以吸引外国投资和技术引进,促进技术传播和产业升级。

数字化技术促使企业更加高效地参与交易和合作,降低了成本,提高了透明度和信任,同时也推动了全球市场的扩展。这些技术趋势将继续塑造未来的产业格局,一是搜寻成本的降低,利用数字技术,企业可以更容易地访问各种信息资源,包括市场数据、供应商信息、竞争情报等。数字技术帮助企业找到合适的供应商、合作伙伴和市场机会。此外,用户生成内容和在线评论等也提供了有关产品和服务的重要信息,帮助其他人做出更明智的决策。二是合约成本的降低,数字技术使得合同的签署和执行变得更加便捷和高效。电子签名、智能合约和区块链技术等工具可以简化合同签署过程,提高合同的安全性和可靠性。同时,数字技术提供了合同监督和管理的工具,帮助买家和卖家跟踪合同执行进度,记录交易数据,降低合同执行的风险。

数字化平台所具有的网络效应特征,创造出数字经济领域的虚拟集聚、超大规模经济以及范围经济,形成了对产业价值链的重构作用。一是平台虚拟集聚,数字化平台通过吸引供应商和消费者,构建虚拟集聚的生态系统。这一生态系统在数字经济中通过网络效应变得更加活跃,改变了传统线性的产业价值链,让交易更为直接和频繁。数字平台的虚拟集聚也鼓励了消费者更直接地参与产业价值链的不同环节,包括产品创新和设计。消费者的反馈和需求可以通过平台传达给生产者,促进产品改进和创新。二是平台规模经济。数字平台通过吸引大量用户形成规模经济,同时积累大量数据资源。这可能会对传统产业链的主导者产生影响,因为平台在数据资源方面具有竞争优势。三是平台的范围经济,使得资源共享变得更加广泛和高效。这种资源共享包括交易机制、信任体系、基础设施建设等,促进了合作和资源的最优利用。平台的范围经济降低了资产的专用性,使得企业和参与者可以更容易地共享和利用彼此的资源,这推动了产业链的分散化和结构的合理化。

数字化思维对传统产业价值链产生了深远的影响,推动了产业链的重构,以适应新的商业模式和市场趋势。跨界竞争思维、价值共创思维和数据要素思维是数字化时代产业变革的关键思维。跨界竞争思维。数字化技术打破了传统行业边界,促使不同行业之间的交叉和融合。这导致新的商业模式和服务的涌现,改变了传统产业格局。这种思维方式有助于企业跳出传统行业边界,进行创新和竞争,进入新的市场领域。破坏性创新也是这个思维方式的一个关键特征,它可以颠覆现有的产业格局,重新定义市场规则。价值共创思维。数字化时代强调了消费者的参与和个性化需求的重要性。价值共创思维将消费者视为价值链的主要参与者,与企业建立更密切的关系。这种思维方式强调消费者与企业之间的合作,共同推动产业的创新和发展。消费者不再被动接受产品,而是与企业一起创造价值,这有助于企业提供更好的用户体验和解决方案。数据要素思维。数字化时代将数据视为战略性资源和核心生产要素。数据不再仅仅是信息的载体，而是在整个产业价值链中发挥关键作用。这种思维方式推动了数据在各个产业环节的广泛应用，从而导致产业价值链的重构，使其更加智能化和高效化。数据的边际成本接近于零，而数据的价值可以倍增，这使得数据在产业中的应用变得非常有吸引力。

汽车产业在全球范围内扮演着重要角色，不仅是经济增长的引擎，还与城市发展、就业创造和科技创新紧密相连。随着数字技术的不断演进和新业务模式的涌现，汽车产业价值链将继续发生变革。汽车产业链具有强大的上下游带动效应，不仅推动了相关产业的发展，还有助于城市基础设施建设和商业服务行业的繁荣。汽车产业一直是科技创新及其应用的前沿，汽车制造商和相关企业的研发工作不仅推动了汽车技术的发展，还促进了其他领域的技术进步。

历史上，汽车产业创新模式在汽车产业中推动了生产效率的提高、成本的降低和质量的提升。它们也为其他制造业领域提供了有价值的经验，鼓励供应链的协作和创新，对整个制造业产生了积极的影响。福特主义、丰田主义和大众模式是汽车产业中重要的产业创新模式，对整个制造业产生了深远的影响。福特主义以流水线生产为核心，通过工艺流程的细化和优化，实现了生产效率和规模经济的显著提升。福特主义改变了制造业的格局，使大规模生产成为可能，从而降低了汽车价格，提高了普及率。福特主义所强调的劳动分工、一体化和标准化生产，是现代制造业的基础之一。丰田主义强调消除浪费、提高生产效率和质量，实现了对多样化市场需求的满足。丰田主义对内注重员工的自主性、参与和技能培养，强调团队合作和共同学习；对外重构了供应商关系，建立了长期稳定的合作关系，通过协作和持续改进提高了生产效率。大众模式采用了平台化和模块化的策略,通过共享核心平台的开发成本和资源,降低了研发成本。模块化设计使汽车系统和部件可以独立开发、测试和生产,提高了开发效率和产品质量的可控性。这种模式还增加了产品的定制和配置灵活性。

在5G的驱动下,汽车产业价值链将发生全面的重构,推动智能制造、产业融合,以及消费者深度参与等方面的发展。5G技术和智能制造的结合将推动汽车产业的重大变革,其中之一是智能制造。5G的高速、低延迟和大容量的特点使其成为连接车辆和生产设备的理想选择,从而实现更高效、更智能的制造流程。智能制造的兴起将打破传统的价值链"微笑曲线"特征,改变汽车产业链中各个环节的价值分布传统格局。5G所驱动的新制造模式,如C2B和C2M将直接连接消费者与制造环节,允许消费者通过个性化需求来驱动生产,从而提高制造环节的附加值,使产业价值链发生扁平化改变。

5G不仅在制造方面有影响,还在市场融合、产品融合和业务融合方面发挥作用。5G为各种平台的发展创造了空间,促进了市场、产品和生产的全面融合。汽车产业长期以来一直在追求制造与服务的融合。例如,汽车制造商不仅提供汽车产品,还提供金融服务,为消费者购车提供便利。随着数字平台的兴起,汽车制造与服务融合变得更加深入,包括市场、产品和业务等多个方面。基于5G平台,汽车产业呈现出三个重要方面的深度融合。一是汽车成为移动互联网的新入口终端,开辟了新的市场前景。二是汽车产品越来越依赖电子元器件,使汽车变得更加智能化和电子化。三是车联网作为一个关键领域,推动了汽车产品向智能化方向的演进,并促使汽车后市场的各个业务实现深度融合。

基于5G思维的汽车产业价值链重构反映了汽车行业在数字化时代适

应和演变的方式。在互联网虚拟世界与实际生活融合的条件下成长起来的新一代消费者——"Z世代",正在成为汽车消费的主力军。"Z世代"以在线消费特点和数字化产品的熟练使用而闻名,对多元化和个性化产品有强烈需求。这一消费群体的兴起对汽车产业带来了新的挑战和机遇。汽车产业的各个环节都需要更多地关注消费者的参与,以确保产品在市场上的竞争力,5G的赋能为实现这种参与提供了强大的支持,使制造商、消费者和其他利益相关者之间的互动更加深入广泛。这种赋能有助于实现更好的价值创造、传递和实现,终将促进汽车产业链终端闭合。

汽车产业利用5G可实施三种服务化创新模式。一是基于5G技术的汽车智能化服务创新,无人驾驶是这一模式创新的典型,被视为未来出行的主要趋势,随着5G网络的发展,汽车驾驶员将变为乘客,这一角色的变化将颠覆现有的汽车产业的众多商业模式。二是基于5G平台的虚拟现实服务创新,汽车孪生是这一创新模式的典型。汽车孪生在汽车行业的应用覆盖了产品的研发、制造、销售和售后服务等多个环节,它将有助于消除产品与服务之间的隔阂,为制造商提供更全面的产品管理和个性化的服务机会。这一模式将推动制造业向全生命周期管理服务的转变,实现产品和服务的系统性融合,以满足不断变化的市场需求。三是基于5G思维的解决方案服务创新,智慧交通是这一模式创新的典型。5G是智慧交通发展的关键基础,其高速、低延迟的数据传输能力支持了交通管理、汽车驾驶和交通基础设施等多个方面的创新,包括交通信号控制、智能公交、交通管理、智能停车和车联网等,这些系统最终将形成一个庞杂的产业生态圈。合作和共生将成为构建智慧交通的关键。汽车制造商需要采用开放的思维,建立有序的共生关系,吸引更多参与者参与智慧交通的价值共创。

第八章
结论与展望

在数字化浪潮中,传统产业或企业正面临着前所未有的转型挑战。问题的关键已经不在于产业或企业是否需要数字化转型(如果想具备竞争力,就别无选择),而在于怎样转型,或者说转型成为什么样的未来产业或企业。那些能够理解并积极适应这些变化的产业或企业将脱颖而出,获得新的竞争优势。那些具备前瞻性布局的经济体将在全球价值链中获得攀升,实现更广泛的经济增长。这一变革正在重新塑造着产业与商业的未来,为有远见和准备的参与者带来机遇。

第一节 主要结论

移动通信技术的不断发展对社会、经济和技术领域产生了深远影响,已成为现代社会不可或缺的一部分。在移动通信技术的推动下,经济社会已经历了移动通信时代和移动互联网时代,并正在迈向移动物联网时代的新阶段。

我们以"5G＋汽车产业"为例,分析了数字化转型带来的价值链重构影响,并指出服务化将成为未来大部分制造业发展的重要趋势。在此基础上,深入探讨了服务化模式创新的关键问题,得到以下主要结论。

结论一:移动通信技术的发展对社会、经济和技术领域都产生了深远的影响,是现代社会不可或缺的一部分。在移动通信技术的影响下,经济社会已经完整经历了移动通信时代和移动互联网时代,目前正在向移动物联网时代演进。

移动通信技术以"10年为一代"为主要发展特征,每一代技术都带来了巨大的进步。从1G到5G,每一代技术都引入了新的功能和性能,推动了通信领域的革命性变化。移动通信技术的发展具有明显的规律性。这包括发展周期性强、超越替代性和参与主体广泛等。这些规律性为产业界、政府和利益相关者提供了稳定的发展预期。

移动通信技术带来了经济社会的信息流通、互联网普及、移动应用丰富和智能化控制等多方面的深刻影响。移动通信技术的应用不仅提高了工作效率,还催生了新兴产业,促进了经济增长。随着技术不断演进,可以期待未来移动通信技术将继续推动创新和改变我们的生活方式。

结论二:汽车产业链的演变是一个持续的过程,受到政策、技术、竞争和市场等多方面因素的影响。数字化将史无前例地引发汽车产业链变革,汽车制造商需要积极应对,重构核心竞争力和满足消费者新的需求,服务化将成为其中的关键发展趋势,汽车产业链正在呈现出以"制造＋应用服务"为中心的演变特征。

汽车产业链的演变经历着以下三个主要阶段,从以"制造"为中心的产业链,注重生产效率;到以"制造＋增值服务"为中心,将销售与相关服务相结合;最后进入以"制造＋应用服务"为中心,全面满足消费者个性化需求的演变阶段。这一演变反映了汽车行业不断适应新技术和市场需求的过程。

多重因素影响着汽车产业链的演变。政府政策在引导汽车产业的方向上发挥了关键作用,特别是环保和新能源政策的推动。产业通用技术的不断进步提高了汽车的性能和安全性。激烈的产业竞争,包括新兴造车企业的竞争,推动了产业链的变革。此外,市场需求的变化,尤其是消费者环保意识的提高,也塑造了汽车产业的发展方向。

数字经济背景下,汽车产业正发生深刻的变革。数字技术的发展为汽车产业带来了智能化和互联互通的机会,但同时也增加了竞争压力。服务化将成为未来最大的趋势,传统汽车制造商需要适应这些变化,采用数字技术进行服务化模式创新,以满足不断变化的市场需求和提供更好的消费体验。

结论三:5G 是一个技术综合体,包括多个关键技术,不仅引发通信领域的重大变革,同时也对其他产业和社会经济产生深远影响。5G 将改变汽车产业链的特征,汽车的研发、生产、销售和后市场等多个环节都将受其影响,制造商采用数字技术进行服务化模式创新可以适应未来趋势。

5G 技术并非单一技术,而是一个包括多项关键技术的综合体。这些技术包括超密集异构网络、D2D 通信、M2M 通信、网络切片、信息中心网络、内容分发网络和自组织网络等。5G 的引入将显著提高移动通信的质量,支持更多设备接入网络,满足不同应用领域的需求,推动智能化和自动化,为各行各业提供更多的发展机会。它将推动互联网领域的革命性变革,提高数据传输和处理速度,推动物联网和机器人技术的发展。5G 的技术经济范式将推动各种新的应用和服务的发展,从增强的移动宽带到智能交通管理,从自动驾驶到工业互联网,都有望成为现实,为社会和经济带来深远的影响。

5G 对汽车产业链产生了广泛影响,涉及研发设计、生产制造、营销销售、汽车后市场等多个方面。这包括研发设计环节的社会化、生产制造环节的智能化、营销销售环节的在线化和汽车后市场的生态化。制造商需要适应这些变化,采用数字技术进行服务化模式创新,包括产品的服务化、生产的服务化和整体产业的服务化。这将涉及数字化服务,标准化定制服务,协同制造服务,个性化需求服务,智能化服务,虚拟现实服务和解决方案服务等。这些服务化模式创新将推动整个汽车产业向更高水平的创新和竞争力迈进。

结论四:差异化竞争战略是企业基本战略之一,数字化转型在技术、平台和思维三个维度上重构企业的用户价值链,为企业创造差异化优势。差异化竞争对汽车制造商至关重要,5G 将为汽车制造商提供丰富的差异化竞争机会,利用 5G 来重构产品用户价值链,实施产品服务化创新是其中的重要机会。

数字化转型在技术、平台和思维三个维度上重构企业的用户价值链。数字技术使企业能够更精确地预测市场需求,数字平台改变了产业链关系,数字化思维影响企业的产品开发和市场策略。这些变化提供了机会,可以帮助企业实施差异化竞争战略。差异化竞争对汽车制造商至关重要。这一战略要求制造商通过满足用户需求和提供额外的价值来脱颖而出,以降低用户成本并提升用户的业绩表现,从而在市场中获得竞争优势。了解不同类型的用户需求(商业用户和个人或家庭用户)是关键,以满足这些需求将有助于提高市场份额和竞争力。

5G 技术为汽车制造商提供了丰富的机会,包括在汽车销售和售后服务中的应用,构建 5G 平台,丰富汽车应用服务软件,以及形成 5G 思维,将汽车与数字生活连接。这些机会可以帮助汽车制造商提高客户体验,满足不断变化的消费者需求,实现差异化。汽车制造商可以利用 5G 来重构用户价值链,实施服务化创新。这包括基于5G技术的技术便捷化服务创新、基于5G平台的产品在线化服务创新,以及基于5G思维的产品应用服务创新。这些创新模式可以帮助汽车制造商提供更多功能和体验,实现个性化定制,满足用户多样化的需求,提高竞争力。

结论五:成本领先是企业另一个基本战略。数字化转型同样在技术、平台和思维三个维度上推动企业内部价值链重构,为企业创造成本优势。提高生产效率、降低成本是汽车产业加强核心竞争力的方式,5G将为汽车制造商的复杂而庞大的内部价值链重构工程提供赋能,利用5G来重构企业内部价值链,实施生产服务化创新是其另一个重要机会。

内部价值链重构是一种创新行为,它通过开辟新的供应来源、采用新技术、拓展市场和改进组织结构等方式来降低生产成本、提高竞争力。数字化转型在技术、平台和思维三个维度上推动企业内部价值链重构。数字技术可以提高生产效率、降低成本,数字平台支持业务流程的整合和管理协同,数字化思维影响组织内部的管理方式和决策过程。这些因素帮助企业适应数字经济时代的需求,提高成本领先战略优势。

汽车制造商的内部价值链是一系列内部活动,将生产要素转化为产品或服务并推向市场以盈利。但是,汽车制造商的内部价值链是复杂而庞大的,需要高效的协作和管理,以满足市场需求、提高生产效率和确保产品质量。5G将为汽车制造商实施复杂而庞大的内部价值链重构赋能,可以通过重构内部生产和业务流程来提高效率、降低成本并推动创新。高速传输和低延迟的特性使5G能在生产和制造中应用,从而提高生产效率、降低劳动力成本、实现实时监测和预测性维护。5G还支持数字化转型,通过更新管理信息系统、打破业务运作流程的固化,以及破除管理组织层级的僵化来重构内部价值链。基于5G的服务化创新模式包括标准化定制服务创新、协同制造服务创新和个性化需求服务创新。这些模式有助于满足不断变化的消费者需求，提高生产效率和产品质量，推动汽车制造商向数字化和个性化方向发展。

结论六：产业创新优势是国家竞争力的重要组成部分，而产业价值链的重构是实现这一竞争优势的关键。数字化转型是当前产业创新重要手段，利用数字化技术促进全球市场扩展，激发数字化平台的网络效应以及利用数字化思维重构产业生态，将塑造产业未来新格局。汽车产业在全球经济中扮演重要角色，随着数字化转型的发展，汽车产业链将发生革命性重构。5G的应用将为汽车产业带来重大变革，从产业链重构到发展新的服务创新模式，塑造未来汽车产业竞争新格局。

基于产业价值链重构的产业创新优势是国家竞争力的关键组成部分，影响一个国家在全球市场中的地位和影响力。产业创新优势是国家或地区在特定产业或领域相对于其他国家的能力和资源，使其能够在市场中取得持续卓越表现。包括技术、组合、组织和市场等多维度因素。数字化转型不仅带来了技术优势，同时也创造出了组合、组织和市场等多维度优势。

数字化转型从技术、平台和思维三个维度重构众多产业的价值链。数字化技术提高了交易效率，降低交易搜寻成本和合约成本，拓展了全球市场。数字化平台的网络效应创造了虚拟集聚、超大规模经济和资源共享。数字化思维，包括跨界竞争思维、价值共创思维和数据要素思维正在塑造新的产业生态。

汽车产业在全球经济中扮演重要角色，随着数字技术的发展，汽车产业链将继续演变。5G将推动汽车产业重大变革，包括智能制造、市场融合和消费者深度参与。5G支持汽车智能化制造和虚拟现实服务创新，促进市场、产品和生产的融合。汽车产业为了适应新的数字消费者需求，也将不断地促进产业价值链的闭合。在此背景下，汽车产业可实施三种服务化创新模式，包括基于 5G 技术的汽车智能化服务、基于 5G 平台的虚拟现实服务和基于 5G 思维的解决方案服务创新，以满足不断变化的市场需求。

第二节 "2030＋愿景"展望

移动通信技术的发展长期保持着"商用一代，建设一代，研发一代"的发展节奏，并且这一代移动通信技术的愿景，往往要到下一代才能较好地完成，6G 将会是 5G 的延伸与完善。从 2018 年开始，主要国家和头部企业已经竞相布局 6G 技术研发，力争在 2030 年实现大规模商业应用。

目前，6G 尚处于研发阶段，最终能够实现的技术目标目前还是未知数。2020 年 2 月 19—26 日在瑞士日内瓦召开了 ITU-RWP5D 第 34 次会议，会议对 6G 研究时间表和未来技术趋势进行了充分讨论，但依然未能确定 6G 标准的制定计划。虽然如此，可以预见的是 6G 也将引发各国研发团队的又一次标准竞争，其最终的技术标准是各国研发博弈的结果，本节将基于美国、欧洲以及亚洲主要国家的 6G 研发进度就"2030＋愿景"进行畅想。

一、6G 基本概况

由于 6G 标准尚未制定，因此对该技术的外观还没有一个明确的概念。我们根据互联网上各种对该技术的畅想将其与 5G 进行比较，如表 8.1 所示。

表 8.1 6G 与 5G 的基本比较

维　　度	5G	6G(技术预判)
频段范围	24 GHz—76 GHz 的毫米波	95 GHz 至 3 THz 的太赫兹频段
体验数据速率	>100 Mbps	>1 Gbps
延　　迟	<10 毫秒	<1 毫秒
最大带宽	1 千兆赫	100 千兆赫
应用场景	增强型移动宽带、超可靠低时延通信和海量机器类通信	全息通信、高保真移动 AR/VR 和无处不在的 AI 驱动应用
流动性	500 公里/小时	1 000 公里/小时
网络基础设施	依靠以毫米波频谱为辅的小型蜂窝网络	地面和非地面网络(例如卫星网络)的组合实现真正的全球覆盖

资料来源：作者根据 www.thalesgroup.com 和 https://www.zdnet.com/①等网站资料整理。

(一) 6G 技术

一是 6G 拟将会采用太赫兹频段。2018 年，美国联邦通信委员会(FCC)就对 6G 系统做出了展望，提出采用太赫兹频段开发 6G 技术。2019 年，美国政府正式开放 95 GHz 至 3 THz 的太赫兹频段供 6G 技术的研发实验使用。目前，纽约大学无线中心(NYU Wireless)、美国加州大学的 Com-SenTer 研究中心、加州大学欧文分校纳米通信集成电路实验室等高校研究中心分别获得政府项目资金的资助，对太赫兹频率的信道传输技术、融合太赫兹通信与传感、支持太赫兹频率的微型无线芯片展开研究。德国科学基金会(DFG)在德国高校成立"THz 测量"研究组，致力于太赫兹测量方法和通信性能的研究。韩国把用于 6G 的 100 GHz 以上超高频段无线器件研发列

---

① Charles McLellan, 2023, *What is the state of 6G, and when will it arrive? Here's what to look out for*, https://www.zdnet.com/home-and-office/networking/what-is-the-state-of-6g-and-when-will-it-arrive-heres-what-to-look-out-for/.

为"首要"课题。中国电信正在研究以毫米波为主频、太赫兹为次频的 6G 技术。

二是数字技术将反哺 6G。现有的频谱分配机制有可能将难以胜任 6G 时代对于频谱资源高效利用的需求,针对于此,美国已经提出将区块链技术应用于动态频谱共享技术,实现频谱资源的有效分配。中国的中兴公司也已经开始着力于系统研究将人工智能、区块链等技术与 6G 网络架构、新频谱、新空口相结合。韩国的三星电子设立的 6G 研究中心计划与 SK 电信合作,将区块链、人工智能与 6G 作为未来 6G 发力方向。

三是卫星互联网通信技术将可能被 6G 技术标准所考虑。1G—5G 的移动通信技术主要依靠地面蜂窝基站实现覆盖范围的扩大,全球现有移动通信网络只覆盖了地球总面积的 6%,如果 6G 依然依靠基站实现现有的覆盖范围,所需的基站容量将是 5G 基站的 1 000 倍。采用卫星互联网通信技术是实现全球无死角覆盖的理想选择,因此太空移动通信技术的发展将有可能成为 6G 技术标准之一。英国产业界甚至将 6G 描述为是"5G+卫星网络(通信、遥测、导航)"的技术。美国在空天地海一体化通信特别是卫星互联网通信方面的研究优势明显,中国也在加速赶上。

(二) 6G 平台

6G 具备引领人类社会进入现实世界与虚拟世界融为一体的技术潜力。通过网络提供智能且无限的互联性,实现虚拟世界与现实世界之间的完美同步:一方面数以千计的传感器嵌入现实世界中的物体(包括人),实时传递数据以更新虚拟世界的呈现方式;另一方面现实世界中的实体机构执行着虚拟世界中的智能实体所发出的指令。

6G 将成为连接现实世界和虚拟世界的基础平台。6G 平台具备极致的通信、精确的感知以及强大的计算三大能力,基于 6G 平台,我们能够回溯和分析过去的事件,实时观察并采取行动,以及模拟、预测和编程未来的操作。

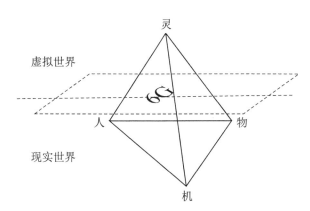

图 8.1 基于 6G 的现实—虚拟平台

(三) 6G 思维

6G 将与先进计算、大数据、人工智能、区块链等数字技术交叉融合,实现通信与感知、计算、控制的深度耦合,继续扩展和增强 5G 所定义的三大应用场景(超大规模连接、超高可靠低时延通信和泛在连接),并在此基础上增加沉浸式通信、通信感知融合、通信 AI 融合三大类超越传统通信的典型应用场景,形成 6G 的六大应用场景。

(1) 泛在连接。它是对 5G 中提出的增强的移动宽带(eMBB)应用场景的增强。5G 的 eMBB 需要达到的目标是支持对用户速度体验要求极高的高清视频(直播、转播)、云游戏、云办公等领域应用,6G 将全面满足"网络资源随需即用"。

(2) 超大规模连接。在 6G 中,超大规模连接将是基于 5G 的大规模机器类型通信(mMTC)而发展的,它将拓展应用领域和能力边界。这种连接将包括各类设备,如部署在智慧城市、智慧生活、智慧交通、智慧农业和智能制造等场景中的设备。

(3) 极其可靠低时延通信。极其可靠通信将超高可靠超低时延通信(Ultra Reliable Low Latency Communication,URLLC)的基础上进一步增

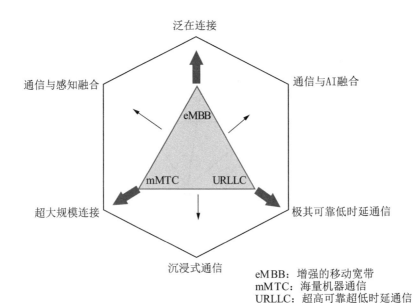

图 8.2　基于 6G 思维的应用场景

资料来源：ITU-R，"Overview timeline for IMT towards the year 2030 and beyond,"2022，详见 https://www.itu.int/。

强其性能。在有些领域中（如机器人协作、无人机群等），除了更低的时延和更高的可靠性要求之外，机器协同交互类应用还对抖动、时间同步、稳定性等确定性指标提出了极高需求。6G 综合考虑多维度的性能需求，以满足这些广泛而复杂的应用场景。

（4）沉浸式通信。它是 6G 新增的应用场景，这一场景典型用例包括 XR（扩展现实）、全息通信和远程多感官呈现等。XR 用以支持语音、手势、头部和眼球交互等复杂业务；全息通信实现自然逼真的三维交互通信；远程多感官呈现则涵盖视觉、听觉、触觉、嗅觉和味觉信息的传输。

（5）通信与 AI 融合。它通过数据收集、本地或分布式计算、跨智能节点的 AI 模型分布式训练和推理，实现各种专业用例，支持分布式计算和 AI 应用。

（6）通信与感知融合。它将通信与感知融合以提供多元化能力，满足包括感知分辨率、感知精度、检测概率等多个性能维度的要求。这一场景可以广泛应用于车联网、智能工厂等需求因应用而异的领域。

二、6G 对社会经济的影响

6G 将深化社会经济的数字化转型,并在推动智能化方面发挥重要作用,实现社会经济从数字技术的"普惠"迈向"普慧"。在普惠方面,消除数字鸿沟是全球通信技术发展的一个重要议题。6G 作为 5G 网络的延伸,它将继续肩负社会责任,努力解决更多人的网络接入获得性问题,为消除贫困人口和特殊群体的数字鸿沟提供贡献。6G 将提升通信网络覆盖率,通过引入卫星互联网等技术建设全方位立体网络,为偏远地区和欠发达地区提供随时可用、稳定可靠的网络接入,确保每个人都能享有随时随地接入网络的可能。在 6G 网络下贫困地区的病人可以通过 XR(扩展现实)、全息通信和远程多感官呈现等方式接受城市的高水平远程医疗和远程教育(艺术、体育、远程实验和模拟仿真等),从而缩小数字使用和数字素养鸿沟。

移动通信技术的每一次升级,都能催生出一大批新产业、新业态和新模式,6G 也不例外,6G 将从"万物互联"升级为"万物智联",实现生活、生产和民生的普慧化,承载着人们对美好生活的向往。

图 8.3 基于 6G 的社会普慧化

在生活领域,6G将深化通信服务和内容服务的内涵,带来沉浸式的信息服务体验。6G将包含沉浸式云XR(Extended Reality)、全息通信以及数字孪生人等技术,这些技术将为人们的数字化生活带来更加沉浸式的体验,扩展人们对数字世界的感知和参与,这一趋势可能对社交娱乐、文化体验的发展产生深远影响。如超媒体可能成为6G网络下的一种典型信息服务模式,数字孪生人则可以让用户在虚拟世界中扮演数字化的自己,成为数字世界的参与者、体验者和建设者。

在生产领域,6G将继续赋能工业互联网,建立起高度自治和确定性的工业互联网体系。智能工厂的概念在6G网络中将得到深化,6G网络将赋能实现对人、机器、物体和系统等元素的全面感知,将工业物理场景精准映射到数字空间中,实现虚拟模型和现实物理世界的连接,形成孪生工厂。孪生工厂将有可能成为6G时代的工厂新形态。

在民生领域,交通、医疗、教育等行业将继续受益于6G的赋能作用。其中,交通作为经济社会发展的重要基石,更加需要6G赋能交通网络数智化变革。6G的广泛网络覆盖和高精度定位能支持交通工具的网络接入、高精度导航以及交通调度管理。结合智能网联汽车技术,6G网络架构可以实现全面的道路交通感知,使得数字孪生技术可以被应用于模拟预测,优化交通规划和决策。通过6G促进交通行业数据的融合共享,最终实现更加智能、高效和精确的交通系统,提升出行质量与便捷性,为超能交通的形成提供重要动力。

三、6G背景下汽车服务化趋势判断

作为5G的延续,6G将会使得5G支持下的汽车服务化模式创新变成汽车产业的新常态,表现为两方面。

一是智能交通的普惠化。5G 的智能交通主要适用于城市和相对密集的地区,5G 需要大规模的基站和设备来支持其高频段的通信,限制了其在边远农村和偏远地区的覆盖经济性。6G 通过卫星互联网等技术形成一种更加综合、全方位的网络,具有更广泛的覆盖范围、更高的传输速率、更低的时延,以及更强的连接能力。通过 6G 的全面感知和定位能力,即使在偏远地区,汽车和交通基础设施也可以更好地互联,实现智能导航、车辆控制和通信。对于汽车制造商来说,这也意味着可以更自信地设计和推出智能汽车,无论汽车是否在城市、乡村或偏远地区行驶,都可以提供一致的智能功能和服务,为用户(无论他们身处何地)提供更便捷、安全和高效的出行体验。智能汽车将会在 6G 网络支持下全面普及。

二是智慧城市的高效建设。6G 将使在移动通信网络中实现人工智能的应用成为可能,推动 AI 即是服务的模式发展,因此在 6G 网络中,人工智能已经从单一的企业或产品技术演变为一种基础设施,可为任何企业和个人的产品提供支持。6G 将改变交通系统的管理和智能交通解决方案的发展,以提供更高效、可持续和安全的出行体验。人工智能作为基础设施将成为未来汽车产业的基础驱动力,使得智能化成为汽车产业的常态特性。

6G 将为汽车产业的发展开辟全新的赛道。6G 新增的三大应用场景(沉浸式通信、通信与 AI 融合、通信与感知融合),把移动通信网络打造成一个"大型传感器",它可以检测移动物体的尺寸、速度和方向,这种能力为超能交通的实现提供了关键支持,点燃汽车元宇宙。

6G 将促进汽车元宇宙从畅想成为现实。尽管元宇宙已经成为当前数字经济领域的热门话题。但即使是 5G 也难以提供实时、高质量的渲染,以及个性化 3D 虚拟世界所需的带宽。然而,6G 将具备足够的速度和带宽,使科技巨头们能够创造出身临其境、持久、完全集成的虚拟元宇宙,改变人与汽车的交互方式。6G背景下汽车服务化的一个基本趋势是进一步推动汽车行业朝着虚拟化方向发展，为用户提供更加沉浸式的用车体验服务。

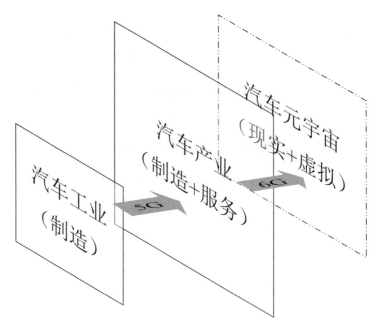

图 8.4　6G背景下汽车产业的发展方向

参考文献

一、英文

ABI Research. *Smart Manufacturing in Automotive*[R]. 2018.

Acemoglu, D., P. Restrepo. Artificial intelligence, automation, and work[C], *The Economics of Artificial Intelligence: An agenda*. University of Chicago Press, 2018:197—236.

Aghion, P., B.F. Jones, C.I. Jones. Artificial intelligence and economic growth [C], *The Economics of Artificial Intelligence: An agenda*. University of Chicago Press, 2018:237—282.

Amelio, A., B. Jullien. Tying and Freebies in Two-Sided Markets[J]. *International Journal of Industrial Organization*, 2007, 30(445):436—446.

Anderson, C. *The Long Tail: Why the Future of Business is Selling Less of More*[M]. New York: Hyperion, cop, 2006.

Anderson, E.W., C. Fornell, D.R. Lehmann. Customer Satisfaction, Market Share, and Profitability: Findings from Sweden[J]. *Journal of Marketing*, 1994, 58(3):53—66.

Armstrong, M. Competition in two-sided markets[J]. *The RAND Journal of Economics*, 2006a, 37(3):668—691.

Azarenko, A., R. Roy, E. Shehab, A. Tiwari. Technical product-service systems: some implications for the machine tool industry[J]. *Journal of Manufacturing Technology Management*, 2009, 20(5):700—722.

Bain, J.S. Relation of profit rate to industry concentration: American manufacturing, 1936—1940[J]. *The Quarterly Journal of Economics*, 1951, 65(3): 293—324.

Baines, T.S., H.W. Lightfoot, O. Benedettini, J.M. Kay. The servitization of manufacturing: A review of literature and reflection on future challenges[J]. *Journal of Manufacturing Technology Management*, 2009, 20(5):547—567.

Baines, T. S., H. W. Lightfoot, S. Evans, A. Neely, R. Greenough, J. Peppard, R. Roy, E. Shehab, A. Braganza, A. Tiwari, J.R. Alcock, J.P. Angus, M. Bastl, A. Cousens, P. Irving, M. Johnson, J. Kingston, H. Lockett, V. Martinez, P. Michele, D. Tranfield, I. M. Walton, H. Wilson. State-of-Art Product-Service Systems[J]. *Proceedings of the Institution of Mechanical Engineers, Part B: Journal of Engineering Manufacture*, 2007, 221(10):1543—1552.

Bauer, I., J. Parra-Moyano, K. Schmedders, G. Schwabe. Multi-Party Certification on Blockchain and Its Impact in the Market for Lemons[J]. *Journal of Management Information Systems*, 2022, 39(2):395—425.

Baumol, W.J. Macroeconomics of unbalanced growth: the anatomy of urban crisis[J]. *The American Economic Review*, 1967, 57(3):415—426.

Brynjolfsson, E. The productivity paradox of information technology[J]. *Communications of the ACM*, 1993, 36(12):66—77.

Brynjolfsson, E., D. Rock, C. Syverson. Artificial intelligence and the modern productivity paradox: A clash of expectations and statistics[C], *The Economics of Artificial Intelligence: An agenda*. University of Chicago Press, 2018:23—57.

Caillaud, B., B. Jullien. Chicken and Egg: Competition Among Intermediation Service Providers[J]. *Rand Journal of Economics*, 2003, 34(2):309—329.

Chesbrough, H.W. *Open Innovation: The New Imperative for Creating and Profiting from Technology*[M]. Harvard Business School Press, 2003.

Choi, J.P. Tying in Two-Sided Markets with Multi-Homing[J]. *The Journal of Industrial Economics*, 2010, 58(3):607—626.

Coase, R.H. The Nature of the Firm[J]. *Economica*, 1937, 4(16):386—405.

David, P.A. The Dynamo and the Computer: An Historical Perspective on the Modern Productivity Paradox[J]. *The American Economic Review*, 1990, 80(2):355—361.

Douglas, H. Types of Community[C], in A. Toepler ed, *International Encyclopedia of Civil Society*. Springer, 2010.

Drucker, P.F. The Emerging Theory of Manufacturing, *Harvard Business Re-*

view, *Mayjune*, 1990.

Evans, D. S. The Antitrust Economics of Multi-Sided Platform Markets[J]. *Yale Journal on Regulation*, 2003, 20(2).

Fishbein, B. K., L. S. McGarry, P. S. Dillon. *Leasing: A Step Toward Producer Responsibility*[R]. 2000.

Gebauer, H. An Investigation of Antecedents for the Development of Customer Support Services in Manufacturing Companies[J]. *Journal of Business-to-Business Marketing*, 2007, 14(3):59—96.

Gebauer, H., E. Fleisch, T. Friedli. Overcoming the Service Paradox in Manufacturing Companies[J]. *European Management Journal*, 2005, 23(1):14—26.

Gebauer, H., T. Friedli. Behavioral implications of the transition process from products to services[J]. *Journal of Business & Industrial Marketing*, 2005, 20(2):70—78.

Gereffi, G. International trade and industrial upgrading in the apparel commodity chain[J]. *Journal of International Economics*, 1999, 48(1):37—70.

Gereffi, G., J. Humphrey, R. Kaplinsky, T.J. Sturgeon. Introduction: Globalisation, value chains and development[J]. *IDS Bulletin*, 2001, 32:1—8.

Graetz, G., G. Michaels. Robots at work[J]. *Review of Economics and Statistics*, 2018, 100(5):753—768.

Hagiu, A. *Platforms, Pricing, Commitment and Variety in Two-Sided Markets*[D]. 2004.

Hagiu, A. Pricing and commitment by two-sided platforms[J]. *The RAND Journal of Economics*, 2006a, 37(3):720—737.

Hagiu, A. Proprietary vs. Open Two-Sided Platforms and Social Efficiency[J]. *Ssrn Electronic Journal*, 2006b, (245).

Hamel, G., M. Zanini. The End of Bureaucracy: How a Chinese appliance maker is reinventing management for the digital age[J]. *Harvard Business Review*, 2018,(November—Decembe): 51—59.

Harler, Curt. Opting For Outsourcing[J]. *Business Communications Review*, 2000, 30(7):56—63.

Hart, O. *Firms, contracts, and financial structure*[M]. Oxford University Press, 1995.

Hirschman，A.O. *The Strategy of Economic Development*[M]. Yale University Press，1958.

Houghton，J.，N. Pappas，P. Sheehan. *New Manufacturing：One Approach to the Knowledge Economy*[A]，1999.

Humphrey，J.，O. Memedovic. The Global Automotive Industry Value Chain：What Prospects for Upgrading by Developing Countries[J]. *SSRN Electronic Journal*，2003.

Hyatt，M. *Platform：Get Noticed in a Noisy World*[M]. New York City：HarperCollins Leadership，2012.

Iansiti，M.，K.R. Lakhani. Digital Ubiquity：How Connections，Sensors，and Data Are Revolutionizing Business[J]. *Harvard Business Review*，2014，40(11)：72—88.

Jensen，R. The Digital Provide：Information(Technology)，Market Performance，and Welfare in the South Indian Fisheries Sector[J]. *The Quarterly Journal of Economics*，2007，122(3)：879—924.

Jones，C.I.，C. Tonetti. Nonrivalry and the Economics of Data[J]. *American Economic Review*，2020，110(9)：2819—2858.

Kastalli，I.V.，B.V. Looy. Servitization：disentangling the impact of service business model innovation on manufacturing firm performance[J]. *Journal of Operations Management*，2013，31(4)：169—180.

Kelly，K. *Out of Control：The New Biology of Machines，Social Systems，& the Economic World*[M]. Addison-Wesley，1994.

Koetsier，J.，2022,宝马叫板特斯拉：三年内,我们将有 25％的车在线上销售 https://www.forbeschina.com/business/60428.

Kotler，P.，K.L. Keller，A. Chernev. *Marketing Management*[M]. New York：Pearson，2021.

Krugman，P. Growing World Trade：Causes and Consequences[J]. *Brookings Papers on Economic Activity*，1995，26(1，25th A)：327—377.

Marceau，J.，C. Martinez. Selling Solutions：Product-service Packages as Links between New and Old Economic[A]，Paper presented at the Industrial Dynamics of the New and Old Economy-who is Embracing Whom? [C]，2002.

Marceau，J.，C. Martinez. Industrial Product-Service Systems(IPS2)[J]. *CIRP*

Annals-Manufacturing Technology, 2010, (2):607—627.

Mason, E. S. Price and production policies of large-scale enterprise[J]. *The American Economic Review*, 1939, 29(1):61—74.

Mathieu, V. Service strategies within the manufacturing sector: Benefits, costs and partnership[J]. *International Journal of Service Industry Management*, 2001, 12(5):451—475.

Mayer-Schönberger, V., K. Cukier. *Big Data: A Revolution That Will Transform How We Live, Work, and Think*[M]. Houghton Mifflin Harcourt, 2013.

Morrison, C. J. Assessing the Productivity of Information Technology Equipment in U. S. Manufacturing Industries[J]. *The Review of Economics and Statistics*, 1997, 79(3):471—481.

Neu, W.A., S.W. Brown. Forming Successful Business-to-Business Services in Goods-Dominant Firms[J]. *Journal of Service Research*, 2005, 8(1):3—17.

Neu, W.A., S.W. Brown. Manufacturers forming successful complex business services[J]. *International Journal of Service Industry Management*, 2008, 19(2): 232—251.

Oliner, S.D., D.E. Sichel, J.E. Triplett, R.J. Gordon. Computers and Output Growth Revisited: How Big is the Puzzle? [J]. *Brookings Papers on Economic Activity*, 1994(2):273.

Oliva, R., R. Kallenberg. Managing the transition from products to services[J]. *International Journal of Service Industry Management*, 2003, 14(2):160—172.

Parker, G., M. V. Alstyne. Innovation, openness & platform control[A], Paper Presented at the ACM Conference on Electronic Commerce[C], 2010.

Parry, G., O.F. Bustinza, F. Vendrell-Herrero. Servitisation and value co-production in the UK music industry: an empirical study of consumer attitudes[J]. *International Journal of Production Economics*, 2011, 135(1):320—332.

Perez, C. Structural change and assimilation of new technologies in the economic and social systems[J]. *Futures*, 1983, 15(5):357—375.

Plepys, A., 2004, *Environmental Implications of Product Servicising: The Case of Outsourced Computing Utilities*. Lund University.

Porter, M.E. *Competitive Strategy: Techniques for Analyzing Industries and Competitors*[M]. Free Press, 1980.

Porter，M.E. *Competitive Advantage：Creating and Sustaining Superior Performance*[M]. The Free Press，1985.

Porter，M.E. *The Competitive Advantage of Nations*[M]. Free Press，1990.

Porter，M.E. Strategy and the Internet[J]. *Harvard Business Review*，2001，79(10)：62—78.

Porter，M.E.，J.E. Heppelmann. How Smart，Connected Products Are Transforming Companies[J]. *Harvard Business Review*，2015，93(10)：97—114.

Rayport，J.F.，J.J. Sviokla. Exploiting the virtual value chain[J]. *Harvard Business Review*，1995，73(6)：75—85.

Reiskin，E.D.，A.L. White，J.K. Johnson，T.J. Votta. Servicizing the Chemical Supply Chain[J]. *Journal of Industrial Ecology*，1999，3(2—3)：19—31.

Roach，S.S. Services under siege：the restructuring imperative[J]. *Harvard Business Review*，1991，69(5)：82—91.

Roach，S.S.，M. Stanley. America's technology dilemma：A profile of the information economy[J]. *Morgan Stanley Special Economic Study 1987*.

Rochet，J.C.，J. Tirole. Tying in Two-Sided Markets and The Impact of the Honor All Cards Rule[J]. *International Journal of Industrial Organization*，2003，26(6)：1333—1347.

Rochet，J.C.，J. Tirole. Two-Sided Markets：A Progress Report[J]. *Rand Journal of Economics*，2006，37(3)：645—667.

Roson，R. Auctions in a Two-Sided Network：The Market for Meal Voucher Services[J]. *Networks & Spatial Economics*，2005，5(4)：339—350.

Rubenstein，J.，M. *The Changing US Auto Industry：A Geographical Analysis*[M]. London and New York：Routledge，1992.

Ryan，C. Dematerializing Consumption through Service Substitution is a Design Challenge[J]. *Journal of Industrial Ecology*，2000，4(1)：3—6.

Rysman，M. The Economics of Two-Sided Markets[J]. *Journal of Economic Perspectives*，2009，23(3)：125—143.

Sawhney，M.，S. Balasubramanian，V. V. Krishnan. Creating Growth with Services[J]. *MIT Sloan Management Review*，2004，45(2)：34—43.

Schiff，A. Open and closed systems of two-sided networks[J]. *Information Economics & Policy*，2003，15(4)：425—442.

Schumpeter, J. A. *The Theory of Economic Development: An Inquiry into Profits, Capital, Credit, Interest, and the Business Cycle*[M]. Cambridge, MA: Harvard University Press, 1934.

Shank, J. K., V. Govindarajan. Strategic cost management: The value chain perspective[J]. *Journal of Management Accounting Research*, 1992, 4.

Slack, N. Operations strategy: will it ever realize its potential? [J]. *Gestão & Produção*, 2005, 12(3):323—332.

Smith, A. *The Wealth of Nations*[M]. Chicago: University of Chicago Press 1976 reprint, 1776.

Solow, R. M. We'd Better Watch Out[J]. *The New York Review of Books*, 1987, 36(December, 01).

Stigler, G.J. The economics of information[J]. *Journal of Political Economy*, 1961, 69(3):213—225.

Strassman, P.A. Information payoff. The transformation of work in the electronic age[J]. *Clinical Cornerstone*, 1985.

Sultan, N. Servitization of the IT industry: the cloud phenomenon [J]. *Strategic Change*, 2014, 23(5—6):375—388.

Sultan, N.A. Reaching for the "cloud": How SMEs can manage[J]. *International Journal of Information Management*, 2011, 31(3):272—278.

Tåg, J. Competing Platforms and Third Party Application Developers[J]. *Communications & Strategies*, 2009, 1(74):95—116.

Tirole, J. *The Theory of Industrial Organization*[M]. MIT Press, 1988.

Triplett, J.E. The Solow productivity paradox: what do computers do to productivity? [J]. *The Canadian Journal of Economics/Revue canadienne d'Economique*, 1999, 32(2):309—334.

Vandermerwe, S., J. Rada. Servitization of business: Adding value by adding services[J]. *European Management Journal*, 1988, 6(4):314—324.

Vernon, R.A. International Investment and International Trade in the Product Cycle[J]. *The Quarterly Journal of Economics*, 1966, 80(4):190—207.

Vickery, S.K., J. Jayaram, C. Droge, R. Calantone. The effects of an integrative supply chain strategy on customer service and financial performance: an analysis of direct versus indirect relationships[J]. *Journal of Operations Management*,

2003，21(5)：523—539.

West，J. How open is open enough?：Melding proprietary and open source platform strategies[J]. *Research Policy*，2003，32(7)：1259—1285.

White，A.L.，M. Stoughton，L. Feng. *Servicizing：The Quiet Transition to Extended Product Responsibility*[R]. 1999.

Wilkinson，A.，A. Dainty，A. Neely，T. Baines，H. Lightfoot，J. Peppard，M. Johnson，A. Tiwari，E. Shehab，M. Swink. Towards an operations strategy for product-centric servitization[J]. *International Journal of Operations & Production Management*，2009，29(5)：494—519.

Williamson，E.O. *Markets and Hierarchies：Analysis and Antitrust Implications*[M]. New York：The Free Press，1975.

Williamson，E.O. Transaction-Cost Economics：The Governance of Contractual Relations[J]. *Journal of Law & Economics*，1979，22(2)：233—261.

Williamson，E.O. *The Economic Institutions of Capitalism*[M]. New York：The Free Press，1985.

Wise，R.，P. Baumgartner. Go downstream：The new profit imperative in manufacturing[J]. *Harvard Business Review*，1999，77(5)：133—141.

Worsley，P. *The New Introducing Sociology*[M]. Penguin Books，1987.

二、中文

安筱鹏：《制造业服务化路线图：机理、模式与选择》，北京：商务印书馆 2012 年版。

陈楠、蔡跃洲：《人工智能、承接能力与中国经济增长——新"索洛悖论"和基于 AI 专利的实证分析》，《经济学动态》2022 年第 11 期，第 39—57 页。

陈威如、王节祥：《依附式升级：平台生态系统中参与者的数字化转型战略》，《管理世界》2021 年第 10 期，第 195—214 页。

陈威如、余卓轩：《平台战略》，北京：中信出版社 2013 年版。

陈新亚：《汽车发明的故事》，北京：化学工业出版社 2022 年版。

程文：《人工智能、索洛悖论与高质量发展：通用目的技术扩散的视角》，《经济研究》2021 年第 10 期，第 22—38 页。

冯华、陈亚琦：《平台商业模式创新研究——基于互联网环境下的时空契合分析》，《中国工业经济》2016 年第 3 期，第 99—113 页。

傅联英、骆品亮：《双边市场的定性判断与定量识别：一个综述》，《产业经济评论》2013 年第 2 期，第 1—18 页。

郭家堂：《产品应用服务平台的运营模式与定价策略研究——以制造业为例》，复旦大学博士学位论文，2017 年。

郭家堂：《制造业服务化：兴起、演化与路径选择》，《上海管理科学》2021 年第 5 期，第 51—54 页。

郭家堂、骆品亮：《互联网对中国全要素生产率有促进作用吗?》，《管理世界》2016 年第 10 期，第 34—49 页。

郭兰平：《平台企业的开放性研究》，江西财经大学博士学位论文，2014 年。

郭上铜、王瑞锦、张凤荔：《区块链技术原理与应用综述》，《计算机科学》2021 年第 2 期，第 271—281 页。

郭跃进：《论制造业的服务化经营趋势》，《中国工业经济》1999 年第 3 期，第 64—67 页。

黄群慧、余泳泽、张松林：《互联网发展与制造业生产率提升：内在机制与中国经验》，《中国工业经济》2019 年第 8 期，第 5—23 页。

简兆权、伍卓深：《制造业服务化的路径选择研究——基于微笑曲线理论的观点》，《科学学与科学技术管理》2011 年第 12 期，第 137—143 页。

江小涓：《高度联通社会中的资源重组与服务业增长》，《经济研究》2017 年第 3 期，第 4—17 页。

江小涓、靳景：《数字技术提升经济效率：服务分工、产业协同和数实孪生》，《管理世界》2022 年第 12 期，第 9—26 页。

矫萍、陈甬军：《数字技术创新驱动现代服务业与先进制造业深度融合》，《光明日报》2022 年 8 月 9 日，第 11 版。

［美］克里斯·安德森：《长尾理论》，北京：中信出版社 2015 年版。

李刚、汪应洛：《服务型制造——基于"互联网＋"的模式创新》，北京：清华大学出版社 2017 年版。

李海舰、陈小勇：《企业无边界发展研究——基于案例的视角》，《中国工业经济》2011 年第 6 期，第 10 页。

李海舰、田跃新、李文杰：《互联网思维与传统企业再造》，《中国工业经济》2014 年第 10 期，第 135—146 页。

李晓华：《"互联网＋"改造传统产业的理论基础》，《经济纵横》2016 年第 3 期，第 57—63 页。

蔺雷、吴贵生:《制造业的服务增强研究:起源、现状与发展》,《科研管理》2006 年第 1 期,第 91—99 页。

刘诚、夏杰长:《线上市场、数字平台与资源配置效率:价格机制与数据机制的作用》,《中国工业经济》2023 年第 7 期,第 84—102 页。

刘继国、李江帆:《国外制造业服务化问题研究综述》,《经济学家》2007 年第 3 期,第 119—126 页。

卢彦:《互联网思维 2.0:传统企业互联网转型》,北京:电子工业出版社 2015 年版。

骆品亮、郭家堂等:《互联网时代汽车产业价值链中金融服务的作用与定位》,上海汽车工业教育基金会研究报告,2015。

罗珉、李亮宇:《互联网时代的商业模式创新:价值创造视角》,《中国工业经济》2015 年第 1 期,第 95—107 页。

皮圣雷:《"跨界竞争"下企业的优势与竞合结构》,《清华管理评论》2021 年第 9 期,第 44—50 页。

芮明杰:《产业创新理论与实践》,上海:上海财经大学出版社 2019 年版。

上海市工业互联网协会:《工赋引擎:上海市工业互联网创新发展实践案例集》,北京:电子工业出版社 2022 年版。

施振荣:《再造宏碁》,北京:中信出版社 2005 年版。

施振荣:《微笑曲线》,上海:复旦大学出版社 2014 年版。

孙林岩、李刚、江志斌、郑力、何哲:《21 世纪的先进制造模式——服务型制造》,《中国机械工程》2007 年第 19 期,第 2307—2312 页。

汪淼军、张维迎、周黎安:《信息技术、组织变革与生产绩效——关于企业信息化阶段性互补机制的实证研究》,《经济研究》2006 年第 1 期,第 65—77 页。

王如玉、梁琦、李广乾:《虚拟集聚:新一代信息技术与实体经济深度融合的空间组织新形态》,《管理世界》2018 年第 2 期,第 13—21 页。

王永进、匡霞、邵文波:《信息化、企业柔性与产能利用率》,《世界经济》2017 年第 1 期,第 24 页。

维克托·迈尔-舍恩伯格,肯尼斯·库克耶:《大数据时代》,杭州:浙江人民出版社 2013 年版。

魏如清、唐方成、董小雨、王睿瑀:《双边网络环境下开放与封闭平台的竞争:以移动操作系统平台为例》,《中国管理科学》2013 年增刊 2,第 432—439 页。

吴义爽、盛亚、蔡宁:《基于互联网+的大规模智能定制研究——青岛红领服饰与佛山维尚家具案例》,《中国工业经济》2016 年第 4 期,第 127—143 页。

许正:《向服务转型的八种创新模式》,《商业评论》2013 年第 2 期,第 102—123 页。

杨德明、刘泳文:《"互联网＋"为什么加出了业绩》,《中国工业经济》2018 年第 5 期,第 80—98 页。

杨蕙馨、李峰、吴炜峰:《互联网条件下企业边界及其战略选择》,《中国工业经济》2008 年第 11 期,第 88—97 页。

杨善林、周开乐:《大数据中的管理问题:基于大数据的资源观》,《管理科学学报》2015 年第 5 期,第 8 页。

杨善林、周开乐、张强、范雯娟、丁帅、余本功、冯南平、刘业政:《互联网的资源观》,《管理科学学报》2016 年第 1 期,第 1—11 页。

杨书群:《我国制造企业服务化的动因及模式构建》,《科技和产业》2012 年第 4 期,第 39—44 页。

叶勤:《产品服务增值扩展战略的兴起与发展》,《商业经济与管理》2002 年第 6 期,第 21—24 页。

张凯:《双边市场中平台企业的非价格竞争策略研究》,哈尔滨工业大学博士学位论文,2010 年。

张来武:《产业融合背景下六次产业的理论与实践》,《中国软科学》2018 年第 5 期,第 1—5 页。

张礼军、陈荣章:《国内外汽车 4S 店发展模式研究》,《上海汽车》2010 年第 6 期,第 59—62 页。

张向葵、刘秀丽:《发展心理学》,长春:东北师范大学出版社 2002 年版。

张新民、陈德球:《移动互联网时代企业商业模式、价值共创与治理风险——基于瑞幸咖啡财务造假的案例分析》,《管理世界》2020 年第 5 期,第 74—86＋11 页。

张亚雄、袁剑琴、尹伟华:《全球价值链:APEC 主要经济体产业结构和国际竞争力》,北京:社会科学文献出版社 2018 年版。

赵福全、刘宗巍、胡津南、马青竹:《汽车产业创新》,北京:机械工业出版社 2020 年版。

赵少华:《装备制造业服务化实现路径研究》,哈尔滨理工大学硕士学位论文,2014 年。

赵晓丹、王长智、陈胜、孙德智:《汽车工业发展与城市环境保护的可持续发展策略》,收录于《中国可持续发展研究会论文集》,2005 年,第 126—129 页。

中国互联网络信息中心:《第 50 次中国互联网络发展状况统计报告》,2022 年。

图书在版编目(CIP)数据

数字化转型、价值链重构与服务化创新 ：以 5G＋汽车
产业为例 / 郭家堂著. -- 上海 ：上海人民出版社,
2024. --（上海社会科学院重要学术成果丛书）.
ISBN 978-7-208-19030-6

Ⅰ. F426.471

中国国家版本馆 CIP 数据核字第 2024X4P923 号

责任编辑　王　琪
封面设计　路　静

上海社会科学院重要学术成果丛书・专著

数字化转型、价值链重构与服务化创新
——以 5G＋汽车产业为例

郭家堂　著

出　　版　上海人民出版社
　　　　　（201101　上海市闵行区号景路 159 弄 C 座）
发　　行　上海人民出版社发行中心
印　　刷　上海新华印刷有限公司
开　　本　720×1000　1/16
印　　张　18
插　　页　2
字　　数　212,000
版　　次　2024 年 9 月第 1 版
印　　次　2024 年 9 月第 1 次印刷
ISBN 978 - 7 - 208 - 19030 - 6/F・2880

定　　价　88.00 元